WEIN REISEN

Zarter Schmelz, unvergleichliche Süße, feine Würze – Wein oder Schokolade lassen sich mit diesen Attributen sehr gut beschreiben und bilden eine harmonische Liaison. Wenn Aromakomponenten geschmacklich sehr gut miteinander harmonieren und sich gegenseitig verstärken, entstehen auch bei herzhaften Gerichten und dem passenden Wein völlig neue Geschmackserlebnisse. Daher haben wir dieses Jahr typische Gerichte aus den jeweiligen Regionen für Sie zusammengestellt – für noch mehr Genuss unterwegs. Und das Beste: Den passenden Wein für die regionale Spezialität erhalten Sie direkt bei den rund 200 Winzern in diesem Buch, die darüber hinaus einen naturnahen, idyllischen und authentischen Aufenthalt mit dem Reisemobil versprechen. Bitte nutzen Sie diese Chance, unterstützen Sie Ihren Gastgeber und erwidern Sie die Gastfreundschaft der Winzer, indem Sie die leckeren Produkte verkosten und erwerben – gerade diese kulinarische Möglichkeit macht den Reiz des Winzeratlas aus. In der bereits 10. Ausgabe des Winzeratlas haben wir uns zudem genauer angeschaut, was Biowein auszeichnet und wir werfen einen Blick in die lange Historie des Rebsaftes. Ich wünsche Ihnen eine gute Reise an die Quelle des guten Geschmacks.

Philipp Pilson,
Redakteur und Projektleiter Winzeratlas

INHALT

SO **FUNKTIONIERT** DER WINZERATLAS

Toller Service für weinliebende Wohnmobilreisende: Der Winzeratlas 2022 präsentiert rund 200 Winzer, Weinbau-Genossenschaften und Kellereien, die mindestens einen kostenlosen Übernachtungsplatz für Reisemobilisten an ihrem Betrieb überwiegend ganzjährig anbieten. Und zwar in zwölf der 13 deutschen Weinbaugebieten. Zudem gibt es einige Plätze in Südtirol, Ungarn und im Elsass sowie mehr als 30 in Österreich. Jeder Käufer dieses Winzeratlas, der sich per Fahrzeug-Vignette an der Frontscheibe seines Mobils als berechtigter Gast ausweist, darf jeweils 24 Stunden lang bei einem der im Winzeratlas aufgeführten Betriebe mit seinem Wohnmobil stehen – naturnah und authentisch. Die Winzeratlas-Vignette ist gültig vom März 2022 bis zum März 2023.

Das Bio-Siegel bei den entsprechenden Winzereinträgen zeigt auf einen Blick, welche Winzer ökologischen Weinbau betreiben und dabei möglichst naturschonende Pflegemaßnahmen zum Schutz der Tier- und Pflanzenwelt im Rebberg einsetzen, aber auch strengen Bestimmungen im Keller folgen. Denn Biowein soll schließlich möglichst natürlich erzeugt werden. Weitere Informationen hierzu und was Biowein ausmacht, lesen Sie auf Seite acht.

Gender-Hinweis: Aus Gründen der besseren Lesbarkeit wird auf die gleichzeitige Verwendung der Sprachformen männlich, weiblich und divers (m/w/d) verzichtet. Sämtliche Personenbezeichnungen gelten im Sinne der Gleichbehandlung gleichermaßen für alle Geschlechter. Die verkürzte Sprachform hat nur redaktionelle Gründe und beinhaltet keine Wertung.

Regeln für Ihren Besuch

- Nur **autarke Reisemobile** mit Strom- und Wasserversorgung sowie WC an Bord sind mit gültiger Vignette zugelassen. Caravangespanne sind ausgeschlossen.
- Der Aufenthalt auf jedem Winzeratlas-Stellplatz ist pro Reisemobil und Besuch auf jeweils **24 Stunden** in Folge begrenzt.
- Die gratis angebotenen Übernachtungsplätze sind meist **ohne Strom- und Wasserversorgung** sowie Entsorgungsmöglichkeit.
- Sollten Frischwasser-Zapfstellen, Strom oder Toiletten vorhanden sein, benutzen Sie diese bitte nur nach Absprache und gegebenenfalls nach Zahlung einer Benutzungsgebühr (wie im Eintrag angegeben).
- Sie haben keinen Anspruch auf einen bestimmten Stellplatz. Sollte ein Platz bei Ihrer Ankunft belegt sein, fahren Sie bitte den nächstgelegenen Übernachtungsplatz an.
- Einige Anbieter bitten um telefonische Anmeldung – zu Ihrer Sicherheit, damit Sie bei Ihrer Ankunft eine freie Fläche vorfinden.
- Bitte melden Sie sich bei Ihrer Ankunft und Abreise bei den Gastgebern an und ab.
- Ihre Ankunft sollte zu normalen Betriebszeiten erfolgen. Auch Ihre Gastgeber freuen sich auf einen ruhigen Feierabend.
- Bitte vermeiden Sie jede Ruhestörung, etwa durch laufende Stromaggregate oder lautes Fernsehen und Radiohören.
- **Genießen Sie**, denn darum geht es: Die Gastgeber freuen sich, wenn die Winzeratlas-Gäste bei ihnen Wein oder andere Produkte probieren und erwerben. Das sollte bei der entgegengebrachten Gastfreundschaft selbstverständlich sein.
- Bitte hinterlassen Sie einen sauberen Stellplatz. Nehmen Sie Ihren Hausmüll mit.

Das Team des Winzeratlas wünscht Ihnen schöne, interessante Aufenthalte.

Unterwegs optimales WLAN im und rund um Ihr Reisemobil

Das Internet für die ganze Familie: **CAR 150 WiFi DUO**

KATHREIN

Digital Systems GmbH

GASTGEBER **WINZER**

Bitte beachten Sie bei Ihrem Aufenthalt: Ihre Gastgeber sind Winzer, Weinbauern und Mitarbeiter von Winzergenossenschaften. Ihr Arbeitstag dauert in der Saison bis zu zwölf Stunden – an sechs Tagen in der Woche. Das Kapitel „Das Jahr im Weinberg" vermittelt einen Eindruck über die aufwendigen und körperlich anstrengenden Arbeiten im Weinberg. Die Tätigkeiten im Keller erfordern zudem große Aufmerksamkeit. Die Winzerfamilien haben nicht immer Zeit, ihre Stellplatzgäste persönlich zu begrüßen oder zu verabschieden. Dennoch heißen rund 200 Winzeratlas-Weinbaubetriebe Reisemobilisten willkommen – auch wenn nur mit einer bis drei Stellflächen. Ein super Angebot für weinliebende Wohnmobilfahrer. Da es häufig keine Service-Einrichtungen an den Weingütern gibt, ist es sinnvoll, bereits vor Ihrem Aufenthalt den Abwassertank sowie die Kassettentoilette zu leeren und Frischwasser zu tanken. Eine **Auflistung einiger Ver- und Entsorgungsmöglichkeiten** in den einzelnen Weinbaugebieten finden Sie bei den Ausflugszielen der jeweiligen Region.

Foto: Kellerei Vivallis

REISEINSPIRATIONEN

Anzeige

Modern und stilvoll von der Verarbeitung bis zum Verkauf

KELLEREI VIVALLIS

Unsere Kunst ist unser Wein

Im Herzen des Vallagarina liegt unsere Kellerei mit langjähriger Geschichte und dennoch sehr modernem Aussehen. Hier wachsen die Reben auf gemischten Böden, welche den Produkten einen unverkennbaren Geschmack verleihen.

Mit Leidenschaft und hochmoderner Technologie produziert Vivallis elegante Trentodoc Sekte, duftende Weißweine, vollmundige Rotweine und eine süße Perle. Neben qualitativ hochwertigen Weinen bietet Vivallis geführte Verkostungen mit leckeren typischen Produkten und spannende Kellertouren an. Bekannte geologische und kulturelle Sehenswürdigkeiten sind nur wenigen Minuten von der Kellerei entfernt. Vivallis ist nur 300 m von der Brenner-Autobahn, 5 Minuten von der Stadtmitte des wunderschönen Rovereto und nur eine halbe Stunde vom Gardasee entfernt. Umgeben von Weinbergen begrüßen wir unsere Gäste in einer traumhaften Landschaft, ideale Voraussetzung zum Wandern und Erholen. Mit einem Glas ausgezeichneten Weines ist der Aufenthalt der mobilen Reisenden noch angenehmer.

Der Shop beeindruckt mit seinem eleganten Ambiente

RABATT:
Mit dem Code WINZER-ATLAS 2022 erhalten Sie 10% Rabatt auf Ihren Einkauf

KELLEREI VIVALLIS
Via Per Brancolino 4, I-38060 Nogaredo (TN)
Telefon: +39 (0)464 412073
Internet: **www.vivallis.it**
E-Mail: **info@vivallis.it**
WINE SHOP: Montag bis Samstag
von 9 bis 18 Uhr, Telefon: +39 (0)464 498025
E-Mail: **hospitality@vivallis.it**

BIOWEIN

Gehörte vor Jahrzehnten noch viel Enthusiasmus dazu, Biowein zu trinken, können die Biowinzer mittlerweile auf eine lange Erfahrung und Know-how zurückgreifen – mit entsprechenden Resultaten. Immer mehr Winzer stellen in ihren Weinbergen auf biologisch-organischen Anbau um, denn auch die Nachfrage nimmt stetig zu. Doch nach welchen Kriterien darf sich ein Winzer als Biowinzer bezeichnen? Und was ist Biowein überhaupt?

Kurz und knapp: Bei Biowein handelt es sich um Wein aus ökologischem Anbau. Ziel des Winzers ist es, mit so wenig Eingriffen wie möglich – im Weinberg wie im Keller – am Ende Wein aus biologisch angebauten Trauben zu erhalten, der frei von Belastungen durch Spritzmittel ist und einen Beitrag zur Artenvielfalt im Weinberg leistet. Um dieses Ziel zu erreichen, müssen sich biozertifizierte Winzer an strenge Vorgaben halten und sich regelmäßig Kontrollen unterziehen, um das europäische Biosiegel nutzen zu dürfen. Was bei ökologischem Weinbau zu berücksichtigen ist, regelt eine EU-Verordnung. Diese schreibt vor, nach welchen Regeln der Weinanbau im Weinberg zu erfolgen hat und worauf beim Keltern und der weiteren Verarbeitung der Trauben im Weinkeller geachtet werden muss.

Der Blick in einen ökologisch bewirtschafteten Weinberg zeigt, was ihn von gewöhnlichen Weinbergen unterscheidet. Im Vergleich zum konventionellen Weinbau dürfen Biowinzer keine umweltschädlichen chemisch-synthetischen Pflanzenschutzmittel, leicht lösliche Mineraldünger und Herbizide zur Bodenpflege einsetzen, die jeglichem Leben im Weinberg den Garaus machen. Daher wird bevorzugt auf speziell zugelassene Pflanzenschutzmittel – oft kupfer- und schwefelhaltige Präparate ge-

VOLL IM TREND

gen typische Pilzkrankheiten wie Echten und Falschen Mehltau – zurückgegriffen und so ein wesentlicher Beitrag zur Erhöhung der Biodiversität im Ökosystem Weingarten erreicht.

Der augenscheinlichste Unterschied: Der Boden und die Rebstöcke müssen durch Begrünung zu einem intakten Ökosystem aufgewertet werden. So wird die Widerstandsfähigkeit der Reben auf natürliche Weise gefördert. Im Bioweinbau stärkt man die Reben, indem man sie nicht von angeblich störenden Unkräutern befreit, sondern bewusst andere Pflanzenarten daneben sät, die wiederum Nützlinge anziehen und zudem den Boden stärken. Zudem wird durch schonende Bodenbearbeitung und die Bewirtschaftung des Weingartens unter Berücksichtigung von natürlichen Stoffkreisläufen die Gesundheit und Fruchtbarkeit des Bodens gefördert.

Nach der Lese sind auch im Weinkeller strenge Richtlinien zu befolgen. So sind gentechnisch manipulierte Hefen verboten und auch der Schwefelgehalt des Weins ist limitiert. Es liegt auf der Hand, dass die Kosten aufgrund der intensiven Laubpflege und des größeren Aufwands im Weinberg höher sind als bei konventionellem Weinbau.

Zum Schluss bleibt noch eine Frage zu klären: Schmeckt der Gelegenheitsweintrinker den Unterschied zwischen Wein aus biologisch angebauten Trauben und aus konventionellem Weinbau heraus? Diese Frage lässt sich nicht so einfach beantworten, denn die Qualität und letztendlich auch der Geschmack eines Weins hängen von vielen Faktoren ab, so auch in großem Maße vom Können des Winzers – und dem persönlichen Geschmack. Gesunde, konzentrierte Weintrauben, die auf gesunden vitalen Böden wachsen können, sind aber zumindest eine optimale Voraussetzung, dass aus ihnen qualitativ hochwertige Weine gekeltert werden. Nicht umsonst heißt es oft: Ein guter Wein wird im Weinberg gemacht.

Wer sich selbst überzeugen will: In diesem Buch sind die Winzer mit einem Bio-Siegel versehen, die Wein aus ökologischem Anbau in ihrem Sortiment haben.

Fotos: Deutsches Weininstitut

WEINLAND DEUTSCHLAND

Dank warmen Flusstälern, wie hier an der Moselschleife, gedeiht Wein in Deutschland.

Die Weinrebe – vitis vinifera – gilt als eine der ältesten Kulturpflanzen der Welt. Die Spurensuche zu den Anfängen des Weinbaus führt zurück zu den frühen Hochkulturen des Nahen Ostens in Persien und Mesopotamien. Auch Deutschland blickt auf eine lange Weinbautradition zurück. Funde lassen vermuten, dass bereits die Kelten Weinbau betrieben haben. Dass Wein hierzulande wächst, ist aber vor allem den Römern zu verdanken, die vor mehr als 2.000 Jahren im Zuge der Eroberung Germaniens den Weinbau in den heute deutschsprachigen Raum brachten und etablierten. Davon zeugen römische Weindenkmäler an der Mosel und in Rheinland-Pfalz. Im Mittelalter leisteten insbesondere die Mönche in den Klöstern Pionierarbeit und trieben den Weinbau immer weiter voran. Im 19. Jahrhundert gehörten die Rieslingweine aus dem Rheingau zu den teuersten Weinen der Welt. Heute durchziehen dreizehn deutsche Weinbauregionen das Land. 16.000 Betriebe produzieren auf einer Gesamtfläche von gut 103.000 Hektar insgesamt rund zehn Millionen Hektoliter Wein pro Jahr.

Weinliebhaber unter den Reisemobilurlaubern finden in zwölf Anbaugebieten kostenlose Stellplätze bei Weinbauern vor. Während an Rhein und Mosel die offiziellen Stellplätze überfüllt sind, erweisen sich die Winzeratlas-Plätze als idyllisch. Die deutschen Weinbaugebiete gehören zu den nördlichsten der Welt. Ihre besondere Lage zwischen feuchtwarmem Golfstrom- und trockenem Kontinentalklima, lange Vegetationszeiten und die moderate Sommerhitze bieten optimale Bedingungen für leichtere Weine mit viel Frucht und geringerem Alkoholgehalt. Aufgrund der unterschiedlichen geografischen Anbauregionen überzeugen deutsche Weine gerade durch ihre Unterschiede: Fast 100 Rebsorten gedeihen auf diversen Böden unter verschiedenen Klimabedingungen und bieten somit eine besonders große Vielfalt.

Das größte der 13 Anbaugebiete liegt mit 26.943 Hektar in Rheinhessen, gefolgt von der Pfalz mit 23.721 Hektar und ›

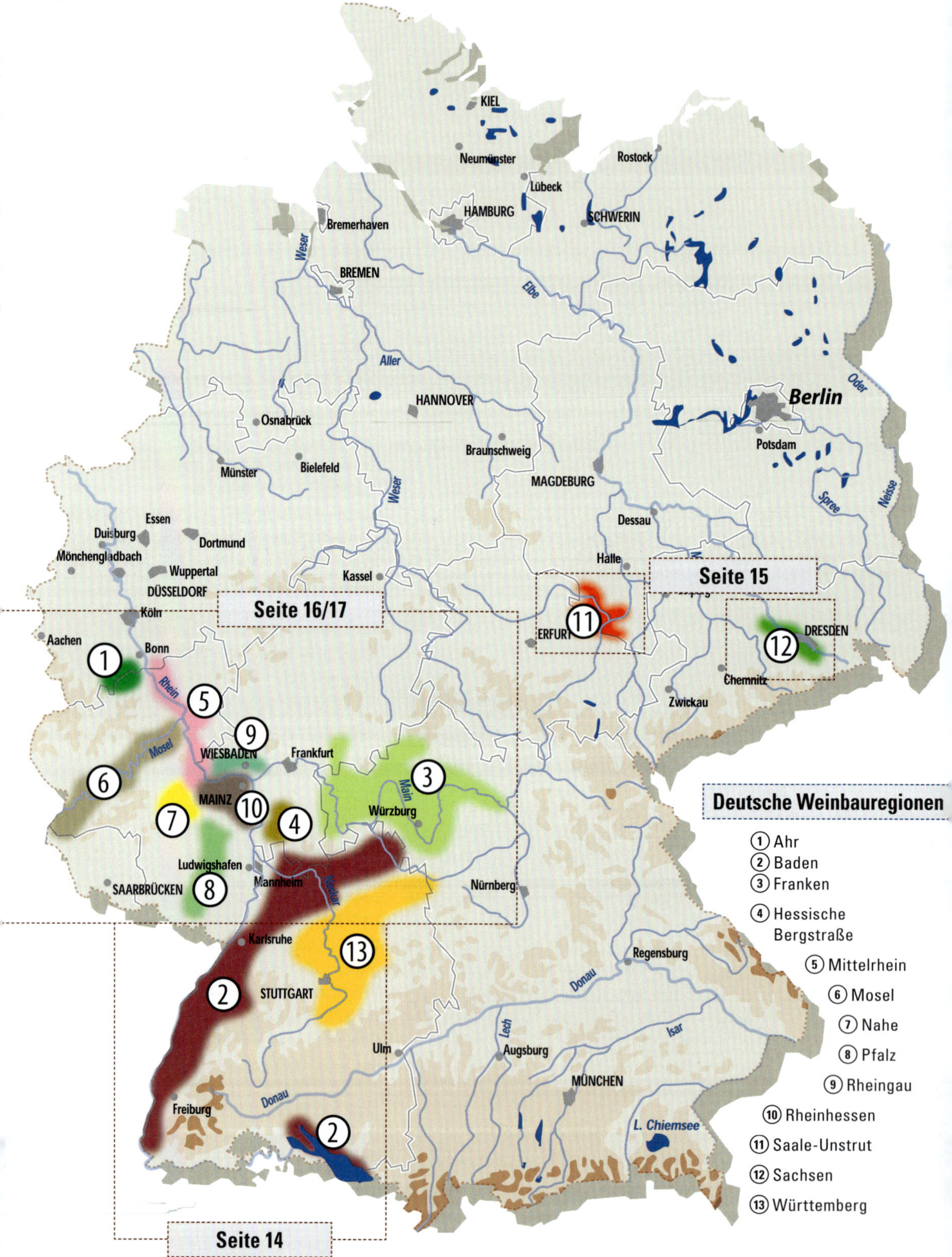
KIEL
Neumünster
Rostock
Lübeck
HAMBURG
SCHWERIN
Bremerhaven
Weser
BREMEN
Elbe
Aller
HANNOVER
Berlin
Oder
Osnabrück
Braunschweig
Potsdam
Münster
Bielefeld
Weser
MAGDEBURG
Spree
Neisse
Essen
Duisburg
Dortmund
Dessau
Mönchengladbach
Wuppertal
Halle
DÜSSELDORF
Kassel
Seite 15
Seite 16/17
Köln
Aachen
Bonn
ERFURT
DRESDEN
Rhein
Chemnitz
Zwickau
Mosel
WIESBADEN
Frankfurt
Main
MAINZ
Würzburg
Ludwigshafen
Mannheim
Neckar
SAARBRÜCKEN
Nürnberg
Karlsruhe
Regensburg
STUTTGART
Donau
Lech
Isar
Ulm
Augsburg
MÜNCHEN
Freiburg
Donau
L. Chiemsee
Seite 14
Deutsche Weinbauregionen
1 Ahr
2 Baden
3 Franken
4 Hessische Bergstraße
5 Mittelrhein
6 Mosel
7 Nahe
8 Pfalz
9 Rheingau
10 Rheinhessen
11 Saale-Unstrut
12 Sachsen
13 Württemberg

Weinregionen Baden ② und Württemberg ⑬
155 Brackenheim
155 Brackenheim-Dürrenzimmern
156 Brackenheim-Haberschlacht
156 Brackenheim-Neipperg
112 Neustadt-Mußbach
Neustadt a. d. Weinstraße 111
112 Neustadt-Hambach
111 Neustadt-Diedesfeld
Maikammer 110
Weyher 114
104 Edenkoben
Gleisweiler 108
105 Edesheim
107
103 Hainfeld
Burrweiler
Albersweiler 102
109 Landau-Nußdorf
Eschbach 106
Heuchelheim-Klingen 108
Bad Bergzabern 102 109
113 Steinweiler
Kapellen-Drusweiler
Schwaigern-Stetten
165
Erlenbach-Binswangen 162 159
Erlenbach 159
Bretzfeld-Dimbach
Bretzfeld-Schwabbach
Neckarsulm
157 158
164 Pfedelbach-
157 Bretzfeld-Ged
163 163 Obersulm-Eschenau
Brackenheim 156 156 155
162 Nordheim
Obersulm-Willsbach
161 Lauffen
30 Kürnbach
Cleebronn 158
154 Bönnigheim
154 Beilstein
164
Sachsenheim-Hohenhaslach
160 Hessigheim
161 Marbach
167 Weinstadt-Großheppa
166 Weinstadt
27 Bühl
32 Oberkirch
Oberkirch-Nussbach 33
33 Ortenberg
28 Ettenheim
Sasbach-Jechtingen 34
35 35 Vogtsburg-Schelingen
Vogtsburg-Bischoffingen
29 Gottenheim
26 Breisach-Niederrimsingen
Buggingen-Seefelden
27 26 Buggingen-Betberg
32 Müllheim-Zunzingen
34 Schliengen
28 Efringen-Kirchen OT Blans
30 Kandern-Egerten
29 Gailingen
Karlsruhe
Stuttgart
Freiburg
Heilbronn
Ludwigsburg
Pforzheim
Baden-Baden
Offenburg
Tübingen
Reutlingen
Konstanz
Friedrichshafen
Villingen-Schwenningen
Rhein
Neckar
Bodensee
Baden-Württemberg

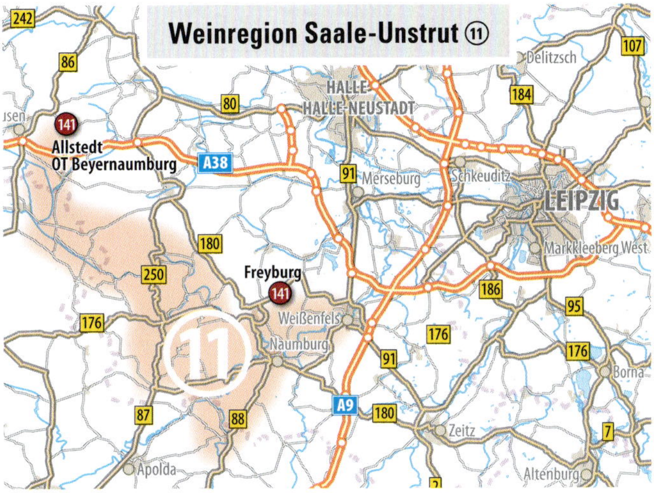

Weinregion Saale-Unstrut ⑪

Baden mit 15.812 Hektar. Die Regionen Rheinhessen und Pfalz gehören zu Rheinland-Pfalz, dem Bundesland mit den meisten Weinbaugebieten und zwei Dritteln der deutschen Anbaufläche.

Als beliebteste Rebsorte gilt mit 23,4 Prozent der Riesling, gefolgt vom Spätburgunder (11,3 Prozent) und Müller-Thurgau (11,1 Prozent). Zur Rast laden die typischen Straußwirtschaften ein. Hier tischen Winzer regionale Spezialitäten auf, dazu Wein aus eigenem Anbau. Die kostenlose Weinziele-App des Deutschen Weininstituts erlaubt den Zugriff auf die mit über 2.500 Terminen bundesweit größte Weinveranstaltungsübersicht Deutschlands. Darüber hinaus sind rund 2.000 Weinerzeuger in der Datenbank verzeichnet. Urlaub beim Winzer bedeutet nicht, dass andere touristische Themen vernachlässigt werden – schließlich bieten die deutschen Weinregionen auch landschaftlich, kulturell und kulinarisch attraktive Ausflugsziele. Den perfekten Abschluss eines erlebnisreichen Tages bildet die Einkehr oder die Weinprobe direkt am Übernachtungsplatz beim Winzer. Derweil das Glas gefüllt wird, kann die Seele baumeln. Hier gehen Genuss und Gastfreundschaft Hand in Hand. ‹

Weinregion Sachsen ⑫

① Ahr
② Baden S. 14 und 17
③ Franken
④ Hessische Bergstraße
⑤ Mittelrhein
⑥ Mosel
⑦ Nahe
⑧ Pfalz
⑨ Rheingau
⑩ Rheinhessen
⑬ Württemberg

155 Brackenheim
155 Brackenheim-Dürrenzimmern
156 Brackenheim-Haberschlacht
156 Brackenheim-Neipperg

Anschluss Seite 14

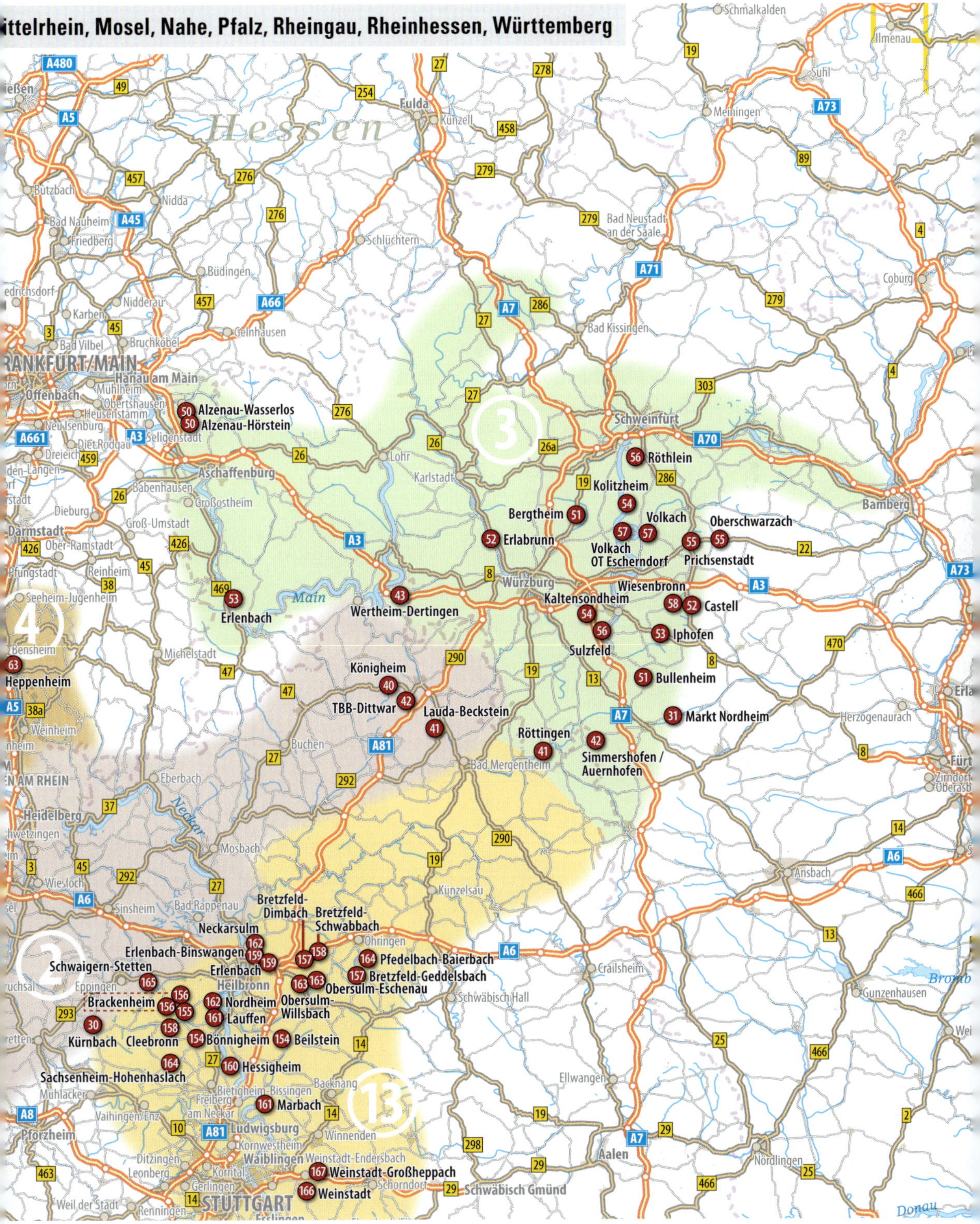
ittelrhein, Mosel, Nahe, Pfalz, Rheingau, Rheinhessen, Württemberg
Hessen
Main
Neckar
50 Alzenau-Wasserlos
50 Alzenau-Hörstein
56 Röthlein
Kolitzheim
54
Bergtheim 51
Volkach
57 57
Oberschwarzach
55 55
52 Erlabrunn
Volkach OT Escherndorf
Prichsenstadt
Wiesenbronn
Kaltensondheim
58 52 Castell
54
56
53 Iphofen
Sulzfeld
51 Bullenheim
31 Markt Nordheim
53
Erlenbach
43
Wertheim-Dertingen
Königheim
40
TBB-Dittwar 42
Lauda-Beckstein
41
Röttingen
41
42
Simmershofen / Auernhofen
63
Heppenheim
Bretzfeld-Dimbach
Bretzfeld-Schwabbach
Neckarsulm
162
Erlenbach-Binswangen 159
159
157 158
164 Pfedelbach-Baierbach
157 Bretzfeld-Geddelsbach
Schwaigern-Stetten
Erlenbach
165
163 163
Obersulm-Eschenau
156
Brackenheim 156 155
162 Nordheim
Obersulm-Willsbach
161 Lauffen
30
158
Kürnbach
Cleebronn
154 Bönnigheim
154 Beilstein
164
160 Hessigheim
Sachsenheim-Hohenhaslach
161 Marbach
167 Weinstadt-Großheppach
166 Weinstadt
3
4
2
13
Schmalkalden
Ilmenau
Suhl
Meiningen
Fulda
Künzell
Bad Neustadt an der Saale
Schlüchtern
Coburg
Bad Kissingen
Schweinfurt
Bamberg
Lohr
Karlstadt
Würzburg
Aschaffenburg
Frankfurt/Main
Hanau am Main
Offenbach
Darmstadt
Heidelberg
Bad Mergentheim
Herzogenaurach
Fürth
Ansbach
Crailsheim
Schwäbisch Hall
Gunzenhausen
Ellwangen
Aalen
Nördlingen
Schwäbisch Gmünd
Heilbronn
Ludwigsburg
Stuttgart
Pforzheim
Waiblingen
Backnang
Sinsheim
Mosbach
Buchen
Michelstadt
Weinheim
Bensheim
Donau

VON DER **SONNE** VERWÖHNT

Baden rühmt sich der meisten Sonnenstunden. Gut für den Wein.

Das Weinbaugebiet Baden, mit 16.000 Hektar Rebfläche das drittgrößte Deutschlands, erstreckt sich in Nord-Süd-Richtung über eine Länge von etwa 400 Kilometern von der Tauber im Norden bis zum Bodensee im Süden. Es ist wiederum gegliedert in neun landschaftlich und klimatisch unterschiedliche Regionen. Im nördlich gelegenen Tauberfranken, an der Badischen Bergstraße und auch im Kraichgau stehen die Weißweinsorten Rivaner und Riesling sowie der rote Schwarzriesling im Vordergrund.

Vielgestaltig präsentieren sich die Weine entlang der Badischen Weinstraße. Diese sind „von der Sonne verwöhnt", darin sind sich die Weinkenner schon lange einig. So war es nur konsequent, dass Baden als einziges deutsches Weinbaugebiet der EU-Weinbauzone B zugeschlagen wurde. Deshalb müssen die Weine höhere Oechslegrade als anderswo aufweisen. Reichlich Sonnenscheinstunden und die wohl wärmsten Orte Deutschlands am Kaiserstuhl trimmen sie auch dahin.

In der Mitte Badens, in der Ortenau, wachsen vor allem Spätburgunder und Riesling, im Süden, also im Breisgau, am Kaiserstuhl und am Tuniberg vornehmlich rote und weiße Burgunder. Das Markgräflerland an der Grenze zur Schweiz pflegt die Weißweinspezialität Gutedel, und am Bodensee gedeihen vor allem die Rebsorten Spätburgunder und Müller-Thurgau.

Baden ist das wichtigste deutsche Anbaugebiet für Spätburgunder. Die Sorte erfreut sich in all ihren Ausbaustilen und Geschmacksrichtungen – auch als Rosé oder Weißherbst – großer Beliebtheit.

Nicht nur das milde Klima, die hübschen Weinorte und die landschaftliche Schönheit sowie die vielen Sonnenstunden locken viele Gäste ins Badische. Touristisch attraktiv und sehr beliebt sind Städte wie Heidelberg, Konstanz, Baden-Baden, Karlsruhe oder Freiburg. Vielfältig zeigt sich auch das Angebot für den Aktivurlaub, sei es Radeln entlang der Tauber, ein Spaziergang auf einem der zahlreichen Weinlehrpfade oder Wandern auf den Weinwanderwegen. ‹

DIE **HOT**SPOTS DER

1 FREIBURG

Die Schwarzwaldhauptstadt hat viel zu bieten – ganz gleich, ob man sich bei einem Bummel in der historischen Altstadt für die Kultur und Geschichte der Stadt begeistert, in einem der vielen Cafés und gemütlichen Kneipen verweilt oder sich von der badischen Küche und Gastlichkeit verwöhnen lässt. Um einen ersten Eindruck dieser geschichtsträchtigen Großstadt zu bekommen, bietet es sich an, die Sehenswürdigkeiten der historischen Altstadt anzuschauen und sich mit der Stadtgeschichte und dem berühmten Bächle vertraut zu machen.

Freiburgs zahlreiche Grün- und Parkanlagen, der nur wenige Kilometer von der Innenstadt entfernte 1.284 Meter hohe Hausberg Schauinsland und viele Seen in und um Freiburg herum eignen sich bestens, um immer wieder zur Ruhe zu kommen und die Natur inmitten der Großstadt zu genießen.

2 BODENSEE

Wer einmal an einem schönen Sommerabend mit einem Gläschen Wein an einer Uferpromenade des Bodensees den Sonnenuntergang genossen hat, der fühlt sich wie am Mittelmeer und sieht den Traum vom Süden schon nördlich der Alpen erfüllt. Der See bietet seinen menschlichen und tierischen Anrainern einen nahezu mediterranen Lebensraum mit besonders warmen Sommern und relativ milden Wintern.

Ein paar Zahlen und Fakten: Deutschlands größter See ist rund 540 Quadratkilometer groß, bis zu 63 Kilometer lang, bis zu 13 Kilometer breit und bis zu 254 Meter tief. Seine Ufer haben eine Gesamtlänge von 273 Kilometern, wobei fast zwei Drittel davon auf die Bundesrepublik Deutschland mit ihren Ländern Baden-Württemberg (155 Kilometer) und Bayern (18 Kilometer) entfallen. Die Schweiz mit 72 Kilometer Uferlänge und vor allem Österreich mit 28 Kilometern haben wesentlich weniger Uferanteile.

3 WUTACHSCHLUCHT

Der Grand Canyon des Schwarzwalds ist die Wutachschlucht, ein Dorado für Naturliebhaber. Wegen der schweren Zugänglichkeit der Schlucht und der immer noch starken Erosion wurde das gesamte Gebiet kaum erschlossen, weshalb sich hier eine einmalige, ursprüngliche Wildflusslandschaft erhalten hat. Die circa 30 Kilometer lange und 200 Meter tiefe, stark zerklüftete Schlucht kann nur zu Fuß erkundet werden. Übrigens heißt der Fluss vor der Schlucht noch Gutach (gütige

REGION BADEN

Aach). Erst in der tiefen Schlucht wird der Fluss Wutach (wütende Aach) genannt.

Wütend ist der Fluss tatsächlich jedes Jahr im Frühjahr. Er reißt dabei immer noch unglaubliche Mengen Geröll mit sich fort, zerstört dann hin und wieder eine Brücke und ändert durch regelmäßige Bergstürze das Aussehen der Schlucht. Diese ist in einem erdgeschichtlich sehr kurzen Zeitraum entstanden und damit möglicherweise die jüngste Schlucht auf unserem Planeten. Ursache für die Entstehung der Schlucht war die Durchspülung eines Muschelkalkberges vor circa 20.000 bis 70.000 Jahren. Die Wutach war vor dieser Zeit ein Flussarm der Donau und wurde später zum Nebenfluss des relativ tief liegenden Rheins.

4 BADEN-BADEN

Landschaftlich wunderschön am Fuße des Schwarzwaldes gelegen, ist die elegante, internationale Bäder- und Kulturstadt ein Paradies für alle, die Genuss auf hohem Niveau schätzen. Baden-Baden garantiert Wohlbefinden in zwei Thermalbädern.

Exklusives Shopping bieten zahlreiche elegante Boutiquen in der Altstadt sowie individuelle Geschäfte entlang der historischen Kurhaus-Kolonnaden. Man genießt herrliche Spaziergänge durch die prachtvolle Park- und Gartenanlage Lichtentaler Allee, den Dahliengarten, die Gönneranlage, das Paradies sowie den mediterran anmutenden Florentinerberg mit seinen traumhaften Ausblicken über die Stadt. Später am Abend lockt das nach Marlene Dietrich „schönste Casino der Welt" mit seinen eleganten Sälen, das Glück im Spiel zu versuchen.

5 HEIDELBERG

Das Heidelberger Schloss mit seinem weitläufigen Schlossgarten ist ein absoluter Besuchermagnet und die Sehenswürdigkeit Nummer eins in Heidelberg (drei Millionen Besucher). Den Besuchern des Schlosses liegt die Stadt sprichwörtlich zu Füßen, wenn sie von den grünen Terrassen und Aussichtspunkten der umfangreichen Anlage herunter auf die roten Dächer der heimeligen Altstadt und den Neckar blicken. Zum Schloss gelangt man entweder zu Fuß über einen der vielen Pfade oder mit der Bergbahn.

Eins der beliebtesten Ziele der Touristen befindet sich auf dem Heiligenberg gegenüber dem Heidelberger Schloss. Vom Philosophenweg genießt man eine atemberaubende Aussicht auf Stadt, Fluss, die Hügel der Bergstraße und den Odenwald.

DIE **HOT**SPOTS DER REGION

6 EUROPA-PARK

Ein Besuch in Deutschlands größtem Freizeitpark lässt nicht nur Kinderherzen höherschlagen. Auf einer Fläche von 95 Hektar können Besucher an nur einem Tag eine Reise durch Europa erleben und sich dabei so richtig austoben. Im Sommer wie Winter locken über 100 Attraktionen und Shows eingebettet in 15 europäische Themenbereiche mit landestypischer Architektur und Gastronomie. Hochgeschwindigkeits-Achterbahn, Katapult-Achterbahn, Holzachterbahn – das Angebot an rasanten Fahrmöglichkeiten ist groß und Nervenkitzel garantiert. Im Sommer versprechen Wildwasser-Rafting und eine Wasserachterbahn Abkühlung. Wer es ruhiger mag, der findet zahlreiche Alternativen wie Grimms Märchenwald, wo hinter jeder Ecke sagenhafte Wesen wie Frau Holle, Rapunzel und Aschenputtel und ihre liebevoll inszenierten Geschichten warten. Vor den Toren des Europa-Parks empfängt seit 2019 die neue Indoor-Wasserwelt Rulantica die Besucher. Die spektakuläre Wasser-Erlebniswelt in skandinavischem Stil bietet neun thematisierte Bereiche und 25 spannende Wasserattraktionen, darunter ein riesiges Wellenbad, 17 Rutschen und einen beheizten Outdoor-Pool.

i
Badischer Wein GmbH
Mauerbergstr. 32
D-76534 Baden-Baden
www.badischer-wein.de

Ver- und Entsorgung in Baden

78476 Allensbach
Camping und Strandbad Allensbach, Strandweg 30

79312 Emmendingen
Wohnmobilstellplatz am Freibad, Am Sportfeld

79111 Freiburg im Breisgau
EXTROL Autohof Haid, Bötzinger Straße 19

79114 Freiburg im Breisgau
Reisemobilplatz am Eschholzpark, Bissierstraße

79117 Freiburg im Breisgau
Camping am Möslepark, Waldseestraße 77

79108 Freiburg im Breisgau-Hochdorf
WVD Südcaravan, Hanferstraße 30

78462 Konstanz
Parkplatz Döbele P2, Döbeleplatz

68229 Mannheim-Friedrichsfeld
GÜMA Reisemobile, Steinzeugstraße 21

77704 Oberkirch
Waldparkplatz Schauenburg, Burgstraße 29

78315 Radolfzell
Reisemobilplatz In den Herzen, Zeppelinstraße

78315 Radolfzell
Reisemobilplatz auf der Halbinsel Mettnau, Strandbadstraße

88662 Überlingen
Reisemobilhafen Überlingen, Kurt-Hahn-Straße

FLAMMKUCHEN

Baden und das Elsass beanspruchen jeweils für sich, ihn erfunden zu haben – die Rede ist vom Flammkuchen. Kein Wunder, grenzen die beiden Regionen, nur getrennt durch den Rhein, doch direkt aneinander. Gerade bei launigen Weinfesten hüben wie drüben ist der knusprige Fladen mit leckerem Schmand nicht wegzudenken. Üblicherweise serviert man den Flammkuchen direkt aus dem Holzbackofen. Doch insbesondere für Reisemobilisten ist die hier gezeigte Variante aus der Pfanne eine tolle Alternative.

ZUTATEN

für 2 Personen:

Für den Teig:

- 220 g Mehl
- 150 g Joghurt
- 4 Esslöffel Wasser
- 1 Esslöffel Olivenöl
- ½ Päckchen Backpulver
- 1 Prise Salz

Für den Belag:

- 1 Becher Crème fraîche
- Salz und Pfeffer
- nach eigener Vorliebe Speck oder Schinken, Camembert, Walnüsse, Zwiebeln oder Lauchzwiebeln, Rosmarin, Birnenscheiben, Olivenöl, Balsamico-Essig

Zubereitungszeit: ca. 30 Minuten

SO WIRD'S GEMACHT

1 Mehl, Joghurt und Backpulver in einer Schüssel vermischen, dann Wasser, Olivenöl und Salz hinzugeben und die Zutaten von Hand zu einem glatten, elastischen Teig kneten. Den Teig dann mit einem sauberen Geschirrtuch abdecken und an einem warmen Ort ruhen lassen.

2 Crème fraîche mit Salz und Pfeffer würzen. Je nach eigenem Geschmack Zwiebeln schälen, klein schneiden und hinzugeben.

3 Wer den Flammkuchen gerne besonders herzhaft mag, brät eine Zwiebel in einer Pfanne für zwei Minuten in 1 Esslöffel Olivenöl an und löscht sie dann mit 2 Esslöffeln Balsamicoessig ab und salzt das Ganze ein wenig.

4 Den Teig aus der Schüssel nehmen, vierteln und auf einer mit Mehl bestäubten Fläche dünn ausrollen. Eine Pfanne mit Öl bepinseln und stark erhitzen. Hier eignet sich auch eine gusseiserne Pfanne, die man auf einem Gasgrill erhitzt. Die vier Flammkuchenfladen von jeder Seite jeweils zwei Minuten goldbraun backen. Die fertig gebackenen Fladen unter dem Geschirrtuch warmhalten, bis alle vier Fladen gebacken sind.

5 Die Flammkuchen nun mit der Crème fraîche bestreichen und mit Zutaten nach Wahl belegen.

WEIN-TIPP

Riesling, halbtrocken

TMBW_Denger

79206 Breisach-Niederrimsingen

Weinhaus St. Remigius

Gündlinger Str. 7
Petra Isele
Tel.: 07664/59389
p.isele@remigiusweine.de
www.remigiusweine.de

= 1
>10m >3,5 t R

Anfahrt: A5 Karlsruhe-Basel Ausf. Bad Krozingen, auf der B31 → Breisach, nach ca. 2 km rechts abbiegen → Oberrimsingen, in Niederrimsingen nach dem Ortsschild die 4. Straße rechts in die Gündlingerstraße

Um telefonische Anmeldung wird gebeten

Wir sprechen auch: Englisch

GPS: 47°59'12"N 07°40'06"E

Weine: Weißburgunder, Grauburgunder, Riesling, Muskateller, Sauvignon Blanc, Chardonnay, Merlot

Spezialitäten: Winzersekt, Edelbrände
Aktivitäten: Weinverkostung, Weinbergführung, Traktorfahrten

79426 Buggingen-Betberg

Bio-Weingut Rieger

Noblingstr. 13 b
Bernhard Rieger
Tel.: 07634/2013
info@weingutrieger.de
www.weingutrieger.de

= 3
>10m >3,5 t R

Anfahrt: A5 Ausf. Hartheim-Heitersheim, → Heitersheim, dort auf die B3 → Mülheim, nach 2 km in Seefelden li. → Betberg, dann der Ausschilderung „Weingut Rieger" folgen

Wir sprechen auch: Englisch

GPS: 47°51'6"N 7°39'44"E

Weine: Gewürztraminer, Muskateller, Pinot Blanc de noir, Weißburgunder, Weißer Gutedel, Regent, Spätburgunder, Solaris, Grauburgunder, Chardonnay, Cabernet Sauvignon, Merlot
Spezialitäten: Sekt, Barriqueweine, Tresterbrand, Obstler, Traubensaft

Aktivitäten: Keller- und Weinbergführungen, Weinproben, Freitags im Advent
Öffnungszeiten: Mo-Fr 09:00-12:00 und 14:00-18:00 Uhr, Sa 09:00-15:00 Uhr

77815 Bühl

Affentaler Winzer eG

Betschgräblerplatz
Dr. Ralf Schäfer
Tel.: 07223/98980
info@affentaler.de
www.affentaler.de

= 2
>10m >3,5 t R

Anfahrt: A5 Ausf. 52 Bühl → Bühl, nach 4 km rechts abbiegen → Bühl, an der Ampel links auf die B3 → Baden-Baden, nächste Ausf. rechts zum Parkplatz der Affentaler WG (Eingabe ins Navi: Immensteinstraße 13)

Wir sprechen auch: Englisch

GPS: 48°42'37''N 08°08'45''E

Weine: Chardonnay, Gewürztraminer, Grauburgunder, Müller-Thurgau, Traminer, Riesling, Rivaner, Sauvignon Blanc, Scheurebe, Weißburgunder, Cabernet Dorsa, Lagrein, Merlot, Spätburgunder, Spätburgunder Rosé
Spezialitäten: Sekt, Secco

Aktivitäten: Keller- und Weinbergführungen, Planwagentouren durch den Weinberg, Weinproben, Party-, Klassiker- und Premium-Weinproben
Öffnungszeiten: Verkauf: Mo-Fr 8-18 Uhr, Sa 9-13 Uhr, So 10-14 Uhr, Mi öffentliche Weinprobe mit Kellerführung (6 €)

79426 Buggingen-Seefelden

Weingut und Wein-Treff Gunzenhauser

Weingartenstr. 9
Petra Gunzenhauser
Tel.: 07634/551910
weintreff.gunzenhauser@t-online.de
www.weintreff-gunzenhauser.de

= 3
>10m >3,5 t R

Anfahrt: B3 von Bad Krozingen-Heitersheim kommend vor der Ortseinfahrt Seefelden links abbiegen (kleine Verkehrsinsel)

Wir sprechen auch: Englisch

GPS: 47°51'31"N 07°38'29"E

Weine: Gutedel, Weißburgunder, Spätburgunder
Spezialitäten: badische Gerichte und großes Salatbüfett in der Winzerschänke
Aktivitäten: Veranstaltungen siehe Webseite

Öffnungszeiten: Weingut: ganzjährig Mi-Sa 10:00-12:00 und 15:00-17:00 Uhr, Weintreff: siehe Webseite

79588 Efringen-Kirchen OT Blansingen

Weingut Claudia Straub

Alemannenstr. 12
Markus Worm
Tel.: 07628/1300
gutedel@weingut-straub.de
www.weingut-straub.de

= 3
>10m >3,5 t R
WC

Hofladen, Dusche, Weinprobe, Gutsschänke

Anfahrt: A5 Ausf. Efringen-Kirchen, über Efringen-Kirchen via B3 → Freiburg. Blansingen ist die zweite Ortschaft links. Achtung: max. Durchfahrtshöhe 3,20 m. Der Stellplatz befindet sich auf einer Wiese hinter dem Weingut. Zufahrt durch Torbogen. **Vorherige Reservierung erwünscht**

Wir sprechen auch: Englisch

GPS: 47°41'29"N 7°32'25"E

Weine: Chardonnay, Gewürztraminer, Gutedel, Müller-Thurgau, Muskateller, Riesling, Weißburgunder, Regent, Spätburgunder
Spezialitäten: Sekt, Eiswein, Edelbrände

Aktivitäten: Weinproben im „Wolferkeller", Gutsschänke Freitag bis Sonntag ab 16 Uhr geöffnet
Öffnungszeiten: März bis November 8:00-20:00 Uhr, während der Weinlese im September und Oktober Einschränkungen möglich

77955 Ettenheim

Weingut Weber

Im Offental 1
Familie Weber
Tel.: 0782289480
info@weingut-weber.de
www.weingut-weber.com

= 10
>10m >3,5 t R

Weinprobe

Anfahrt: A5 Ausf. Rust → Ringsheim, B3 → Ettenheim, nach ca. 300 m rechts ins Offental abbiegen, Berg hochfahren

Wir sprechen auch: Deutsch, Englisch

GPS: 47°15'18"N 07°47'38"E

Weine: Weißburgunder, Grauburgunder, Riesling, Müller-Thurgau, Sauvignon Blanc, Scheurebe, Rosé Spätburgunder
Spezialitäten: Edelbrände, Gin, Traubensaft, frische Walnüsse (September/Oktober), Walnusslikör, schwarze Walnuss-Trüffel, Walnusspesto, Walnussbrot

Aktivitäten: Weinproben, Kellerführungen, Weinbergwanderungen, verschiedene Events, Restaurant (Mi-So 11:30 bis 14:00 Uhr, ab 18:00 Uhr, Mo, Di Ruhetag)
Öffnungszeiten: ganzjährig, Weinverkauf und Verkostung Mo-Fr 10:00-18:00 Uhr, Sa 10:00-14:00 Uhr, So Ruhetag

78262 Gailingen

Weingut Zolg

Winkelhof
Armin Zolg
Tel.: 07734/6598
info@zolg.de
www.zolg.de

= 5
>10m >3,5t

Anfahrt: A81, Ausfahrt 43 Gottmachingen. Der Beschilderung → Gailingen folgen, dann nach Ramsen. Der Winkelhof liegt 1,5 km außerhalb von Gailingen → Ramsen

Wir sprechen auch: Englisch

GPS: 46° 59' 14'' N 87° 50' 45''E

Weine: Rivaner, Grauburgunder, Weißburgunder, Spätburgunder
Spezialitäten: Winzersekt, Secco, Destillate, Liköre, Marmelade, Dosenwurst, Apfelsaftsecco ohne Alkohol
Aktivitäten: Weinproben, Kellerführung, Schaffhausen am Rheinfall, Altstadt Stein am Rhein, Wanderwege
Öffnungszeiten: Weinverkauf ganzjährig (Mi-Sa 10:00-18:00 Uhr), Besenwirtschaft März/April, Sept-Nov, in den Wintermonaten geschlossen, aktuelle Termine siehe Webseite

79288 Gottenheim

Weingut Kilian Hunn

Rathausstr. 2
Martina Hunn
Tel.: 07665/6207
mail@weingut-hunn.de
www.weingut-hunn.de

= 3
>10m >3,5t R

Weinprobe

Anfahrt: A5 Ausf. Freiburg-Mitte, B31a → Umkirch fahren. Nach 5 km Ausf. Gottenheim-Ost, am Kreisverkehr die zweite Ausf., am Ende der Straße rechts auf die Hauptstraße, nach ca. 200 m (zwischen Volksbank und Rathaus) links abbiegen in die Rathausstraße. Der Platz befindet sich gleich links hinter der Volksbank
Um Reservierung wird gebeten
Wir sprechen auch: Englisch

GPS: 48°3'0"N 07°43'44"E

Weine: Weißburgunder, Grauburgunder, Chardonnay, Müller-Thurgau, Auxerrois, Sauvignon Blanc, Gutedel,Spätburgunder, Viognier
Spezialitäten: Winzersekt (klassische Flaschengärung), edle Brände aus der Hausbrennerei, Perlwein
Aktivitäten: kulinarische Weinproben (Wein-Menüs), Wanderungen über die Rebhisli-Tour ca. 5 km vom Weingut aus
Öffnungszeiten: Mo-Fr 09:00-12:30 und 14:30-19:00 Uhr, Sa bis 18:00 Uhr. Verkaufsautomat mit regionalen Produkten (Wein/Saisonales etc.) rund um die Uhr

79400 Kandern-Egerten

Kreiterhof Weinschenke

Wollbacherstr. 1
Armin Kreiter
Tel.: 07626/591
info@kreiterhof.de
www.kreiterhof.de

= 5
>10m >3,5 t R
CHEM

Anfahrt: Von der A5 beim Autobahndreieck Weil am Rhein auf die A98 wechseln, Ausf. Kandern bis Wollbach, dann rechts → Egerten

Wir sprechen auch: Englisch

GPS: 47°40'31"N 07°39'56"E

Weine: Gutedel, Blauer Spätburgunder aus eigenem Anbau
Spezialitäten: heimische Küche: Forelle, Zwiebelkuchen, Spargel

Aktivitäten: Besuch des Hofmuseums, Wanderungen
Öffnungszeiten: Di-Do ab 17:00 Uhr, Fr-So und Feiertage ab 11:00 Uhr

75057 Kürnbach

Weingut GravinO

Gräfental 54
Jochen Grahm
Tel.: 07258/7784
Mobil: 0176/32248410
info@gravino.de
www.gravino.de

= 3
>10m >3,5 t R

Weinprobe

Anfahrt: Von Oberderdingen kommend nach dem Ortsschild rechts abbiegen und der Beschilderung folgen. Von Sulzfeld oder Sternenfels kommend → Flehingen/Oberderdingen fahren, vor dem Ortsausgang links abbiegen und der Beschilderung folgen

Um Reservierung wird gebeten

GPS: 49°4'15"N 8°50'22"E

Weine: Weiß-, Rosé- und Rotwein sowie Schaumwein durch klassische Flaschengärung
Spezialitäten: eigener biologischer Traubensaft und ausgewählte Brände, seit 2019 neue Wohnmobilstellplätze, neuer Eventraum und Ausschank

Aktivitäten: Weinproben und Weinbergführungen während Öffnungszeiten auch kurzfristig, auf Anfrage Teilnahme an der Weinernte September und Oktober
Öffnungszeiten: Anreise nach Kontaktaufnahme, ganzjährig, Weinverkauf Mi + Fr 17-20 Uhr, Sa 10-12 und 13-17 Uhr

75057 Kürnbach

Weingut Plag

Leibergweg 1
Philipp Plag
Tel.: 07258/234
info@weingut-plag.de
www.weingut-plag.de

= 3
>10m >3,5 t

Anfahrt: Von Kürnbach aus in → Sulzfeld fahren, ca. 1 km nach Ortsende Kürnbach an der Weinpresse rechts abbiegen, nach ca. 200 m erreichen Sie das Weingut

Wir sprechen auch: Englisch

GPS: 49°5'9"N 8°50'55"E

Weine: Gewürztraminer, Müller-Thurgau, Riesling, Weißburgunder, Acolon, Cabernet Dorsa, Dunkelfelder, Lemberger, Schwarzriesling, Spätburgunder
Spezialitäten: Sekt, Barriqueweine, Traubensaft

Aktivitäten: auf Anfrage kulinarische Weinproben im Weinkeller, Besenzeiten siehe Webseite
Öffnungszeiten: an Weihnachten und Ostern kein Aufenthalt möglich, Weinverkauf Mi und Fr 14:00-18:00 Uhr, Sa 09:00-12:00 und 13:00-16:00 Uhr

91478 Markt Nordheim

Weingut Meier Schmidt

Ulsenheim 114
Tel.: 09842/2479
weingut@meier-schmidt.de
www.meier-schmidt.de

= 3
>10m >3,5 t R

Müllentsorgung

Anfahrt: Von Ulsenheim kommend, an der Staatstraße, Vinothek auf der linken Seite

Wir sprechen auch: Englisch

GPS: 49° 33' 40''N 10° 18' 02''E

Weine: vielschichtige, eigenständige, charaktervolle Weine, Riesling, Scheurebe, Silvaner und Burgunder nachhaltig mit höchstem Anspruch erzeugt
Spezialitäten: Winzersekt, Secco, Traubensaft

Aktivitäten: Weinproben, Weinbergführungen
Öffnungszeiten: Mo-Fr 13:00-19:00 Uhr, Sa 10:00-18:00 Uhr, nach Vereinbarung, Anreise außerhalb der Öffnungszeiten

79379 Müllheim-Zunzingen

Weingut Dr. Schneider

Rosenbergstr. 10
Matthias Ludewig
Tel.: 07631/2915
info@weingut-dr-schneider.de
www.weingut-dr-schneider.de

= 1
>10m >3,5 t

Anfahrt: A5 Ausf. Müllheim-Neuenburg ➔ Badenweiler, im Kreisverkehr bei der Helios-Klinik links auf die Badische Weinstraße ➔ Staufen, der nächste Ort ist Zunzingen

Wir sprechen auch:
Englisch, Französisch

GPS: 47°49'12"N 7°39'10"E

Weine: Chardonnay, Grauburgunder, Gutedel, Sauvignon blanc, Weißburgunder, Cabernet, Merlot, Spätburgunder
Spezialitäten: Crémant, Winzersekt, Perlwein, Edelbrände

Aktivitäten: Weinbergführungen, Kellerführungen, Weinetiketten-Museum, Hoffest (Ende Mai)
Öffnungszeiten: ganzjährig geöffnet, Weinverkauf Di-Sa 14:00-18:00 Uhr und nach telefonischer Vereinbarung

77704 Oberkirch

Oberkircher Winzer eG

Renchenerstraße 42
Tel.: 07802/92580
info@oberkircher-winzer.de
www.oberkircher-winzer.de

= 3
>10m >3,5 t

Anfahrt: A5 Karlsruhe-Basel, von Süden Ausf. Appenweier, von Norden Achern, der Beschilderung ➔ Oberkirch folgen

Wir sprechen auch: Englisch

GPS: 48°32'21"N 8°4'15"E

Weine: Gewürztraminer, Grauburgunder, Riesling, Sauvignon Blanc, Cabernet Sauvignon, Merlot, Spätburgunder
Spezialitäten: Winzersekt, Edelbrände

Aktivitäten: Weinproben mit Kellerführung von Apr-Okt Di 14:30 Uhr und Fr 17:00 Uhr, Weinwanderung
Öffnungszeiten: Weinverkauf und Verkostung Mo-Fr 09:00-12:00 und 13:30-17:30 Uhr, Sa 09:00-13:00 Uhr

77704 Oberkirch-Nussbach

Weingut Herztal

Herztal 115
Ulrike und Hubert Müller
Tel.: 07805/5389
weingut-herztal@t-online.de
www.weingut-herztal.de

= 3
>10m >3,5 t

Anfahrt: A5 Ausf. Appenweier-Straßburg, weiter auf der B28 ➔ Oberkirch-Freudenstadt, nach 5 km Ausf. Nussbach, in Nussbach beim Rathaus abbiegen ➔ Ortsteil Herztal, 1,2 km bis zum Weingut

GPS: 48°31'33"N 8°2'2"E

Weine: Chardonnay, Gewürztraminer, Grauburgunder, Müller-Thurgau, Riesling, Sauvignon blanc, Scheurebe, Weißburgunder, Cabernet, Merlot, Spätburgunder, Syrah
Spezialitäten: Edelbrände aus eigener Destillation

Aktivitäten: Weinbergführungen nach Vereinbarung, Weinproben (15 Personen), Besen geöffnet von Mitte Mär-Jun und Mitte Sep-Nov, Mi-Fr ab 17:00 Uhr, Sa ab 16:00 Uhr, So ab 16:00 Uhr

77799 Ortenberg

Weingut Schloss Ortenberg

Am Sankt Andreas 1
Matthias Wolf
Tel.: 0781/93430
info@wso-wein.de
www.wso-wein.de

= 2
>3,5 t R

Anfahrt: Von Offenburg ➔ Ortenberg, am Gasthaus Ochsen links abbiegen und der Beschilderung folgen. Von Villingen-Schwenningen kommend Ausf. Ortenberg und im Kreisverkehr die dritte Ausf. nehmen, der Beschilderung ab Gasthaus Ochsen folgen

Wir sprechen auch:
Englisch, Französisch, Italienisch

GPS: 48°27'13"N 07°58'47"

Weine: Klingelberger (Riesling), Weißburgunder, Gewürztraminer, Muskateller, Spätburgunder, Merlot, Syrah, Furore, etc.
Spezialitäten: Winzersekt, Marc, Obstbrände, Essig, Gewürze, Schokolade
Aktivitäten: Weinproben auch online und Weinbergführungen (ab 12 Personen), alle Weine und Sekt können kostenfrei in der Vinothek verkostet werden
Öffnungszeiten: Mo-Fr 08:00-12:00 und 13:00-17:00 Uhr, Sa 09:30-13:00 Uhr, außerhalb der Öffnungszeiten kein Empfang möglich

79361 Sasbach-Jechtingen

Winzergenossenschaft Jechtingen-Amoltern eG

Winzerstr. 1
Herr Flamm
Tel.: 07662/93230
info@jechtinger-wein.de
www.jechtinger-wein.de

= 10
>10m >3,5 t R

Anfahrt: A5 Ausf. Riegel, weiter über Endingen, Königschaffhausen, Sasbach oder Leiselheim nach Jechtingen

Wir sprechen auch:
Englisch, Französisch

GPS: 48°06'55"N 07°36'35"E

Weine: Chardonnay, Gewürztraminer, Grauburgunder, Kerner, Müller-Thurgau, Muskateller, Regent, Riesling, Weißburgunder
Spezialitäten: Sekt, diverse Wurstwaren, Pralinen, Kaffee

Aktivitäten: Weinproben, Weinbergführungen, Kellerführungen
Öffnungszeiten: in der Zeit vom 17.-24.10.2022 können wir kein Wohnmobil auf unserem Gelände empfangen, Weinverkauf Mo-Fr 08:00-17:30 Uhr, Sa 08:30-12:30 Uhr

79418 Schliengen

Weingut und Weinschenke Zimmermann

Bürgelnblick 1
(Auf dem Schlingener Berg)
Karl-Ernst Zimmermann
Tel.: 07635/665
info@zimmermann-wein.de
www.zimmermann-wein.de

= 12
>10m >3,5 t

Anfahrt: A5 bis Autobahndreieck Neuenburg am Rhein → Schliengen. Das Weingut liegt auf dem Schliengener Berg, direkt an der B3 zwischen Schliengen und Hertingen

Wir sprechen auch: Englisch

GPS: 47°44'12"N 7°34'26"E

Weine: Gutedel, Grauburgunder, Weißburgunder, Riesling, Sauvignon Blanc, Chardonnay, Müller-Thurgau, Muskateller, Pinot Rosé, Rosé, Spätburgunder, Merlot, Syrah, Cabernet Franc, Pinot Noir
Spezialitäten: Winzersekt und Edelbrände

Aktivitäten: Weinproben nur auf Anmeldung, Einkehr in Weinschenke
Öffnungszeiten: saisonal, Weingut saisonal, bitte schauen Sie unter www.zimmermann-wein.de (Mitte Februar bis Mitte Dezember)

79235 Vogtsburg-Bischoffingen

Weingut Achim Rieflin

Kaiserstuhlstr. 8
Achim und Helmut Rieflin
Tel.: 07662/226494
weingut@rieflin.de
www.rieflin.de

= 1

Anfahrt: A5 Ausf. Frankreich/Riegel/Sasbach (Rhein)/Endingen, rechts abbiegen auf die L113, nach dem 2. Kreisverkehr links abbiegen auf die L105, im nächsten Kreisverkehr die 1. Ausf. nehmen, der L105 folgen, dann links abbiegen auf die K5128/K492, danach links in die Bergstraße, rechts halten ➔ Kaiserstuhlstraße

GPS: 48°6'9"N 7°37'49"E

Weine: Müller-Thurgau, Riesling, Grauburgunder, Weißburgunder, Solaris, Muskat-Ottonel, Weißherbst, Spätburgunder, Regent
Spezialitäten: hausgemachte Flammkuchen und saisonale Spezialitäten
Aktivitäten: Weinproben

Öffnungszeiten: geöffnet von Apr-Okt, Gutsschenke „Zum Trotthisli" Mo, Di, Fr 17:00-22:00 Uhr, Sa 15:00-22:00 Uhr, So 11:00-22:00 Uhr

79235 Vogtsburg-Schelingen

Weingut Gregor & Thomas Schätzle

Heinrich-Kling-Str. 38
Familie Schätzle
Tel.: 07662/94610
info@weingutschaetzle.de
www.weingutschaetzle.de

= 3
>10m >3,5 t R

Weinprobe

Anfahrt: von Norden: A5 bis Riegel, weiter über Bahlingen nach Schelingen, Ortsausgang nach 300 m befindet sich das Weingut auf der rechten Seite, von Süden: A5 bis Freiburg Mitte, weiter auf B31 ➔ Umkirch, Gottenheim, Bötzingen und Oberbergen. Rechts ab nach Schelingen
Wir sprechen auch: Englisch, Französisch, Spanisch

GPS: 48°05'59"N 07°40'20"E

Weine: Spätburgunder, Grauburgunder, Weißburgunder, Chardonnay, Müller-Thurgau, Gewürztraminer, Merlot
Spezialitäten: Winzersekte der hauseigenen Manufaktur nach traditioneller Flaschengärung und handgerüttelt, Destillate von eigenem Obst, Trester & Hefe auch im Eichenfass gereift der Hausbrennerei

Aktivitäten: geführte Touren durch die Grand Cru Lage Schelinger Kirchberg, Genuss-Rucksack mit Picknick und Weinen zum selbst erkunden der Weinberge, Weinproben, nach Absprache mit Verköstigung
Öffnungszeiten: Mo-Fr 08:00-12:00 und 13:30-18:00 Uhr, Sa 09:00-16:00 Uhr

Auf Entdeckertour entlang der
Badischen Weinstraße

REISEINSPIRATIONEN

Anzeige

Kleine Pause? Umgeben von Reben schmeckt das Vesper am besten.

Der Südwesten Deutschlands lockt mit seinem Wohlfühlklima und den unzähligen Aktivitäten zu einem Erlebnisurlaub im Weinland Baden. Wohnmobilfahrer dürfen sich entlang der Badischen Weinstraße auf imposante Ausblicke über Weinberge und sonnenverwöhnte Täler im drittgrößten Weinbaugebiet Deutschlands freuen.

Die 500 km lange Ferienstraße verläuft durch acht badische Weinregionen – jede einzigartig. Von der Schweizer Grenze im Süden führt die Route durch das idyllische Markgräflerland, wo vielfach der Gutedel ausgebaut wird. Terrassenförmige Weinberge kennzeichnen Tuniberg und Kaiserstuhl. Entlang der Vorbergzone am Westrand des Schwarzwaldes erstreckt sich das Weinland Breisgau, dessen Romantik sowohl in der Schwarzwald-Metropole Freiburg wie im ländlichen Glottertal nachzuspüren ist. Charakteristisch für das Weinparadies Ortenau sind die Steillagen. Etwas flacher wird es im Land der 1000 Hügel, dem Kraichgau. Die Burgen und Schlösser an der Badischen Bergstraße sorgen für fantastische Ausblicke in die Rheinebene. Und im lieblichen Taubertal im Norden der Badischen Weinstraße treffen fränkische, württembergische und badische Weinkulturen zusammen.

Mehr als 300 Weinbaubetriebe, Winzergenossenschaften und ausgezeichnete Vinotheken liegen an der Strecke. Schöne Winzerdörfer und alte Fachwerkhäuser, stattliche Gehöfte und moderne Weinbau-Architektur bilden eine sehenswerte Kulisse. Die Badische Weinstraße ist damit die ideale Destination für alle Weinliebhaber, die über das Weinglas hinaus die Vielfalt Badens erleben und genießen wollen.

Die schönsten Wohnmobilstellplätze an der Badischen Weinstraße:
www.winzer-wohnmobil.de

BADISCHE WEINSTRASSE
Schwarzwald Tourismus GmbH
Wiesentalstraße 5
79115 Freiburg
Telefon +49 (0)761 896460
E-Mail: **info@badische-weinstrasse.de**

Bei den badischen Winzerhöfen parken und die herrliche Aussicht genießen.

Foto: Schwarzwald Tourismus GmbH, Thomas Fischer, Kirschenhof Schmidt

Die Strahlenburg ist eine von vielen Sehenswürdigkeiten entlang der Route.

DAS „LIEBLICHE TAUBERTAL“

Eine Ferienlandschaft für Genießer

Weinerlebnisse

Anzeige

Wohnmobil vor dem Satzenberg in Reicholzheim

Wohnmobilstellplatz mit Blick auf Burg Wertheim

Die Ferienlandschaft „Liebliches Taubertal", erstreckt sich von Rothenburg ob der Tauber bis nach Wertheim und Freudenberg am Main. Das herrliche Flusstal können Besucher mit dem Wohnmobil genussvoll bereisen und von den zahlreichen Standplätzen aus, zu Fuß erwandern oder mit dem Fahrrad erkunden.

Genuss ist ein Begriff, der sich im „Lieblichen Taubertal" äußerst vielfältig offenbart. Ob Restaurants, Gaststätten und Besenwirtschaften, Direktvermarkter, Winzergenossenschaften, Weingärtner, Weinbetriebe, Weindörfer oder Weinfeste: Die Region bietet für jeden Gaumen die passende Freude. Zudem gibt es zahlreiche Sehenswürdigkeiten – mit sieben Burgen, zwölf Schlössern, vier Klöstern und über 40 Museen.

Im „Lieblichen Taubertal" treffen drei deutsche Weinbaugebiete aufeinander. Spezialitäten sind die heimische Rebsorte Tauberschwarz und der weltberühmte Bocksbeutel. Qualifizierte Weingästeführer wissen Interessantes zum Weinanbau und zum Ausbau in den Weinkellern zu berichten.

INFORMATIONEN

zur Ferienlandschaft **„Liebliches Taubertal" e.V.** und zum **Weinland Taubertal** gibt es beim **Tourismusverband „Liebliches Taubertal" e.V.,** Gartenstraße 1, 97941 Tauberbischofsheim,
Telefon: +49 (0)9341 825806
Internet: **www.liebliches-taubertal.de**
E-Mail: **touristik@liebliches-taubertal.de**
Internet: **www.weinland-taubertal.de**
E-Mail: **info@weinland-taubertal.de**

Radfahrer in den Weinbergen bei Gerlachsheim

Fotos: Tourismusverband Liebliches Taubertal / Peter Frischmuth

97953 Königheim

Ökologischer Land- & Weinbau Seitz

Ritterberg 8
Simone Seitz
Mobil: 0176/54378204
oder 0173/7371726
mail@oeko-seitz.de

= 3
>10m >3,5 t R
WC + Dusche tagsüber

Anfahrt: Von Hardheim kommend ➔ Wohngebiet Ritterberg/Kieserstraße. Von Tauberbischofsheim kommend ➔ über die Hauptstraße/Abzweigung Weinstraße.

Wir bitten um telefonische Voranmeldung

Wir sprechen auch: Englisch, Französisch

GPS: 49°37'6.6"N 09°35'12"E

Weine: Rivaner, Bacchus, Regent, Rotling, Cuvée, Secco. Fast alle Weinberge zwischen 30 und 50 Jahre alt. Prämierte Weine (AWC Vienna/Organic Wine Award International)
Spezialitäten: kleine Auswahl an regionalen Spezialitäten

Aktivitäten: Weinbergführungen, kulinarische Weinproben ab 6 P., Probierstube kann nach Vereinbarung als Aufenthaltsraum genutzt werden
Öffnungszeiten: ganzjährig nach telefonischer Vereinbarung und Voranmeldung

97922 Lauda-Beckstein

Winzerhof Strebel

Geisbergstraße 8
Stefan Strebel
Mobil: 0172/9164096
strebelst@t-online.de
www.winzerhof-strebel.de

= 3
>10m >3,5 t R

Anfahrt: Beckstein: nach Hotel Adler links abbiegen in Geisbergstraße. Nach ca. 200 m auf der rechten Seite. Ist ausgeschildert.

Wir sprechen auch: Englisch

GPS: 49°32'42"N 09°42'13.7"E

Weine: Weißweincuvee „Leidenschaft", Rotweincuvee „Herzblut", Grauer Burgunder, Sauvignon blanc, Riesling, Schwarzriesling, Tauberschwarz, Barriqueweine, Secco
Spezialitäten: hauseigene Brände und Liköre

Aktivitäten: Weinbergführung und Weinproben auf Anfrage, kurze Weinproben durchs Sortiment jederzeit möglich, nach vorheriger Anmeldung
Öffnungszeiten: nach Vereinbarung

97922 Lauda-Königshofen OT Beckstein

Becksteiner Winzer

Weinstr. 30
Michael Spies
Tel.: 09343/5000
m.spies@becksteiner-winzer.de
www.becksteiner-winzer.de

= 3
>10m >3,5 t

Weinprobe

Anfahrt: inmitten des Lieblichen Taubertals. Autobahnausfahrt A81 Tauberbischofsheim, B290 auf Höhe Königshofen ➔ Beckstein (Becksteiner WeinWelt).

Wir sprechen auch: Englisch

GPS: 49°32'47"N 09°42'09"E

Weine: aus Tauberfranken
Spezialitäten: Weißwein, Sekt, Rotwein, Secco und feine Naschereien zum Wein. Die Sonnenterrasse lädt bei schönem Wetter auf ein gemütliches Gläschen Wein in ruhiger Atmosphäre ein

Aktivitäten: Weinproben, Weinführungen, Events, Erlebniseinkauf, wandern, Fahrradfahren, Natur
Öffnungszeiten: Mo-Sa 9:00-18:00 Uhr, So und Feiertag 10:00-16:00 Uhr

97285 Röttingen

Weinbau Bach

Klingener Straße 1
Eugen und Mario Bach
Tel.: 09338/595
kontakt@weinbau-bach-roettingen.de
www.weinbau-bach-roettingen.de

= 10
>10m >3,5 t

Anfahrt: A81 Ausf. Boxberg ➔ Bad Mergentheim. Von dort über die Romantische Straße bis nach Röttingen oder A3/A7 bis Würzburg, Ausf. Heidingsfeld ➔ Bad Mergentheim, auf der B19 bis nach Euerhausen, danach links ➔ Röttingen oder A7 bis Rothenburg, von dort über die Romantische Straße nach Röttingen

GPS: 49° 30' 25"N 09° 58' 21"E

Weine: Bacchus, Müller-Thurgau, Silvaner, Dornfelder, Schwarzriesling

Spezialitäten: Liköre, Wurst, Obst im Herbst
Öffnungszeiten: ganzjährig geöffnet

97215 Simmershofen OT Auernhofen

Ökologischer Land- und Weinbau Stephan Krämer

Lange Dorfstraße 24
Simone Krämer
Tel.: 09848/96845
info@kraemer-oeko-logisch.de
www.kraemer-oeko-logisch.de

= 2
>3,5 t R
WC GRAU
Hofladen, Müllentsorgung

Anfahrt: Von der A7 kommend → Bad Mergentheim auf die Staatsstraße 2256. Unser Bio-Hof befindet sich in der Dorfmitte von Auernhofen

Wir bitten um telefonische Voranmeldung

Wir sprechen auch: Englisch, Spanisch

GPS: 49° 31′ 23″N 10° 06′ 15″E

Weine: Silvaner, Müller-Thurgau, Johanniter, Riesling, Pinot Meunier, Bacchus
Spezialitäten: Pétillant Naturel Müller Thurgau, Rosé (Regent), Just-B (Bacchus), Zwetschgen- und Birnenbrand, selbst gebackenes Bio-Brot (nach Verfügbarkeit)

Aktivitäten: kulinarische Weinprobe ab 10 Personen, Gastronomie für bis zu 60 P., Ferienwohnungen
Öffnungszeiten: werktags 10:00-18:00 Uhr bzw. auf Anfrage, in den Weihnachtsferien geschlossen

97941 Tauberbischofsheim-Dittwar

Winzerhof Wille

Gissigheimerstraße 80
Verena Wille
Tel.: 09341/8463630
winzerhof-wille@gmx.de
www.winzerhof-wille.de

= 2
>10m >3,5 t R

Anfahrt: Aus Dittwar kommend → Gissigheim

Wir sprechen auch: Englisch

GPS: 49° 35′ 32″N 09° 37′ 45″E

Weine: Schwarzriesling, Grauer Burgunder, Müller Thurgau, Weißherbst, Dornfelder
Spezialitäten: Winzersekt Grauer Burgunder, Winzersekt Schwarzriesling, Weißherbst

Aktivitäten: Weinproben, Weinbergwanderungen
Öffnungszeiten: nach Absprache

97877 Wertheim-Dertingen

Winzerhof M. Baumann

Dorfgrabenweg 4
Monika Baumann
Tel.: 09397/794
info@winzerhof-baumann.de
www.winzerhof-baumann.de

= 2
>3,5 t R

Anfahrt: A3 Abfahrt Wertheim/Lengfurt Nr. 66, von Wertheim kommend nach Beschilderung im Ort fahren (silberne Wegweiser). Navi: Zehntgasse 7 eingeben

GPS: 49° 45′ 56″N 09° 36′ 60″E

Weine: Silvaner, Müller Thurgau, Bacchus, Grauer Burgunder, Gewürztraminer, Ortega, Regent, Schwarzriesling, Spätburgunder

Spezialitäten: Winzersekt, Perlwein, Traubenbrand
Aktivitäten: Weinbergführungen, Heckenwirtschaft, Verkostungen, Hoffest
Öffnungszeiten: auf Anfrage

FRÄNKISCHES **SAVOIR VIVRE**

Geselliges Beisammensein mitten im Weinberg

Geselligkeit und Kulturreichtum prägen das Fränkische Weinland im Maindreieck. Eingebettet zwischen Spessart, Rhön, Steigerwald und Taubertal locken romantische Winzerorte und die Residenzstadt Würzburg.

Besonders geprägt sind dieses Gebiet und die Menschen, die dort leben, vom Wein. Etwa 80 Prozent der produzierten Frankenweine sind Weißweine, angeführt von den Sorten Müller-Thurgau, Silvaner und Bacchus. Bei den Rotweinen werden die Rebsorten Domina, Spätburgunder und Dornfelder bevorzugt angebaut.

Die fränkischen Weine gelten in der Regel als äußerst trocken. Aufgrund dieser besonderen Eigenschaft wurde die Geschmacksbezeichnung „fränkisch trocken“ eingeführt. Dabei dürfen Weine dieser Kategorie auf keinen Fall mehr als vier Gramm Restzucker pro Liter Wein aufweisen.

Typisch für den Frankenwein ist die bauchig-runde Flaschenform, der berühmte Bocksbeutel, der seit Jahrhunderten als Markenzeichen des Frankenweins gilt und mittlerweile sogar von der EU geschützt ist. Bei einem Winzerbesuch, einem Spaziergang durch die Weinberge, einer erlesenen Weinprobe oder einem der vielen Weinfeste lernt man den Frankenwein und sein Ursprungsland am besten kennen.

Herzhaft wie Land und Leute und passend zum Frankenwein präsentiert sich auch die Küche. Entsprechend den Jahreszeiten gibt es typische saisonale Gerichte wie etwa Wild-, Fisch- und Geflügelspezialitäten im Herbst und Winter, fränkischen Spargel im Mai und Juni und passend zum Federweißer deftige Gerichte wie Zwiebelkuchen oder Zwetschgenkuchen.

Nicht nur die Gaumenfreuden, auch die Sinnesfreuden stillt das Fränkische Weinland. In der Metropole Würzburg erbaute der bedeutende Barockbaumeister Balthasar Neumann die Residenz als „Schloss über den Schlössern“. Der Venezianer Giovanni Battista Tiepolo schuf mit dem gewaltigen Deckenfresko über dem frei gewölbten Himmel des berühmten Treppenhauses eines der größten Gemälde der Welt. ‹

DIE **HOT**SPOTS DER

1 BEDEUTEND: DIE WÜRZBURGER RESIDENZ

Die ehemalige Residenz der Würzburger Fürstbischöfe entstand zwischen 1720 und 1744 im Rohbau und wurde bis 1780 fertig ausgestattet. Die Würzburger Residenz gehört zu den bedeutendsten Schlossanlagen des Barock in Europa und zählt zum Welterbe der UNESCO.

Für das weltberühmte, vom Architekten Balthasar Neumann stützenfrei überwölbte Treppenhaus schuf 1752/53 der Venezianer Giovanni Battista Tiepolo das Deckenfresko mit den vier Erdteilen. Das insgesamt 18 mal 30 Meter messende Gemälde ist eines der größten einteiligen Fresken, die je gemalt wurden.

Die Wölbungen dieser Haupträume hielten auch dem verheerenden Residenzbrand 1945 stand, während die Decken und Fußböden der den Kaisersaal flankierenden Kaiserzimmer zerstört wurden. Durch die geretteten Einrichtungsgegenstände und Wandverkleidungen konnten die Räume wiederhergestellt werden.

Sowohl Kunst- als auch Naturgenuss bietet ein Spaziergang durch den Hofgarten. Im Südgarten bildet das von kegelförmig geschnittenen Eiben umstellte Wasserbassin ein Zentrum der heutigen Gartenkonzeption.

2 DAS TOR ZUR FRÄNKISCHEN SCHWEIZ

Wenn die Franken von ihrem Berg sprechen, so reden sie im Volksmund über das „Walberla", dem markanten Tafelberg östlich von Forchheim. Der richtige Name des Bergmassives ist aber „Ehrenbürg".

Die „Ehrenbürg" besteht aus dem 532 Meter hohen Rodenstein und dem 512 Meter hohen Walberla, der von einer im 17. Jahrhundert gebauten Kapelle gekrönt wird. Das Walberla wird gern und häufig auch als „Tor zur Fränkischen Schweiz" bezeichnet.

Das Gebiet ums Walberla wird geprägt vom größten geschlossenen Süßkirschenanbau in Deutschland bzw. Europa. Und wenn im Frühjahr die Kirschbäume in voller Blüte stehen, verwandelt sich das Tal in ein duftendes und farbenfrohes Blütenmeer.

Nicht nur als Wanderer, Radfahrer, Kletterer, Fossiliensammler – um nur einige zu nennen – sondern auch als Kunst- und Naturfreund werden Sie von dieser Gegend begeistert sein. Schlösser, Burgruinen und zahlreiche Kirchen zeugen vom Traditionsbewusstsein der Region. **Tipp:** Wenn es möglich ist, findet am ersten Maiwochenende das Walberla-Fest statt.

REGION FRANKEN

3 DIE TEUFELSHÖHLE IN POTTENSTEIN

Seit fast 100 Jahren – die erste öffentliche Führung fand 1922 statt – kommen Besucher aus der ganzen Welt, um ein einzigartiges Karstwunder zu bestaunen: die Teufelshöhle Pottenstein.

Rund 400 Stufen sind zu bewältigen, um die Tropfsteinhöhle zu erkunden. Ins Schwitzen kommt man dabei dennoch nicht. Bei 9 °C – im Sommer wie im Winter – empfiehlt es sich, warme Kleidung mitzunehmen.

Der Eingang ist eine gewaltige Felsgrotte, eine der größten in Deutschland. Aus der Mitte des Höhleneingangs springt eine acht Meter hohe Höhlenterasse vor. Dahinter befindet sich der eigentliche Eingang zur Höhle. Sehr beeindruckend ist der größte Höhlenraum, der 45 mal 18 mal 15 Meter große „Barbarossadom".

Über dem Raum liegt noch eine Felsendecke von 52 Metern. Die Teufelshöhle ist die größte der rund 1.000 Höhlen in der Fränkischen Schweiz. Sie hat eine Gesamtlänge von circa 3.000 Metern, von denen etwa die Hälfte der Öffentlichkeit zugänglich ist. Vor allem Kindern wird ein Besuch der Höhle als ein großes Abenteuer in Erinnerung bleiben.

4 DIE TRIMBURG IN ELFERSHAUSEN

Markt Elfershausen und seine Gemeindeteile sind untrennbar mit der Burgruine Trimburg verbunden. Die Herren von Trimberg, die im 13. Jahrhundert mit den mächtigen Grafen von Henneberg durch Heirat in Verbindung standen, waren ein uraltes Geschlecht.

Als sich Konrad III. von Trimberg und seine Gemahlin Adelheid 1279 den damaligen Kreuzfahrern anschlossen und ihren weltlichen Besitz der Kirche schenkten, um ihr ferneres Leben in klösterlicher Gemeinschaft zu führen, kam die Trimburg an das Hochstift Würzburg. Die Burg wurde Sitz eines Gerichtes und eines Verwaltungsamtes, wobei die Edlen von Erthal eine große Rolle spielten. Im Bauernkrieg 1525 und im Dreißigjährigen Krieg konnten die Mauern den Feinden nicht standhalten, sodass man den Festungscharakter aufgab. Im Zuge der Säkularisation im Jahre 1803 kam die Trimburg in den Besitz des Königreichs Bayern. Auf Abbruch verkauft, holte man sich dort dann zunächst Bausteine, machte sie somit zur heutigen Ruine, bis man einsah, dass so eine Krone der Landschaft nicht zerbrochen werden darf.

DIE **HOT**SPOTS DER REGION

5 DAS EINZIGARTIGE BLUTSEE-MOOR BEI KIST

Verantwortlich für den etwas abschreckenden Namen des Moors ist nicht etwa echtes Blut, sondern eine rote Algenart, die dort zahlreich vorkommt und dem Wasser eine rötliche Farbe verleiht.

Weiterhin findet man hier die unterschiedlichsten Gräser und verschiedene Moosarten, zum Beispiel das schmalblättrige Wollgras, die Schnabel-Segge und verschiedene Moosarten wie das Torfmoos. Der Torfkörper schwimmt auf dem Wasser und birgt seinerseits Nährboden für weitere Pflanzen – es entsteht ein sogenannter Schwingrasen.

Das Naturschutzgebiet „Blutsee-Moor" befindet sich im Irtenberger Wald zwischen Gerchsheim und Kist. Es handelt es sich um ein Niedermoor-Gebiet mit dem größten Schwingrasen Unterfrankens. Das Blutsee-Moor liegt im Fauna-Flora-Habitat-Gebiet (FFH) „Irtenberger und Guttenberger Wald" und ist Teil des europäischen Schutzgebietsnetzes „NATURA 2000". Das kostbare Feuchtgebiet darf nicht betreten werden. Für Menschen besteht hier teilweise sogar Lebensgefahr.

i

Tourismusverband Franken e.V.
Pretzfelder Straße 15
90425 Nürnberg
www.frankentourismus.de

Ver- und Entsorgung in Franken

97082 Würzburg
Mainaustr. 54, Klärwerk Würzburg, Holiday-Clean

97084 Würzburg
Mergentheimer Str. 31, Aral Tankstelle

97984 Würzburg
Unterer Kirchbergweg 65, VW-Audi-Vertriebszentrum

97332 Volkach-Escherndorf
An der Güß, Campingplatz Escherndorf

97332 Volkach
Fahrer Straße, Parkplatz am Freibad, Holiday-Clean

97334 Nordheim
Kläranlage

97337 Dettelbach
Bamberger Str., Reisemobilplatz an der Mainfähre

97346 Iphofen
Einersheimer Str. Parkplatz an der Einersheimer Str.

SAURE ZIPFEL

Es gibt sie in nahezu allen erdenklichen Varianten: zum Beispiel als kleine Nürnberger, von denen man drei Stück im Brötchen verzehrt oder sechs auf Sauerkraut. Majoran findet sich in ihrer Zutatenliste ebenso wie zuweilen und regional begrenzt auch Anis. Mal ist sie gröber, mal länger, mal mit besonders hohem Anteil an Kalbfleisch. Oder sie hat als Coburger Variante eine Rekordlänge von genau 31 Zentimetern. Ketchup dazu? Ja, kann man schon machen. Aber traditionell gehört Senf dazu. Wovon hier die Rede ist? Von der fränkischen Bratwurst. Die Varianten sind mannigfaltig. Zwei beliebte Verzehrformen stellen wir hier vor. Zum einen die Nürnberger Bratwurst im Brötchen. Sie darf nur so heißen, wenn sie tatsächlich aus dieser fränkischen Metropole stammt. Für sie braucht es kein spezielles Rezept. Der Reisemobilist kauft die Objekte der Begierde am besten beim Metzger. Aufgepasst: Man ersteht sie immer dreierweise, also drei, sechs, neun, zwölf Stück. Zubereitet sind sie schnell: Einfach die entsprechende Anzahl Weckle beim Bäcker neben dem Metzger kaufen. Dann die kleinen Würstchen in der Pfanne – besser aber auf dem Grill – von beiden Seiten schön rostbraun braten. Brötchen aufschneiden, drei (nicht zwei und auch nicht vier) Würstchen hineinlegen, eventuell mit Senf bestreichen. Fertig.

Eine ungewöhnliche Variante sind die sauren oder blauen Zipfel, bei denen die Leckereien in einem Essigsud gegart werden.

ZUTATEN

für 2 Personen:

- 12 kleine Nürnberger Würstchen (alternativ andere nicht allzu große fränkische Würstchen)
- 0,5 Liter Fleischbrühe
- 50 ml weißer Essig (Saurer Zipfel-Essig)
- 1 bis 2 TL Zucker
- 100 ml fränkischer Weißwein
- 2 Zwiebeln
- 1 Karotte
- Salz und schwarzer Pfeffer
- 2 Lorbeerblätter
- 3 Wacholderbeeren
- 2 Scheiben Bauernbrot

Zubereitungszeit: ca. 30 Minuten

SO WIRD'S GEMACHT

1 Die Zwiebeln schälen und in Scheiben schneiden, die Karotte ebenfalls schälen und in Scheiben schneiden.

2 In einem Kochtopf Fleischbrühe, Weißwein und Essig schwach zum Sieden bringen und die Zwiebeln und die Karotte sowie die Lorbeerblätter, die Wacholderbeeren und den Zucker hinzugeben.

3 Alles zusammen 15 Minuten schwach sieden lassen.

4 Den Sud salzen, später auch Pfeffer hinzugeben.

5 Die Würste 10 Minuten im schwach siedenden Essigsud garen lassen.

6 Die fertig zubereiteten Würstchen mit etwas Essigsud und mit den Zwiebelringen sowie mit je einer Scheibe Bauernbrot servieren.

WEIN-TIPP

Fränkischer Silvaner, trocken

63755 Alzenau-Hörstein

Hofgut Hörstein

Mömbriser Str. 6
Petra Hein
Tel.: 06023/9186232
gutsausschank@hofguthoerstein.de
www.hofguthoerstein-weingut.de

= 1
>10m >3,5 t R

Anfahrt: A45 Ausf. Alzenau-Süd, links abbiegen, in Hörstein rechts → Mömbris abbiegen. Das Weingut liegt ca. 2 km von der Ausfahrt entfernt. Parkplatz rechts vor dem Kellereigebäude.

Bitte um vorherige Anmeldung.

Wir sprechen auch: Englisch

GPS: 50°03'15"N 09°04'37"E

Weine: Silvaner, Ortega, Bacchus, Riesling, Weißburgunder, Müller-Thurgau, Spätburgunder, Domina
Spezialitäten: Sekt und Secco
Aktivitäten: Weinproben, kulinarische Weinproben, Gutsausschank Öffnungszeiten siehe Webseite
Öffnungszeiten: Weingut: Mo-Fr 9-12 und 13-16 Uhr, Gutsausschank: Mo, Mi-Sa ab 15 Uhr, So ab 12 Uhr

63755 Alzenau-Wasserlos

Weingut Ernst Wenzel

Schloßbergstr. 5
Ernst Wenzel
Tel.: 06023/993496
info@wenzel-wein.de
www.wenzel-wein.de

= 10

Anfahrt: A45 Ausf. 46 Karlstein, über Hörstein nach Wasserlos fahren, dann erste Straße rechts in den Hellersweg abbiegen und der Beschilderung folgen

Achtung bei der Einfahrt: steile Auffahrt (Gefahr des Aufsetzens für größere Mobile), Platz etwas uneben → Keile

GPS: 50°04'13"N 09°04'39"E

Weine: Grauburgunder, Müller-Thurgau, Riesling, Sauvignon blanc, Silvaner, Traminer, Weißburgunder, Bacchus, Dornfelder, Portugieser, Schwarzriesling, blauer Silvaner, Spätburgunder
Spezialitäten: fränkische Gastronomie: Weinscheune mit typisch regionaler Speisekarte, Wild aus der Region: Spessartwildschwein, Weinbergreh, roter und weißer Traubensaft, Quittensaft
Aktivitäten: Weinbergführungen, Culinarium Menü und Wein – zu jedem Menügang den passenden Frankenwein
Öffnungszeiten: Di-Fr ab 16:00 Uhr, Sa ab 12:00 Uhr, So ab 11:30 Uhr zu den Öffnungszeiten durchgehend warme Küche

97241 Bergtheim

Weingut Schmitt

Am Weinfaß 1
Anja Schmitt-Kraiß
Tel.: 09367/90910
info@privat-weingut-schmitt.de
www.privat-weingut-schmitt.de

= 8
>10m >3,5 t R
CHEM GRAU
Hofladen, Weinprobe

Anfahrt: A7 → Süden Ausfahrt Gramschatz-BergtheimA7 → Norden Ausfahrt Volkach-Unterpleichfeld B19/ A70 Ausfahrt Werneck, weiter auf der B19 → Würzburg

1 Nacht frei, ab der 2. Nacht 18 €, Strom 2 €

Wir sprechen auch: Englisch

GPS: 49°53'37"N 10°3'49"E

Weine: Silvaner, Weißer Burgunder, Bacchus, Gewürztraminer, Grauburgunder, Müller-Thurgau, Perle, Scheurebe, Sauvignon Blanc, Cabernet, Spätburgunder, Glühwein nach Winzer Art
Spezialitäten: Sekt, Edelbrände, Liköre, Federweißer im Herbst
Aktivitäten: Wein-Erlebnistag, Weinprobe, Herbstfest, Weihnachtsmarkt, Frühlingsweinverkostung
Öffnungszeiten: Weinverkauf Mo-Fr 8-18 Uhr, Sa 9-16 Uhr, (Herbst So 10-12)

97258 Bullenheim

Weingut Lukas Schmidt / Weinstube Johannesstuben

Bullenheim 157
Lukas Schmidt
Tel.: 09339/9899054
wein@lukas-schmidt-wein.de
www.lukas-schmidt-wein.de

= 2
>10m >3,5 t R
CHEM

Anfahrt: A7 Würzburg-Ulm Ausf. Gollhofen, weiter auf der B13 → Uffenheim, dann über Ippesheim nach Bullenheim oder A3 Würzburg-Nürnberg Ausf. Wiesentheid, dann über Markt Einersheim, Iphofen, Willanzheim und Seinsheim nach Bullenheim

Um telefonische Voranmeldung wird gebeten

GPS: 49°37'30"N 10°13'39"E

Weine: Bacchus, Müller-Thurgau, Riesling, Scheurebe, Silvaner, Cabernet Dorsa, Domina, Dornfelder, Portugieser, Spätburgunder
Spezialitäten: Sekt, Secco, Eiswein, Edelbrände, Traubensaft
Aktivitäten: Weinproben, Weinbergführungen
Öffnungszeiten: Öffnungszeiten Johannesstuben: ganzjährig Sa, So- und Feiertage ab 11:00 Uhr oder nach Anmeldung. Weinverkauf: Di-So 10:00-18:00 Uhr, oder nach telefonischer Absprache

97355 Castell

Fürstlich Castell'sches Domänenamt e.K.

Schlossplatz 5
Tel.: 09325/60160
weingut@castell.de
www.castell.de

= 5
>10m >3,5 t R

Anfahrt: A3 Nürnberg-Würzburg Ausf. 75 Schweinfurt/Wiesentheid, weiter über die B286 ➔ Rüdenhausen/ Castell, links abbiegen in die Straße „Im Unterdorf/Kniebrecher", dann 3. Straße links auf „ Rathausplatz/ Schlossplatz". Der Parkplatz befindet sich hinter dem Domänenamt auf der linken Seite

Wir sprechen auch: Englisch

GPS: 49°44'29"N 10°21'09"E

Weine: Silvaner, Müller-Thurgau, Riesling, Weißburgunder, Spätburgunder
Spezialitäten: Sekt, Eiswein, Destillate, Weinessig, Traubenkernöl
Aktivitäten: Veranstaltungen siehe Webseite, Weinberg-Tulpenfest, Landhaustage im Schlossgarten, Casteller Weinfest, Casteller Weinwandertag, Restaurant Weinstall (www.weinstall-castell.de) direkt vor Ort
Öffnungszeiten: Mo-Fr 08:00-18:00 Uhr, Sa 10:00-16:00 Uhr

97250 Erlabrunn

Weingut Hausknecht

Würzburger Str. 59
Frank Hausknecht
Tel.: 09364/2533
weingut.hausknecht@t-online.de
www.weingut-hausknecht.de

= 2
>10m >3,5 t

Anfahrt: Erlabrunn liegt ca. 12 km nördlich von Würzburg und ist über die Staatsstraße 2300 zu erreichen

GPS: 49°51'23"N 9°50'52"E

Weine: Müller-Thurgau, Bacchus, Kerner, Silvaner, Scheurebe, Riesling, Weißburgunder, Spätburgunder, Domina, Dornfelder
Spezialitäten: Secco, Likör, Edelbrände, Flammkuchen
Aktivitäten: Winzerschänke
Öffnungszeiten: geöffnet von Apr-Okt, von Nov-März ist kein Aufenthalt möglich. Winzerschänke Öffnungszeiten siehe Webseite. Spezialitäten: Häckerplatte, Schinkenplatte, überbackener Camembert, Pfeffernüsse

63906 Erlenbach

Weingut Wengerter und Wengerters Winzerstube

Klingenberger Str. 29
Rainer Wengerter
Tel.: 09372/944616
info@weingut-wengerter.de
www.weingut-wengerter.de

= 30
>10m >3,5 t R

Anfahrt: siehe Webseite

Bitte vorher telefonisch anfragen

GPS: 49°45'46"N 09°11'42"E

Weine: Chardonnay, Müller-Thurgau, Kerner, Silvaner, Weißburgunder, Zweigelt, Bacchus, Domina, Portugieser, Spätburgunder
Spezialitäten: Spargel- und Gänsewochen
Aktivitäten: Weinproben, Rotweinwanderweg

Öffnungszeiten: ganzjährig geöffnet, Weingut Mo-Fr 09:00-12:00 und 14:00-18:00 Uhr, Sa 09:00-13:00 Uhr. Winzerstube (Himmeltalerstr. 42, 63911 Klingenberg-Röllfeld) geöffnet von Mitte Apr-Ende Juni („Spargel und Wein") und von Anfang Nov-Mitte Dez („Gänse und Wein"), „Oldtimer-Treffen" jeden 1. Mi im Monat von Mai-Sep

97346 Iphofen

Winzerhof Emmerich

Einersheimer Str. 47
Herr Emmerich
Tel.: 09323/875930
info@weingut-emmerich.de
www.weingut-emmerich.de

= 3
>10m >3,5 t R

Anfahrt: Der Winzerhof liegt zwischen Iphofen und Markt Einersheim an der B8. Anfahrt über A7 von Kassel kommend Ausf. Kitzingen, → Kitzingen nach Iphofen oder A7 von Ulm kommend Ausf. Marktbreit über Michelfeld, Mainbernheim nach Iphofen. Anfahrt über A3 von Frankfurt kommend Ausf. Rottendorf über Kitzing

Wir sprechen auch: Englisch

GPS: 49°41'47"N 10°16'22"E

Weine: Bacchus, Gewürztraminer, Kerner, Müller-Thurgau, Riesling, Rivaner, Scheurebe, Silvaner, Merlot, Domina, Merlot, Portugieser
Spezialitäten: fränkische Wurstwaren
Aktivitäten: Keller- und Weinbergsführungen, Weinproben im Weinberg, im Weinkeller und im Hof, Rebstockleasing, Weinseminare u.v.m
Öffnungszeiten: in den Monaten Jan und Feb kein Aufenthalt möglich, Weinverkauf Mo-Sa 10:00-16:00 Uhr, So 10:00-12:00 Uhr

97318 Kaltensondheim

Weinbau Beuschel

An der Marter 20
Joachim Beuschel
Tel.: 09321/9296482
Mobil: 0157/88198498
info@weinbau-beuschel.de
www.weinbau-beuschel.de

= 3
>10m >3,5 t R

Anfahrt: Von der A3 kommend, Ausfahrt Biebelried-Westheim-Kaltensondheim, in Kaltensondheim der Beschilderung folgen

GPS: 49°43'54"N 10°05'14"E

Weine: Silvaner, Bacchus, Müller-Thurgau, Domina, Rotling, Secco
Aktivitäten: Keller-Hofführungen, aktives Mitwirken auf dem Hof, Weinverkostung, Spielturm für Kinder
Öffnungszeiten: Weinverkauf und Verkostung nach telefonischer Vereinbarung

97509 Kolitzheim OT Stammheim

Bocksbeutelweingut Scheller

Weinbergstraße 24
Michael Scheller
Tel.: 0172/4374427
info@bocksbeutelweingut.de
www.bocksbeutelweingut.de

= 3
>10m >3,5 t R
GRAU WC

Dusche und Müllentsorgung

Anfahrt: A3 Abfahrt Kitzingen/Schwarzach, A7/70 Abfahrt Schweinfurt

Wir sprechen auch: Englisch

GPS: 49°54'39"N 10°11'36"E

Weine: Silvaner, Müller-Thurgau, Riesling, Weißer Burgunder, Scheurebe, Traminer, Domina, Cuveé
Spezialitäten: Secco
Aktivitäten: kostenlose Weinverkostung, Weinbergführung zu unserem „Größten Bocksbeutel der Welt", Kellerbesichtigung
Öffnungszeiten: täglich nach Voranmeldung, ganzjährig geöffnet

97516 Oberschwarzach

Weinbau Johannes Pfister

Kammerforst 19
Johannes Pfister
Tel.: 09553/1519
info@weinbau-pfister.de
www.weinbau-pfister.de

= 2
>3,5 t

Anfahrt: B22 zwischen Bamberg und Würzburg, von Breitbach → Oberschwarzach, nach 500 m rechts abbiegen in „Kammerforst", an der Kapelle rechts, letztes Haus auf der linken Seite

GPS: 49°50'57"N 10°25'34"E

Weine: Kerner, Müller-Thurgau, Silvaner, Bacchus, Riesling, Domina, Merlot, Blauer Zweigelt
Spezialitäten: Schnaps aus eigener Brennerei, Honig aus eigener Imkerei
Aktivitäten: Führungen durch den Weinberg ab mindestens 20 Personen, Weinproben, Heckenwirtschaft, Hofschoppenfest
Öffnungszeiten: Weinverkauf täglich geöffnet, Heckenwirtschaft Öffnungszeiten siehe Webseite

97357 Prichsenstadt

Wörners Schloss Weingut & Hotel mit Restaurant

Neuses am Sand 21
Harald Wörner
Tel.: 09383/7179
info@woerners-schloss.de
www.woerners-schloss.de

= 6
>10m >3,5 t R
Weinprobe

Anfahrt: A 3 → Abfahrt Wiesentheid → B286 bis Abfahrt Neuses am Sand. Die Zufahrt erfolgt entlang der Parkplätze hinter dem Festsaal TENNE. Erst nach dem südlichen Wehrturm erreichen Sie die Stellplätze

Bitte melden Sie sich stets vorher an

Wir sprechen auch: Englisch

GPS: 49°50'37''N 10°21'15''E

Weine: Kerner, Müller-Thurgau, Silvaner, Domina, alles im bioenergetischen Weinbau mit viel Lebensenergie.
Spezialitäten: Sekt, Balsamico, kaltgepresstes Traubenkernöl, Pralinen, Schlossladen mit Kunst und Krempel auf 200 qm mit Galerie.
Aktivitäten: Schloss-Keller-Tour, Weinbergtour, Weinproben, Meditationen mit Wein, Bogenschießen
Öffnungszeiten: auf Anfrage, von Mitte Dezember bis Ende Februar können keine Reisemobile empfangen werden. Anreise Mi-So von 12:00-17:00 Uhr (Mo + Di nicht!)

97520 Röthlein

GenussHof Knaup

Hauptstr. 25
Andreas Knaup
Tel.: 09723/7505
info@knaup-roethlein.de
www.knaup-roethlein.de

= 2
>10m >3,5 t

Anfahrt: Von Norden: A7, A71, A70 → Bamberg/Schweinfurt/Werneck/ Erfurt, weiter auf der B286 → Gerolzhofen, Ausf. Röthlein/Schwebheim. Von Süden: A3, Ausf. Wiesentheid, weiter auf der B286 → Schweinfurt, Ausf. Röthlein/Schwebheim

Wir sprechen auch: Englisch

GPS: 49°59'12"N 10°13'2"E

Weine: Bacchus, Kerner, Müller-Thurgau, Riesling, Silvaner, Domina, Dornfelder, Rotling

Spezialitäten: Sekt, Schnäpse, Liköre, Spargel, Erdbeeren, Gurken, Kürbisse
Aktivitäten: Weinproben, Hofladen Mo-Sa 10:00-17:00 Uhr

97320 Sulzfeld

Weingut Roland Staudt

Am Maustal 3
Roland Staudt
Tel.: 09321/6826
info@weingut-staudt.de
www.weingut-staudt.de

= 6
>10m >3,5 t R

Weinprobe

Anfahrt: A3 Ausf. Kitzingen/Biebelried → Ochsenfurt oder A7 Ausf. Marktbreit, weiter → Sulzfeld

Aufenthalt kurzfristig möglich

Wir sprechen auch: Englisch

GPS: 49°42'10"N 10°7'27"E

Weine: Silvaner, Bacchus, Müller-Thurgau, Grau- und Weißburgunder, Riesling, Rieslaner, Domina, Cabernet Dorsa, Spätburgunder, Rotling, Sauvignon Blanc

Spezialitäten: Secco, Obstbrände
Aktivitäten: Weinbergführungen, Weinproben
Öffnungszeiten: täglich geöffnet von 8-11:30 Uhr und 13-18 Uhr, Sonntag nach Vereinbarung

97332 Volkach

Weingut Leo Langer

Erlachhof 3
Winfried Langer
Tel.: 09381/2833
info@weingut-langer.de
www.weingut-langer.de

= 5
>10m >3,5 t R

Weinprobe, Müllentsorgung

Anfahrt: Aus Würzburg/Schweinfurt kommend biegen Sie im Kreisel ab ➔ Gerolzhofen. Bleiben Sie auf der Umgehung und biegen dann links ab ➔ Gerolzhofen. Fahren Sie an der 2. Kreuzung rechts ➔ Laub. Nach 500 m sehen Sie auf der linken Seite ein Schild Weingut Leo Langer

Wir sprechen auch:
Englisch, Polnisch, Russisch

GPS: 49° 51' 41''N 10° 14' 42''E

Weine: Silvaner, Bacchus, Müller-Thurgau, Schreube, Kerner, Rotling, Rosé, Schwarzriesling, Spätburgunder, Secco
Spezialitäten: Winzersekt, Liköre und Destilate
Aktivitäten: Führungen durch den Weinberg, Führungen durch die Weinkeller, Weinproben mit und ohne Verköstigung
Öffnungszeiten: Mo-Fr 08:00-17:00 Uhr (Mittagspause 12:00-13:00 Uhr), Wochenende und Feiertag hat der Laden in der Innenstadt geöffnet. Zwischen 20.12. und 06.01. geschlossen

97332 Volkach OT Escherndorf

Weingut Egon Schäffer

Astheimer Str. 17
Egon Schäffer
Tel.: 09381/9350
info@weingutegonschaeffer.de
www.weingutegonschaeffer.de

= 1
>10m >3,5 t R

Anfahrt: A3 Ausf. Kitzingen-Schwarzach über Volkach oder Ausf. Rottendorf über B22 Dettelbach und Neuses a.B. A7 Ausf. Estenfeld über Prosselsheim oder Ausf. Kitzingen über Mainstockheim, Dettelbach, Neuses a.B

Um telefonische Voranmeldung wird gebeten

GPS: 49° 51' 53''N 10° 10' 50''E

Weine: Bacchus, Müller-Thurgau, Riesling, Silvaner, Weißburgunder, Schwarzriesling
Spezialitäten: Branntwein
Aktivitäten: Weinbergführung für Gruppen ab 10 Teilnehmern, Anmeldung erforderlich
Öffnungszeiten: auf Anfrage, während der Weinlese im Sep und Okt (je nach Witterung) ist kein Aufenthalt möglich

97355 Wiesenbronn

Weingut Roth

Büttnergasse
Nicole Roth
Tel.: 09325/9794080
info@weingut-roth.de
www.weingut-roth.de

= 1
>10m >3,5 t
CHEM

Anfahrt: A3 Ausf. Wiesentheid, links nach Rüdenhausen, von dort nach Wiesenbronn. In der Ortsmitte vor dem Rathaus links hochfahren, 1. Gasse rechts (Sackgasse)

Wir sprechen auch:
Französisch, Spanisch

GPS: 49°44'43"N 10°18'21"E

Weine: Johanniter, Riesling, Sauvignon blanc, Silvaner, Weißburgunder, Acolon, Blaufränkisch, Domina, Portugieser, Spätburgunder
Spezialitäten: Sekt, Edelbrände, Säfte, Honig, Sonnenblumenöl

Aktivitäten: Mo-Sa Weinverkauf mit Verkostung in der Vinothek, (kulinarische) Weinproben ab 20 Personen
Öffnungszeiten: Weingut Mo-Fr 09:00-17:00 Uhr, Sa 10:00-16:00 Uhr, vom 23.12.-06.01. ist kein Aufenthalt möglich

ITALIENISCHES **FLAIR**

Bereits vor 2.000 Jahren entdeckten die Römer die Schönheit und das milde Klima der „strata montana" – der Bergstraße. Sie pflanzten die ersten Reben auf die sonnenbeschienenen Hügel der Region. So entstand an den Hängen des Odenwalds ein Weinanbaugebiet, das eine Menge zu bieten hat: landschaftliche Schönheit, mittelalterliche Städtchen und ein im angenehmen Klima hervorragend gedeihender Wein. Kaiser Joseph II. soll die kleine Region gar mit Italien verglichen haben. So ist von ihm folgender Ausspruch überliefert: „Hier fängt Deutschland an, Italien zu werden".

Und zumindest, was die klimatischen Bedingungen des Gebiets angeht, hatte er nicht unrecht. Die Hessische Weinstraße wird nämlich durch die Berglandschaften des Odenwalds vor kalten Witterungen und starken jahreszeitlichen Temperaturschwankungen bewahrt. So beginnt in der Region, die sich grob südlich von Darmstadt erstreckt, der Sommer wesentlich früher als andernorts. Während restliche Teile Deutschlands noch die Nachwehen des Winters zu bekämpfen haben, blühen hier bereits Kirschen, Mandeln oder Magnolien.

Der hessische Teil der Bergstraße ist seit 1971 ein eigenständiges Weinanbaugebiet, dessen Rebfläche von etwa 440 Hektar sich auf zwei räumlich getrennte Bereiche verteilt: Die Region Starkenburg beginnt südlich von Darmstadt mit vereinzelten Weinbergen, nach Süden hin werden ab Zwingenberg die Rebflächen geschlossener. Weinbauliche Schwerpunkte finden sich in Auerbach, Bensheim und Heppenheim.

Der zweite, wesentlich kleinere Bereich – die Odenwälder Weininsel – trägt den offiziellen Namen „Bereich Umstadt". Ihr Mittelpunkt ist das Städtchen Groß-Umstadt. In dem kleinen Weinbaugebiet werden vornehmlich trockene und halbtrockene Weine erzeugt. Die Rebsorte Riesling ist typisch und wird ergänzt durch Rivaner, Grauburgunder, Silvaner, Kerner und Weißburgunder. Stark im Kommen: die roten Sorten Spätburgunder, Dornfelder, St. Laurent. Und eine weiße Besonderheit: roter Riesling. ‹

DIE **HOT**SPOTS DER REGION

Tourismus Service Bergstrasse e.V.
Marktplatz 1
D-64653 Lorsch
www.diebergstrasse.de

1 SCHLOSSPARK WEINHEIM

Der Schlosspark ist eine gepflegte, großzügige Parklandschaft mit wertvollem Baumbestand und einer wunderschönen Teichanlage. Beeindruckend sind riesengroße Rhododendren – und Eibenbüsche sowie die größte Libanonzeder Deutschlands. Dank des milden Klimas an der Bergstraße gedeihen hier allerlei Pflanzen, die ursprünglich am Mittelmeer beheimatet waren. Auch der Heilpflanzengarten befindet sich innerhalb des Schlossparks.

2 HEPPENHEIM

Nur wenige Kilometer von den Ballungszentren Rhein-Main-Neckar entfernt, liegt Heppenheim malerisch zwischen Odenwald und Ried. Mittelalterliches Fachwerk, romantische Altstadtgässchen und idyllische Plätze prägen das Bild der Kreis-, Wein- und Festspielstadt. Hoch über ihr thront die Starkenburg.

Frühling in Heppenheim steht für sonnenverwöhnte Weinberge und prachtvoll blühende Obstbäume; der Sommer für Theater „im Hof un uff de Gass", Bergsträßer Weinmarkt und vieles mehr. Wenn der Herbst die Blätter gelb-rot färbt und die Weinberge leuchten lässt, ist es ebenfalls eine gute Zeit, nach Heppenheim zu reisen. Die Weinbauern sind geschäftig bei der Lese und an jeder Ecke duftet es nach neuem Wein – Federweißer und Federroter – und Zwiebelkuchen. Ein besonderer Tipp für jede Jahreszeit ist der Heppenheimer Laternenweg.

3 SCHLOSS AUERBACH

Im 13. Jahrhundert wurde die mächtige Wehrburg auf dem Urberg vom Landgrafen von Katzenelnbogen erbaut. 1674, im Reichskrieg gegen Ludwig XIV., fiel Marschall Turenne mit seinem Heer in das Gebiet der Bergstraße ein. Die Bewohner von Auerbach, Hochstädten und Balkhausen suchten allerdings vergeblich Schutz hinter den Mauern des Auerbacher Schlosses. Danach verwaiste die Burganlage und verfiel allmählich. 1820 stürzte der nördliche Turm ein. 30 Jahre später wurde er wieder erbaut.

Seit 1903 kümmert sich die hessische Landesregierung im Rahmen der Denkmalpflege um die eindrucksvolle Burganlage, von der aus Besucher einen herrlichen Ausblick in die Rheinebene und in den Odenwald genießen. Die Burg ist bewirtschaftet und dient als Kulisse für Theaterspiele, Ritterturniere und eine ganze Reihe erlebnisgastronomischer Angebote. Von Mai bis September werden außerdem Führungen angeboten.

ODENWÄLDER APFELAUFLAUF

Wenn es um Genuss geht, dann spielt der Wein, der an der Bergstraße gedeiht, eine besonders große Rolle. Im Frühjahr gibt es dazu frischen Spargel aus dem Ried. Im angrenzenden Odenwald dreht sich alles um den Apfel. Aus den Äpfeln werden sortenreine Apfelweine gekeltert, köstliche Brände gebrannt und prickelnde Apfelsekte kreiert. Aber auch Hausmacherwurst, Koch- und Handkäse sowie Forellen und Saiblinge aus den klaren Bächen spielen in der hiesigen Küche eine große Rolle.

ZUTATEN

für 4 Portionen:

- 1 kg Äpfel
- 250 g Semmelbrösel
- 125 g Zucker
- 2 EL Butter
- 1/2 TL Zimt
- 1 Msp. gemahlene Nelken
- 50 g Rosinen
- 100 ml trockener Weißwein
- 1 EL Rum
- Zimt und Zucker

SO WIRD'S GEMACHT

1. Semmelbrösel, Butter, Gewürze und 2 EL Zucker in einer Pfanne rösten. Äpfel schälen und in Scheiben schneiden. In Weißwein mit Rum und Zucker dünsten, bis die Flüssigkeit nahezu verdunstet ist.
2. Die gefettete Springform abwechselnd mit Semmelbröselmasse und Äpfeln füllen (unterste und oberste Schicht aus Semmelbröselmasse).
3. Eine halbe Stunde bei 140 °C im Campereigenen Backofen oder entsprechendem Grill mit Backmöglichkeit backen. Mit Zimt und Zucker bestreuen.

WEIN-TIPP

Riesling Auslese bis Beerenauslese lieblich

64646 Heppenheim

Vinothek Domäne Bergstraße/Hessische Staatsweingüter GmbH Eberbach

Darmstädter Str. 133
Judith Schoenherr
Tel.: 06252/126269
weingut@kloster-eberbach.de
www.kloster-eberbach.de

= 1
>10m >3,5 t

Anfahrt: A5 Ausf. Bensheim → Heppenheim auf der B47, am Ortsschild Heppenheim links abbiegen

Wir sprechen auch: Englisch

GPS: 49°39'22"N 08°38'14"E

Weine: Grauburgunder, Riesling, Weißburgunder, Dornfelder, Spätburgunder
Spezialitäten: Wein, Sekt, Traubensaft, eigene Vinaigrette
Aktivitäten: Weinbergführungen

Öffnungszeiten: Vinothek: ganzjährig Mo-Fr 10:00-19:00 Uhr, Apr-Okt Sa, So und Feiertage 10:00-19:00 Uhr, Nov-März Sa, So und Feiertage 10:00-16:00 Uhr, Weinterrasse mit Ausschank: Apr-Okt Fr ab 16:00 Uhr, Sa, So ab 11:00-20:00 Uhr

SAGENHAFT **ROMANTISCH**

Zwischen Hunsrück und Westerwald und von Bingen/Rüdesheim bis Bonn erstreckt sich die Region Mittelrhein mit ihren steilen Weinbergen, wunderbaren Burgen und Schlössern, urwaldähnlichen Waldgebieten und zahlreichen mittelalterlichen Städtchen.

Schon die Römer legten hier Weinkulturen an. Seit 1980 jedoch ist die Rebfläche von 2.000 auf rund 530 Hektar geschrumpft. Der Grund: Die steil terrassierten Weinberge lassen sich nur sehr aufwendig und kostenintensiv bewirtschaften. Doch weisen gerade diese Lagen beste klimatische Bedingungen auf; hier werden die Rebstöcke von der Sonne verwöhnt und liegen zugleich in windgeschützter Lage.

Der Riesling ist die wichtigste Rebsorte. In all seinen Varianten überzeugt er stets durch seine herzhafte Fruchtsäure und seinen feinrassigen, kernigen Charakter. Ergänzt wird er durch Müller-Thurgau, der oftmals mild-süffig ausgebaut wird, sowie durch Kerner-Weine mit feinem, leichtem Muskatbukett. Als Vertreter der Rotweine wird Spätburgunder angebaut, der hier auch Drachenblut genannt wird. Die Mittelrhein-Region hat zweifellos ihre Reize.

Der südliche Teil dieser einzigartigen Kulturlandschaft, das Obere Mittelrheintal, wurde im Jahr 2002 von der UNESCO zum Weltkulturerbe geadelt. Es ist das Herzstück des Anbaugebiets, mit Burgen an den Hängen und mittelalterlich anmutenden Dörfern an den Flusswindungen. Am Bopparder Hamm liegt mit fünf Kilometern Länge die größte zusammenhängende Rebfläche des Mittelrheins. Hier kann man alljährlich Ende April den neuen Weinjahrgang beim Mittelrheinischen Weinfrühling und natürlich den Panoramablick genießen.

Die Weinberge laden aber nicht nur zu einer Weinprobe bei den Winzern oder in den Straußenwirtschaften ein. Sie bieten auch Gelegenheit für eine kleine Wandertour: Die Landschaft des Rheinufers mit seinen steilen Hängen, 40 Schlössern und Burgruinen und nicht zuletzt dem sagenumwobenen Loreleyfelsen ist einzigartig und bietet Rheinromantik pur. ‹

DIE **HOT**SPOTS DER

1 LORELEY

„Ich weiß nicht, was soll es bedeuten, dass ich so traurig bin ..." So lautet der Anfang von Heinrich Heines berühmtem Gedicht über die Loreley. Rund um die Loreley gibt es viele Mythen und Sagen. Beispielsweise schrieb der Dichter Clemens Brentano 1800 eine romantische Ballade mit dem Namen Loreley (Lorelei). Einer Legende aus dem 19. Jahrhundert zufolge ist die Loreley eine Nixe auf diesem Felsen. Dort kämmte sie ihre langen goldenen Haare und zog die Schiffer mit ihrem Gesang an. Diese achteten trotz gefährlicher Strömung nicht mehr auf den Kurs, sodass die Schiffe an den Felsriffen zerschellten. Noch heute ist die Loreley in Form einer Bronzestatue an der Hafenmole von Sankt Goarshausen zu finden.

Wenige Hundert Meter vom Aussichtspunkt entfernt, befindet sich die 1939 erbaute Freilichtbühne Loreley. Auf ihr finden regelmäßig Veranstaltungen statt.

2 BACHARACH UND BURG STAHLECK

Im Mittelalter als „unbezwingbare Burg auf einem Bergsporn" benannt, ist Burg Stahleck in Bacharach auch heute noch imposant anzusehen. Mit ihrer erlebnisreichen Geschichte von der Herrschaft der Wittelsbacher im 13. und 14 Jahrhundert bis zur Zerstörung während des Pfälzischen Erbfolgekrieges im Jahr 1689 war die Spornburg Mittelpunkt zahlreicher bedeutender Ereignisse. Erst zu Beginn des 20. Jahrhunderts wurde Stahleck Stück für Stück wieder aufgebaut. Zu Fuß erreicht man die Burg Stahleck von Bacharach aus innerhalb ca. zehn Minuten über einen eindrucksvollen und abwechslungsreichen Serpentinenweg mit Ruheplätzen und lohnenden Aussichtspunkten, der mitten im Stadtkern links neben der Peterskirche und rechts neben dem Posthof beginnt. Vom Burghof hat man einen herrlichen Blick ins Rheintal, nach Bacharach am Rhein mit der mittelalterlichen Stadtmauer und ihren Wehrtürmen, auf die Weinberge, nach Rheindiebach und zum gegenüberliegenden Ufer nach Lorch und Lorchhausen.

3 RÜDESHEIM AM RHEIN

Genießen Sie einen herrlichen Blick über den Rhein – von der Kabinenseilbahn zum Niederwald-Denkmal aus. Als Highlight in Rüdesheim am Rhein bietet die Seilbahn ein traumhaftes Panorama auf die Altstadt und die Weinberge. Besuchen Sie die Germania-Statue auf dem Gipfel und tauchen Sie ein in die Geschichte des Deutschen Kaiserreiches. Im Sommer lohnt sich auch eine romanti-

REGION MITTELRHEIN

sche Mondscheinfahrt den Berg hinauf. Rüdesheim am Rhein ist eine Stadt im deutschen Rheintal, die für ihre Weinherstellung, vor allem für Rieslinge, bekannt ist. Im Zentrum befindet sich die Drosselgasse mit Geschäften, Kneipen und Restaurants. Siegfrieds Mechanisches Musikkabinett ist ebenfalls in der Nähe. Die mittelalterliche Brömserburg beherbergt das Rheingauer Weinmuseum.

4 RÖMERWELT RHEINBROHL

In drei Themenbereichen der Ausstellung erfährt man mehr zum Alltag der stationierten Truppen am Limes und im Kastell. Ebenso wie sich das Leben der Zivilbevölkerung auf beiden Seiten des Grenzwalls gestaltete und was zur Zerstörung des Limes beitrug. Unterstützt durch multimediale Darstellungen und interaktive Stationen wird Geschichte durch Erleben vermittelt.

Ob Groß oder Klein – hier erfährt jeder vieles über den Limes, seine Entstehung und die Spuren der Römer bis in unsere heutige Zeit. Wie schwer ist ein Kettenhemd? Wie wurde Handel und Tausch getrieben? Wie sah ein Tag im Kastell und auf einem Wachturm aus? Als Limesinformationszentrum für Rheinland-Pfalz informiert man sich auch über den Verlauf und die Funktion des Limes in der Region. Das attraktive Außengelände mit Mannschaftsstube, Werkstatt, einem Kräutergarten und römischen Backöfen macht den Besuch der Ausstellung rund. Hier finden auch Veranstaltungen wie Back- und Römer-Tage oder auch Workshops statt.

5 GEYSIR ANDERNACH

Meterhohe Süßwasserfontänen gibt es nur im hohen Norden? Nein! Denn in Andernach am Rhein finden Sie den höchsten Kaltwasser-Geysir weltweit. Etwa alle zwei Stunden steigt eine beeindruckende Wasserfontäne bis zu 60 Meter hoch in den Himmel, angetrieben durch vulkanisches Kohlenstoffdioxid. Mitten im Naturschutzgebiet im angrenzenden Geysir-Zentrum begeben sich die Besucher auf Entdeckertour zum Naturphänomen Geysir.

Mit dem Fahrstuhl geht es erst einmal 4.000 Meter ins Erdinnere hinab, zumindest suggeriert dies eine raffinierte Technik. In der multimedialen Ausstellung zum Mitmachen und Anfassen folgen Besucher einem Kohlendioxidmolekül auf seiner langen Reise aus dem vulkanischen Erdinneren bis hoch in die schäumende Fontäne des Kaltwassergeysirs.

Mit dem Geysir Schiff MS Namedy schippern Besucher zur Halbinsel, auf der sich die Ausbruchsstelle des Geysirs befindet. Die Fahrt beginnt am Anleger 4, ca. 75 Meter vom Geysir-Zentrum entfernt.

DIE **HOT**SPOTS DER REGION

Romantischer Rhein Tourismus GmbH
An der Königsbach 8
D-56075 Koblenz
www.romantischer-rhein.de

Ver- und Entsorgung am Mittelrhein

53117 Bonn-Auerbach,
Salierweg 7, Kläranlage

53277 Bonn-Beuel,
Maarstraße 83, Brandwein/Mi-Mobile

55435 Gau-Algesheim,
Binger Straße 48, Reisemobilstellplatz Gau-Algesheim

55422 Bacharach, an der B9,
Reisemobilplatz der Stadt Bacharach

55411 Bingen-Gaulsheim,
Mainzer Straße Wohnmobilpark Bingen

56346 St. Goarshausen,
Wellmicher Straße 55, Campingplatz Loreleystadt

6 BINGER MÄUSETURM

Kurz bevor sich der Rhein durch das enge Rheintal zu schlängeln beginnt, muss der Schiffer das einst zu Recht gefürchtete Binger Loch durchfahren. An eben dieser Stelle, auf einer schmalen Insel, steht ein Turm aus alter Zeit. Sagenumwoben und ohne Boot unerreichbar: der Mäuseturm von Bingen.

Bis in die Zeit der Römer reicht seine Geschichte zurück. Damals stand jedoch ein noch hölzerner Vorgänger an seiner Stelle. Doch die Geschichte des wahren Mäuseturms beginnt im 14. Jahrhundert. Der Turm diente in dieser Zeit als Zollwachturm zur Verstärkung des Zollsystems der Burg Ehrenfels und der Burg Klopp. Der Name Mäuseturm entstand Jahre später, als der Turm schon lange seine Funktion als Zollturm verloren hatte.

Wer das weltberühmte Wahrzeichen der Stadt einmal genauer betrachten möchte, meldet sich einfach bei der Tourist-Info in Bingen, denn die veranstaltet viermal im Jahr Touren zum Mäuseturm. Auch am Tag des offenen Denkmals kann der Turm besichtigt werden. Seit der Zeit der Rheinromantik ist das malerische Bauwerk wie nur wenige weitere Orte am Rhein auch in der europäischen Literatur präsent.

HIMMEL UN' ÄÄD

Im Gegensatz zu Rheinischem Sauerbraten und Dippekuchen – einer Art deftiger Kartoffelauflauf –, die sich weniger für ein schnelles Gericht im Reisemobil eignen, ist Himmel und Erde – besser bekannt als „Himmel un Ääd" – ein einfaches, traditionelles Gericht der Region, das sich wunderbar im rollenden Zuhause zubereiten lässt. Dieses bodenständige Gericht bedient sich dem himmlischen Apfel und der erdigen Kartoffel. Beide zu groben Pürees separat verarbeitet, treffen sich später auf dem Teller wieder. Als Krönung kommen gebratene Blutwurstscheiben hinzu, die sich mit einer braungerösteten Mischung aus ausgelassenem Speck und Zwiebeln gut aufgehoben fühlen dürfen. Ein klassisches Gericht im ganzen Rheinland!

ZUTATEN

für 2 Personen:

- 400 g Kartoffeln (mehlig kochend)
- 250 g Äpfel
- 75 g durchwachsender Speck
- 1 Zwiebel
- Butter
- Thymian
- 1 EL Zitronensaft
- 200 g Blutwurst
- Prise Salz und Pfeffer
- Optional: eine Msp. Muskat für Kartoffelstampf

Zeitaufwand: ca. 30 Minuten

SO WIRD'S GEMACHT

1 Kartoffeln schälen und gar kochen. Äpfel schälen, entkernen und würfeln. In einer Pfanne auf mittlerer Hitze Butter schmelzen. Apfelstücke mit Zitronensaft garen. Mit Salz, Pfeffer, Thymian abschmecken.

2 Die Kartoffeln zerstampfen oder pürieren. Je nach Geschmack die Äpfel (Himmel) ebenfalls stampfen und die Kartoffeln (Ääd) untereinander mischen oder die Äpfel grob belassen und separat servieren.

3 Speck in kleine Würfel schneiden und in der Pfanne auslassen, bis sie glasig sind. Ebenfalls die Zwiebelringe goldgelb anschwitzen. Die Blutwurst in ca. 1 cm dicke Scheiben schneiden und anbraten.

WEIN-TIPP

ein fruchtig-würziger Rotwein

56599 Leutesdorf

Weingut Peter Hohn

In der Gartenlay 50
Peter Hohn
Tel.: 02631/71817
Mobil: 0171/2764868
info@weingut-hohn.de
www.weingut-hohn.de

= 2
>10m >3,5 t R

Anfahrt: Auf der B42, 300 m nördlich des Ortsschildes von Leutesdorf geht ein Weg ab in die Weinberge und zum Weingut

Wir sprechen auch: Englisch

GPS: 50°27'36"N 07°22'24"E

Weine: Riesling, Spätburgunder, Weißer Burgunder, Chardonnay
Aktivitäten: Wandern auf dem Rheinsteig, Fahrradtour entlang des Rheines auf beiden Seiten, weltgrößter Kaltwasser-Geysir auf der anderen Rheinseite, hervorragender Blick von den Leutesdorfer Weinbergen, kulinarisches Weinerlebnis am Muttertag, Winzerfest Anfang Sep., Weinprobe auch online
Öffnungszeiten: nach Vereinbarung

55413 Oberheimbach

Weingut Eisenbach-Korn

Kirchstr. 23
Natalie Korn
Tel.: 06743/6081
weingut@eisenbach-korn.de
www.eisenbach-korn.de

= 2
R

Anfahrt: B9 → St. Goar, in Niederheimbach links abbiegen → Oberheimbach. In der Ortsmitte an der Kirche links in die Kirchstraße einbiegen, nach ca. 200 m finden Sie das Weingut auf der linken Seite

Bitte vor Ankunft anmelden

Wir sprechen auch:
Englisch, Französisch

GPS: 50°1'17"N 7°47'9"E

Weine: Riesling, Chardonnay, Scheurebe, Weißburgunder, Dornfelder, Spätburgunder
Spezialitäten: Sekt, Secco
Aktivitäten: Weinproben, Kellerbesichtigungen, online Jungweinprobe 23.04.2022, Jungweinprobe 01.05.2022 ab 11 Uhr, Wein Date Mittelrhein 04.06.2022, Reblauswandertag 12.06.2022 ab 11 Uhr, Hoffest 20.+21.08.2022
Öffnungszeiten: auf Anfrage, bitte vor Ankunft anmelden – frühestens 24 Stunden vor Eintreffen

56322 Spay

Weingut Volk

Koblenzer Str. 6
Heidi und Jürgen Volk
Tel.: 02628/8290
info@weingutvolk.de
www.weingutvolk.de

= 1
>10m >3,5 t

Anfahrt: Von Koblenz kommend: auf der B9 entlang des Rheins bis zur 1. Ausf. Spay, danach rechts → Spay (unter der B9 durch), an der ersten Kreuzung in Spay direkt rechts, nach Gemeindezentrum und Schule das zweite Haus auf der rechten Seite. Von Mainz kommend: B9 → Boppard/Spay, der Hauptstraße folgen (erst Mainzer Str., dann Koblenzer Str.), durchfahren bis Hausnr. 6 (auf der linken Seite)

Wir sprechen auch: Englisch

GPS: 50°15'30"N 07°38'54"E

Weine: Riesling, Rivaner, Weißburgunder, Spätburgunder, Regent
Spezialitäten: roter und weißer Winzersekt, Barriquewein, Eiswein, Hefebrand, Traubensaft, Weingelee aus eigener Herstellung

Aktivitäten: Weinprobe auch online
Öffnungszeiten: Ankunft nur während der Öffnungszeiten Mo-Fr 09:00-13:00 und 17:00-18:00 Uhr, Sa 09:00-16:00 Uhr

HÖCHSTE LAGE, **SPITZEN-WEINE**

Herrliche Landschaften im Moseltal.

Weltberühmte Spitzenweine, kulinarische Vielfalt, Kultur auf Schritt und Tritt und immer neue Landschaftsbilder. Die Pluspunkte der Weinregion Mosel mit Obermosel, Mittelmosel, Terrassenmosel, Saar und Ruwer überzeugen.

Rund 5.000 Winzer in 125 Weinorten zwischen Perl und Koblenz bewirtschaften 8.770 Hektar Weinbergsfläche. Unter oftmals schwierigen Bedingungen. Denn nirgendwo auf der Welt gibt es mehr Steillagenweinberge als in dem fünftgrößten Weinbaugebiet Deutschlands.

Das Anbaugebiet ist in sechs Bereiche unterteilt. Der Bereich Burg Cochem an der unteren Mosel wird heute oft als Terrassenmosel bezeichnet, da dort Weinbau meist nur auf Weinbergterrassen möglich ist. Hier befindet sich der steilste Weinberg Europas, der Bremmer Calmont. Der Bereich Bernkastel wird als Mittelmosel bezeichnet. Er ist das Herzstück des Anbaugebietes mit bekannten Weinbaugemeinden und berühmten Weinbergslagen. Südlich von Trier beginnt die Obermosel. Der Bereich Moseltor, ein Teil der Obermosel, gehört zum Saarland. Auch im Bereich Saar wird Weinbau betrieben. Und das Ruwertal ist die kleinste Teilregion des Anbaugebiets. In dieser Idylle reifen charakterstarke Weine heran, die sich gegenseitig herausfordern. Sie gedeihen auf Schiefer, Ton oder Muschelkalk – und gleichzeitig auf geschichtsträchtigem Boden mit Trier, der ältesten Stadt, und Neumagen-Dhron, dem ältesten Weinort Deutschlands. Wichtigste Sorte ist der Riesling, gefolgt vom Rivaner. An der Obermosel ist mit dem Elbling eine alte Rebsorte heimisch, die möglicherweise schon vor 2.000 Jahren hier angebaut wurde. Daraus werden frische, fruchtige und unkomplizierte trockene Weine gekeltert und ebensolche Winzersekte.

Zunehmend werden auch Weißer und Grauer Burgunder sowie Auxerrois und Chardonnay gepflanzt, die auf den Kalkböden hervorragende Weine erbringen. Auch Rotweine – allen voran Spätburgunder und Dornfelder – gibt es seit Ende der 80er-Jahre wieder an Mosel, Saar und Ruwer. ‹

DIE **HOT**SPOTS DER

1 FREIZEITPARK KLOTTEN

Hier wird für Groß und Klein so einiges geboten: Der Wild- und Freizeitpark Klotten überrascht seine Besucher mit einer bunten Mischung aus Fahrgeschäften, Puppenbühne und Wildtiergehege.

Fahren Sie mit der rasanten Achterbahn oder bestaunen Sie die faszinierende Greifvögel-Flugschau der zugehörigen Falknerei. Der Park beherbergt mehr als 50 verschiedene Wildtierarten – vom heimischen Wildschwein bis hin zum exotischen Wapiti-Hirsch.

2 PORTA NIGRA IN TRIER

Für den gerade in Trier eingetroffenen Gast ist die Porta Nigra der vorteilhafteste Ausgangspunkt für eine Stadterkundung. Sie ist das am besten erhaltene römische Stadttor nördlich der Alpen – eine unvergleichliche Verbindung zwischen der antiken Vergangenheit und der heutigen modernen Stadt.

Die Porta Nigra selbst stammt aus einer Zeit (ca. 170 n. Chr.), als die Römer öffentliche Gebäude gerne aus großen Quadern errichteten. Die größten wiegen hier sechs Tonnen. Die Sandsteinquader aus dem nahen Kylltal wurden von mühlengetriebenen Bronzesägen zurechtgeschnitten (einige Sägespuren sind noch sichtbar) und ohne Mörtel aufeinandergesetzt. Allerdings verband man je zwei Steine horizontal durch Eisenklammern, die in Blei ausgegossen wurden.

Eine solche Klammer ist auch heute noch im Inneren des Tores nahe der östlichen Wendeltreppe sichtbar. Rostspuren vieler ehemaliger Klammern sind noch außen zu sehen, denn im Mittelalter meißelte man tiefe Löcher, um das Metall zu rauben und einzuschmelzen. Die Steinquader entgingen dem Recyclingschicksal, da sich nach 1028 der griechische Mönch Simeon als Einsiedler in den Ostturm der Porta Nigra einmauern ließ. Nach seinem Tod 1035 wurde er im Erdgeschoss bestattet und heiliggesprochen. Ihm zu Ehren ließ Erzbischof Poppo von Babenberg in das römische Tor zwei übereinanderliegende Kirchen einbauen, die erst 1804-1809 auf Napoleons Befehl hin abgetragen wurden.

Der Name „Schwarzes Tor" ist mittelalterlich und lässt sich neben dem Zahn der Zeit auch auf umweltbedingte Verschmutzung zurückführen. Im Inneren sind Spuren der Doppelkirche, römische Steinmetzzeichen und Datumsgraffiti zu sehen. Außerdem sind die Aussichten von hier auf die herrliche Stadt bemerkenswert.

Trier wurde vor mehr als 2000 Jahre gegründet und gilt damit als die älteste Stadt Deutschlands. Nach Mainz, Ludwigshafen und Koblenz ist Trier die viertgrößte Stadt in Rheinland-Pfalz.

REGION MOSEL

3 BUNDESBANK-BUNKER

Der ehemalige Geheimbunker der Deutschen Bundesbank in Cochem war jahrzehntelang eines der bestgehüteten Geheimnisse der Bundesrepublik Deutschland.

Gebaut, um einen Atomkrieg zu überstehen, lagerten hier während des Kalten Krieges 15 Milliarden DM einer geheimen Notstandswährung. Es handelt sich dabei um eine einzigartige Tresoranlage. Interessant sind überdies auch die Geheimnisse des unterirdischen, verworrenen Bunkersystems.

Von April bis Anfang Januar finden täglich Führungen zwischen 11 und 15 Uhr statt. In den Wintermonaten gelten abweichende Öffnungszeiten. Der Eintritt kostet zehn Euro.

4 MOSEL ADVENTURE FORREST IN TRABEN-TRARBACH

Der Mosel Adventure Forrest bei Traben-Trarbach ist ein einzigartiger Kletterwald, der Kinder und Erwachsene an ihre Grenzen bringt. Abenteuerlustige Besucher erklimmen die 14 Parcours des Waldseilgartens oder toben sich auf dem ersten Seilrutschenparcours Europas aus. Für die jüngeren Besucher bietet die Freizeitanlage Spiele-Parcours mit kindgerechter Betreuung.

Traben-Trarbach gilt als eines der touristischen Zentren an der Mittelmosel und ist das ganze Jahr über ein beliebter Anziehungspunkt.

5 REICHSBURG IN COCHEM

Als größte Höhenburg an der Mosel ragt die Reichsburg direkt über Cochem auf und bietet ein beeindruckendes Panorama. Nachdem sie während des pfälzischen Erbfolgekrieges stark beschädigt wurde, erstrahlt sie seit dem 19. Jahrhundert in neuem Glanz – und zwar im neugotischen Stil. Für die Besucher wird ein buntes Unterhaltungsprogramm geboten: von Ritterspielen für Kinder bis hin zum rustikalen Rittermahl mit mittelalterlichen Tischsitten.

6 WASSERFALL SAARBURG

Entlang der Leuk hört man schon aus einiger Entfernung das Tosen des Wasserfalls. Von einer kleinen Eisenbrücke aus kann man das imposante Schauspiel der Wassermassen erleben, die 17 Meter über Felskaskaden in die Tiefe stürzen. Zwischen Fachwerkhäusern und Barockbauten rauscht das Wasser zu Tal und treibt unten eine Reihe von Wassermühlen an.

Ursprünglich floss die Leuk durch den heutigen Stadtteil Niederleuken, also um die Stadt herum, und

DIE **HOT**SPOTS DER REGION

speiste dort Fischteiche sowie die Burggräben der „Saarburg". Im 13. Jahrhundert bettete man den Bach kurzerhand um, damit genügend Löschwasser in der Stadt vorhanden war. Gleichzeitig baute man die Mühlen im Talkessel am Fuße des Wasserfalls.

Mithilfe der Wasserkraft wurden die Wasserräder der Stadtmühlen betrieben, heute Museum Hackenberger Mühle, und die der kurfürstlichen Mühle.

7 MOSELTAL, BERNKASTEL-KUES

Die Stadt Bernkastel-Kues ist eines der beliebtesten Urlaubsziele an der Mosel. Nicht verwunderlich, dass sie sich stolz „Zentrum der Mittelmosel" nennt.

Hierher kommen jedes Jahr Gäste aus aller Welt, um in der „Internationalen Stadt der Rebe und des Weins" Erholung und Abwechslung zu finden. Für Wanderungen oder Radtouren ist Bernkastel-Kues ein idealer Ausgangspunkt. Und eine flotte Schifffahrt vorbei an den Weinbergen gehört ebenfalls einfach dazu.

Bernkastel-Kues ist eines der ältesten Gebiete des deutschen Weinbaues und berühmt für seine Weinbergslagen wie Bernkasteler Doctor, Badstube, Graben, Schlossberg, Kueser Weisenstein, Kueser Kardinalsberg, Rosenberg, Wehlener Sonnenuhr und Andeler Goldschatz.

i
Mosellandtouristik GmbH
Kordelweg 1,
D-54470 Bernkastel-Kues
www.mosellandtouristik.de

Ver- und Entsorgung an der Mosel

56859 Alf, Wohnmobilstellplatz am Freibad Arrastal, Junkergasse 1

56332 Burgen, Knaus Campingpark Mosel-Burgen, Am Bootshafen

56072 Koblenz-Metternich, Autohof Koblenz, Rübenacher Wald 2

56332 Löf, SOG-Entlüftungssysteme Dahmann, In der Mark 2

56858 Sankt Aldegund, Reisemobilplatz im Moselvorgelände, Am Moselufer-Radwanderweg

54294 Trier, Reisemobilpark Treviris, In den Moselauen 2

54349 Trittenheim, Reisemobilplatz Trittenheim, Am Moselufer

54487 Wintrich, Wohnmobilstellplatz Wintrich, Moselstraße

56856 Zell-Kaimt, Stellplatz Römerquelle, Am Freizeitzentrum

FRITTIERTE ROTAUGEN

In der Mosel bei Trier findet man bis heute römische Goldmünzen. Doch der Fluss, der Deutschland von Luxemburg und die Eifel vom Hunsrück trennt, ist auch Heimat eines quicklebendigen Schatzes: Rotaugen stammen aus der Familie der Karpfen und haben ihren natürlichen Lebensraum in der Mosel, stammen aber in der Regel aus Zuchtbetrieben der Region. Camper finden diesen Fisch, der gebacken oder frittiert serviert wird, häufig in Gaststätten entlang der Mosel. Doch lässt er sich auch in Eigenregie, dann aber am besten außerhalb des Wohnmobils, zubereiten. Frittierte Rotaugen genießt man ohne Besteck, kleine Exemplare samt Gräten.

ZUTATEN

für 2 Personen:

- 10 Rotaugen, abhängig von Größe, alternativ andere Karpfenfische
- 250 ml Rapsöl
- Mehl
- Salz und Pfeffer
- Fisch-Gewürz, alternativ eignet sich auch sparsam verwendete Fertig-Kräutermischung für Salat
- einige Zitronenscheiben
- Remoulade und Brot

Zubereitungszeit: ca. 30 Minuten

SO WIRD'S GEMACHT

1 Die Fische mit einem Messer entschuppen, an der Bauchunterseite mit einem Messer öffnen und ausnehmen. Bei größeren Exemplaren über 15 Zentimeter Gesamtlänge zudem Kopf und Kiemen entfernen.

2 Rotaugen außen und innen leicht mit Salz, Pfeffer und mit der Gewürzmischung einreiben.

3 Die Fische nun in Mehl wenden.

4 Jetzt gibt der Camper ein hitzebeständiges Öl (Rapsöl oder Sonnenblumenöl eignet sich gut, Olivenöl ist nicht hitzebeständig genug) in eine Pfanne. Vorzugsweise wählt man eine Pfanne mit hohem Rand, damit es nicht so spritzt und gart die Rotaugen am besten auf einem Gaskocher außerhalb des Wohnmobils.

5 Die Fische im siedenden Öl von beiden Seiten jeweils 3 bis 5 Minuten ausbacken. Die Rotaugen sind gar, wenn sich ihre Rückenflosse leicht herausziehen lässt.

6 Die frittierten Rotaugen nach eigenem Geschmack mit dem Saft einer Zitronenscheibe beträufeln und mit Brot und Remoulade genießen.

WEIN-TIPP

Rivaner, trocken oder Federweißer

54470 Bernkastel-Kues

Weingut Karl O. Pohl

Reitzengang 9
Stefan K. Pohl Dipl.-Ing. (FH)
Tel.: 06531/8372
info@weinpohl.de
www.weinpohl.de

= 1
>10m >3,5t R

Weinprobe

Anfahrt: Fahren Sie im Ortsteil Wehlen über die Brückenstraße zum Moselufer und dort li. auf die Uferallee. Nach ca. 450 m biegen Sie in den Reitzengang ein. Der Abstellplatz befindet sich auf der re. Seite zwischen dem 1. und 2. Haus

Wir sprechen auch: Englisch

GPS: 49°56'36"N 07°02'20"E

Weine: Riesling
Spezialitäten: Rieslingweine, Sekt, Secco, Moseltrester Feinbrand, Apfelbrand, Viezbrand, Spezialitäten aus der Winzerküche
Aktivitäten: Weinproben
Öffnungszeiten: vom 01.10.-30.04. ist kein Aufenthalt möglich, Gutsweinstube geöffnet Mai-Okt, Weinproben und Ausschank

54472 Brauneberg

Weingut Rainer Heil GbR

Moselweinstr. 79
Waltraud Heil
Tel.: 06534/439
winzer@rainerheil.de
www.rainerheil.de

= 1
>10m >3,5t R

Anfahrt: Von Süden kommend über die A6 und weiter über Trier und die A48 Ausf. Salmtal. Von Norden A48 Ausf. Salmtal od. Ausf. Wittlich Mitte. Das Weingut liegt direkt an der B53 (Moselweinstraße)

Wir sprechen auch: Englisch

GPS: 49°54'26"N 06°58'50"E

Weine: Findling, Goldriesling, Kerner, Reichensteiner, Riesling, Rivaner, Weißburgunder, Dornfelder, Reberger, Regent, Spätburgunder
Spezialitäten: Sekt, Secco, Traubensaft, Traubensecco, Liköre, Brände
Aktivitäten: Weinproben, Weinbergführungen (ab 8 Pers.), im September und Oktober Straußwirtschaft mit Federweißer und Zwiebelkuchen
Öffnungszeiten: Weinverkauf mit Weinprobe: von Ostern bis Anfang November täglich, Straußwirtschaft: 01.09. bis 06.11.2022 täglich ab 11 Uhr geöffnet

54472 Brauneberg

Weingut Willi Haag

Burgfriedenspfad 5
Marcus Haag
Tel.: 06534/450
info@willi-haag.de
www.willi-haag.de

= 3
>10m >3,5 t
CHEM

Anfahrt: Die B53 (Moselweinstraße) führt durch den Ort Brauneberg. Der Burgfriedenspfad ist die erste Parallelstraße zwischen der Traf und der Boorgasse

Aufenthalt nach vorheriger Absprache fast immer möglich

Wir sprechen auch: Englisch

GPS: 49°54'29"N 06°59'9"E

Weine: Riesling
Spezialitäten: Sekt

Aktivitäten: Weinproben und Weinbergführungen sind nach vorheriger Absprache möglich
Öffnungszeiten: ebenfalls nach vorheriger Absprache

56843 Burg/Mosel

Weingut Postkellerei

Moselstr. 21
Heinz Flöter
Tel.: 06541/9214
floeterpost@t-online.de
www.kunst-hotel-zur-post-burg-mosel.de

= 1
>10m >3,5 t

Anfahrt: Parkplatz liegt direkt an der Ortsstraße, 100 m vom Weingut entfernt

Wir sprechen auch:
Englisch, Französisch

GPS: 50°00'31"N 07°07'19"E

Weine: Müller-Thurgau, Riesling, Weißburgunder, Dornfelder
Aktivitäten: informative Weinproben, kulinarische Weinproben (nach Voranmeldung), Weinbergführungen nach Absprache, Kunstgemälde-Galerie im Keller
Öffnungszeiten: ganzjährig geöffnet, Restaurant mit Moselterrasse

54472 Burgen

Weingut Bohn-Leimbrock

Lindenstr. 6
Annette Leimbrock-Debus
Tel.: 06534/383
annette@keller-leimbrock.de
www.bohn-leimbrock.de

= 4
>10m >3,5t

Anfahrt: A1 Ausf. Salmtal, weiter auf der L47 über Mülheim und Veldenz nach Burgen. Das Weingut liegt auf der linken Seite an einem Bach

Wir sprechen auch:
Englisch, Französisch

GPS: 49°52'47"N 06°59'59"E

Weine: Kerner, Müller-Thurgau, Riesling
Spezialitäten: Mosel-Riesling-Sekt, „free-Sekt", Weinbrände, Liköre

Aktivitäten: Weinproben, Wanderungen durch die begrünten Weinberge und Kellerführungen

54472 Burgen

Weingut Ingo Norwig

Am Frohnbach 1
Ingo Norwig
Tel.: 06534/763
info@weingut-norwig.de
www.weingut-norwig.de

= 2
>10m >3,5t R

Anfahrt: In Burgen liegt das Weingut von Brauneberg oder Veldenz kommend an der ersten Brücke im alten Ortskern von Burgen

Bitte im Weingut, Am Frohnbach 1, anmelden. Der Stellplatz befindet sich Am Frohnbach 3/4

Wir sprechen auch:
Englisch, Holländisch, Polnisch

GPS: 49°52'49"N 07°00'00"E

Weine: Grauburgunder, Müller-Thurgau, Kerner, Riesling, Dornfelder, Spätburgunder
Spezialitäten: Sekt, Secco, Tresterbrand, Weinbrand, Traubensaft, Weinessig

Aktivitäten: Kellerführungen, Weinproben
Öffnungszeiten: auf Anfrage, während der Weinlese von ca. Mitte September-Ende Oktober kein Aufenthalt möglich

54492 Erden

Weingut Johannes Schneider Maring

Hauptstr. 56
Heide Weidemann
Mobil: 0176/43781304
weingut@slowwine.de
www.slowwine.de

= 1
>10m >3,5 t
CHEM

Anfahrt: A1 Ausf. Wittlich, 1. li. → Bernkastel-Kues. Über die Kreisverkehre → B50 neu – Zeltingen-Rachtig, vom Kreisverkehr an der Mosel über die Brücke zum Kreisverkehr am anderen Ufer, ab dort → Erden-Lösnich bis Erden, re. in die Poststr., dann li. in die Hauptstr. abbiegen, nach 200 m auf der linken Seite

Wir sprechen: Englisch, Französisch

GPS: 49°58'43"N 07°01'17"E

Weine: Riesling, Regent, Dornfelder, Müller-Thurgau, Phönix
Spezialitäten: Sekt, Traubensaft
Aktivitäten: Gruppenweinproben, Tagesseminare zum Thema Weinbau und Ökologie, kulinarische Weinproben, Wein- und Sektabonnement
Öffnungszeiten: ganzjährig geöffnet

54619 Eschfeld

Obstweinkellerei „Am Wässerchen"

Wässerchen 7
Rudolf Wagner
Tel.: 06559/857
info@waesserchen.de
www.obstweinkellerei-waesserchen.de

= 1
>10m >3,5 t R
WC

Anfahrt: Wässerchen liegt zwischen den Orten Eschfeld und Reiff. Von Reiff kommend Ri. Eschfeld ca. 1 km der Kreisstraße folgen. Die letzten 300 m 5 % Gefälle

Wir sprechen auch: Englisch

GPS: 50°6'33.91"N 6°12'21.11"E

Weine: Rhabarberwein, Kirsch-, Brombeer-, Johannisbeer-, Quittenwein bis traditioneller Met-Honigwein
Spezialitäten: selbst gekelterte Säfte ohne Zusätze, Frucht-Secco, Likör, Essig und Obstschnäpse
Sonstiges: zwei Bänke mit Tisch und Liegewiese vorhanden
Öffnungszeiten: Mo-Mi 9-12 Uhr, Mi 15-18 Uhr. 1. Samstag im Monat 10-12 Uhr. Oktober-Januar kein Aufenthalt

54484 Maring-Noviand

Bio-Weingut A. Melsheimer

Klosterhof Siebenborn 9
Esther Melsheimer
Tel.: 06535/851
info@arthur-melsheimer.de
www.arthur-melsheimer.de

= 2
>10m >3,5 t

Anfahrt: A1 Ausf. Wittlich-Mitte, weiter auf der B50 ➔ im 3. Kreisverkehr erste Ausf., nächste Abf. L53 Bernkastel, Ausf. Maring-Noviand, li. in die Straße „Im Siebenborn". Die Stellplätze befinden sich vor dem Hof

Um telefonische Voranmeldung wird gebeten

Wir sprechen auch: Englisch, Französisch, Holländisch

GPS: 49°56'4"N 06°59'33"E

Weine: Riesling, Weißburgunder, Spätburgunder und einige neue Rebsorten
Spezialitäten: edle Rieslinggewächse aus biologischem Anbau, Eiswein
Aktivitäten: Weinproben im ehemaligen Kelterhaus, Rundgang mit dem Winzer, Einblicke in das Winzerhandwerk mit Seminaren zu den Themen Rebschnitt, Laubarbeiten, Weinstock- und Bodenarbeiten und Mitarbeit bei der Traubenlese
Öffnungszeiten: Mo-Sa 9:30-13:00 Uhr und 14:00-18:00 Uhr, So 9:30-14:00 Uhr, Anreise auch außerhalb der Öffnungszeiten möglich, bitte vor 19:00 Uhr

54318 Mertesdorf

Weingut Karlsmühle

Im Mühlengrund 1
Sylvia Wels
Tel.: 0651/5124
anfrage@weingut-karlsmuehle.de
www.weingut-karlsmuehle.de

= 1
>10m >3,5 t
CHEM

Anfahrt: A1/A602 ➔ Trier, Ausf. Kenn ➔ Ruwer, von da aus ➔ Ruwertal auf die L149. Die Karlsmühle liegt zwischen den Orten Mertesdorf und Kasel

Wir sprechen auch: Englisch

GPS: 49°46'12"N 06°43'26"E

Weine: Riesling, Weißburgunder, Grauburgunder, Spätburgunder
Aktivitäten: Weinproben tagsüber möglich von 8:00-17:00 Uhr und nach Absprache
Öffnungszeiten: ganzjährig möglich, Weingut geöffnet von 08:00-17:00 Uhr, mittwochabends finden wenn möglich Musikabende statt, hier empfiehlt sich eine Anreise vor 17:00 Uhr

54518 Platten

Weingut Görgen

Bahnhofstr. 14
Werner Görgen
Tel.: 06535/944864
info@weingut-goergen.com
www.weingut-goergen.com

= 3
>10m >3,5 t R

Anfahrt: A1/A48 Ausf. Wittlich → Bernkastel-Kues bis Platten oder A60/B50 Ausf. Platten

Wir sprechen auch: Englisch

GPS: 49°57'05"N 06°56'54"E

Weine: Chardonnay, Grauburgunder, Kerner, Riesling, Weißburgunder, Dornfelder, Spätburgunder
Spezialitäten: Winzersekt, Secco

Aktivitäten: Weinproben, Hofcafé, Frühstücksbüfett, Brunch
Öffnungszeiten: ganzjährig, von November bis März nur am Wochenende

54439 Schloss Thorn / Palzem

Weingut Schloss Thorn

Schloss Thorn 1
Dr. Baron von Hobe-Gelting
Tel.: 06583/433
weingut@schloss-thorn.de
www.schloss-thorn.de

= 1
>10m >3,5 t R
Weinprobe

Anfahrt: A8 Ausf. Perl, weiter auf der B419 → Palzem, der Beschilderung zum Schloss Thorn folgen. Diese führt in eine kleine Straße mit einem „Einfahrt verboten/Anlieger frei"-Schild, entlang der Schlossflügelmauer fahren bis li. Hand ein Gebäude mit der Aufschrift VINARIA kommt, dort bitte klingeln. **Wohnmobile nur mit eigenen sanitären Anlagen. Anreise 14:00-18:00 Uhr**
Wir sprechen: Englisch, Französisch

GPS: 49°33'06"N 06°22'57"E

Weine: Pinot Blanc, Pinot Gris, Sauvignon Gris, Riesling, Pinot Meunier
Spezialitäten: Wein, Sekt, Brände

Aktivitäten: Weinprobe, Weinverkauf
Öffnungszeiten: vom 01. April bis 31. Oktober, Wohnmobile nur mit eigenen sanitären Anlagen, Anreise 14:00-18:00 Uhr

56841 Traben-Trarbach

Weingut Trossen

Alter Brauerweg 6
Jörg Trossen
Tel.: 06541/2937
info@trossen-weine.de
www.trossen-weine.de

= 3
>10m >3,5 t

Anfahrt: A1/48 Koblenz-Trier, Ausf. Wittlich-Nord, weiter auf der B53 → Traben-Trarbach oder A61 Ludwigshafen-Koblenz Ausf. Rheinböllen, weiter → Bernkastel-Kues/Trier, vorbei am Frankfurt Hahn Airport, dann auf der B50 (Hunsrückhöhenstraße) bis zur Ausf. Irmenach → Traben-Trarbach

Wir sprechen auch: Englisch

GPS: 49°57'10"N 07°06'52"E

Weine: Phönix, Riesling, Rivaner, Blauer Spätburgunder, Cabernet Sauvignon, Dornfelder, Regent
Spezialitäten: Riesling du Monde – bester Riesling in Europa, Staatsehrenpreise für höchste Qualität, Eiswein, edle Destillate, Traubensaft, Weingelee
Aktivitäten: „Vinothek Royal" von Mai-Oktober, Weinprobe mit Kellerbesichtigung, Planwagenfahrt
Öffnungszeiten: täglich ab 12:00 Uhr

54539 Ürzig

Weingut Benedict Loosen Erben

Würzgartenstr. 1
Claudia Müller
Tel.: 06532/2203
alter@alter-klosterhof.de
www.benedict-loosen-erben.de

= 1
>10m >3,5 t

Anfahrt: A48 Ausf. Wittlich, weiter auf der B53 bis Ürzig

GPS: 49°58'43''N 07°00 20''E

Weine: Riesling
Aktivitäten: geführte Weinbergwanderung mit Winzerrast, Weinprobe auch online anlässlich Harley- und Weinfest in Ürzig, Weinprobe im Riesenrad anlässlich Säubrenner-Kirmes in Wittlich, Straßen- und Weinfest in Zeltingen-Rachtig
Öffnungszeiten: ganzjährig nach vorheriger telefonischer Absprache

54320 Waldrach

Weingut Heinrich Mertes

Hermeskeiler Str. 36
Wolfgang Mertes
Tel.: 06500/480
mail@mertes-waldrach.de
www.mertes-waldrach.de

= 2
>10m >3,5 t

Anfahrt: A602 Ausf. Kenn ➔ Trier, in Ruwer li. abbiegen ➔ Hermeskeil/Ruwertal, 5 km bis Waldrach, den Ort durchfahren, das Weingut liegt am Ortsausgang auf der rechten Seite

Wir sprechen auch: Englisch

GPS: 49°44'28"N 06°44'41"E

Weine: Riesling (trocken bis edelsüß), Riesling-Sekt, Spätburgunder, Rosé, Blanc de noir und Sekt
Spezialitäten: Marc vom Spätburgunder

Aktivitäten: Weinproben
Öffnungszeiten: Sa 09:00-16:00 Uhr und nach telefonischer Vereinbarung

54487 Wintrich

Weingut Clemens

Kurfürstenstr. 11
Jochen Clemens
Tel.: 06534/692
weingutclemens@gmx.de
clemensweingut.de

= 10
>10m >3,5 t
CHEM

Anfahrt: Von der B53 in die Kurfürstenstraße einfahren, nach 100 m auf den Stellplatz fahren

Wir sprechen auch: Englisch

GPS: 49°53'23"N 06°57'15"E

Weine: Riesling, Elbling, Weißburgunder, Müller-Thurgau und Kerner
Aktivitäten: Weinbergführungen, kulinarische Weinproben, Grillabende und vieles mehr ist nach Absprache möglich

Öffnungszeiten: ganzjährig geöffnet, Straußwirtschaft Öffnungszeiten siehe Webseite

WO DAS **GUTE** SO **NAHE** LIEGT

Das Gebiet um Bingen ist ein beliebtes Wanderziel.

Die Nahe entspringt im Saarland südwestlich des Bostalsees und mündet nach 120 abwechslungsreichen Kilometern bei Bingen in den Rhein. Sie trennt den Hunsrück vom Nordpfälzer Bergland und überwindet dabei 322 Höhenmeter. Gemeinsam mit ihren fünf Nebenflüssen als Lebensadern ist sie das pulsierende Herz dieser vom großartigen Mikroklima und landschaftlichen Reizen verwöhnten Weinregion. Sie hat deutschlandweit die größte Bodenvielfalt und die engräumigsten Wechsel vorzuweisen. Mehr als 180 Bodenvarianten werden vermutet.

Bunt und einzigartig wie die Böden sind auch die Winzer: Kreative Traditionalisten und moderne Querdenker arbeiten hier mit unterschiedlichem Ansatz, aber ganzem Einsatz. Rund 4.200 Hektar Ertragsfläche umfasst das Anbaugebiet Nahe. Die Reben gedeihen auf sanftem Hügelland, teilweise auch auf Steillagen.

Ausgeglichen, mild und regenarm ist das Klima in allen Lagen des Anbaugebietes. An der unteren Nahe zwischen Bingen und Bad Kreuznach gedeihen Burgundersorten und klimatisch anspruchsvolle rote Sorten besonders gut, mit hohen Mostgewichten und einer moderaten Säurestruktur.

An der oberen Nahe und ihren Seitentälern ist das Klima von den kühleren Luftmassen der Mittelgebirge (Soonwald/Hunsrück und Nordpfälzer Bergland) geprägt. Die Reife der Weintrauben erfolgt daher später. Das ist besonders vorteilhaft für das Aroma und die Säurestruktur des Rieslings. Die Winzer erhalten rassige, fruchtige und schlanke Weine.

Der Rebsortenspiegel ist vielfältig, zu 75 Prozent sind die weißen Sorten vertreten. Riesling, Müller-Thurgau und Silvaner stehen an der Spitze, Weiß- und Grauburgunder legen seit einigen Jahren stark an Anteilen zu. Bei den Rotweinen steht der Dornfelder an erster Stelle, gefolgt von Spätburgunder, Portugieser und Regent.

Ein Großteil des Ertrags geht als Qualitäts- und Prädikatswein auf den Markt. Die Weine der Nahe werden zu knapp 50 Prozent direkt vermarktet. ❮

DIE **HOT**SPOTS

1 DEUTSCHES EDELSTEIN-MUSEUM IDAR-OBERSTEIN

Das Deutsche Edelsteinmuseum in Idar-Oberstein ist immer einen Ausflug wert. Es zeigt auf drei Etagen einer stilvoll restaurierten Gründerzeitvilla mit einer Fläche von 700 Quadratmetern alle Edelsteinarten der Welt mit mehr als 10.000 Exponaten. Neben funkelnden Edelsteinen und Diamanten ziehen auch kunstvoll gearbeitete Gravuren und Skulpturen sowie ausgesuchte Mineralien den Betrachter in ihren Bann.

Die jährlich wechselnden Sonderausstellungen finden im ausgebauten Gewölbekeller den angemessenen Rahmen. Die schon über 500 Jahre alte Edelsteinindustrie bringt mit ihren „Schleiferfamilien" rund 90 Prozent der gezeigten Exponate als Leihgaben ein. Dadurch sind im Deutschen Edelsteinmuseum auch Einmaligkeiten zu sehen, die ein privater oder öffentlicher Träger nie oder nur schwer erwerben könnte.

In dieser einmaligen Ausstellung, die ständig durch neue Zugänge ergänzt wird, werden nahezu alle weltweit vorkommenden Edelsteine präsentiert – sowohl als Rohstein als auch in vollendet bearbeiteter Form. Wer also an der Nahe unterwegs ist, sollte unbedingt einen Abstecher in dieses Museum machen.

2 STEINSKULPTURENMUSEUM

Vor der gewaltigen Kulisse des Rotenfels entstand 2010 in Bad Münster am Stein-Ebernburg das erste und einzige zeitgenössische Steinskulpturenmuseum der Welt. Es wurde nach Plänen des japanischen Star-Architekten Tadao Ando errichtet. Die Steine für die Skulpturen stammen aus allen fünf Kontinenten dieser Welt. Geschaffen wurden die Kunstwerke von den Bildhauern Wolfgang Kubach und Anna Kubach-Wilmsen. Markantes Kennzeichen ihrer Arbeiten sind die bekannten Buchtürme, Buchsäulen und Steinbücher sowie die 150-teilige Steinbibliothek.

Neben 15 Großskulpturen werden rund 50 weitere Skulpturen in diesem einzigartigen Museum, das eine Symbiose aus moderner Betonarchitektur und einer translozierten Fachwerk-Scheune darstellt, präsentiert. Das Museum ist als Tageslichtmuseum konzipiert. Außerdem verwandeln die beiden Steinhauer seit 2001 die verlassenen Weinberge in einen Steinskulpturenpark, der öffentlich zugänglich ist. 13 von 24 Skulpturen haben schon ihren Platz in dieser Landschaft gefunden. Manche Skulpturen verweisen auf die Evolution ihrer Materie, andere visualisieren Steingeschichte im atmosphärischen Licht der Weinlandschaft des Nahetals.

DER REGION NAHE

3 BESUCHERBERGWERK SCHMITTENSTOLLEN

Der Lemberg an der Nahe – wenige Kilometer westlich von Bad Kreuznach – ist nicht nur ein großartiges Wandergebiet, er ist auch bergbaugeschichtlich von größtem Interesse. Hier wurde ein halbes Jahrtausend Quecksilberbergbau betrieben. Das größte Quecksilberbesucherbergwerk Deutschlands, der Schmittenstollen, veranschaulicht Arbeitsweise und Arbeitsbedingungen der Bergleute. Eine spannende Zeitreise führt den Besucher in den Berg hinein.

Geöffnet von April bis Oktober. Den Besuch des Bergwerks sollte man unbedingt mit einer Rundwanderung um den Lemberg verbinden. Die nächste Bahnstation befindet sich in Niederhausen.

4 ALTSTADT MEISENHEIM

Die Altstadt der charmanten Kleinstadt Meisenheim am Glan, 20 Kilometer südlich von Bad Kreuznach, hat sich ihren historischen Charme mit vielen denkmalgeschützten Gebäuden bewahrt und weist heute noch erstaunlich viel von seiner mittelalterlichen Bausubstanz auf. Es ist als einzige der vormals pfälzischen Städte in seiner Geschichte von Kriegen und größeren Katastrophen verschont geblieben ist. Im 7. Jahrhundert wurde es vermutlich von einem fränkischen Siedler namens Meiso gegründet. Als Amtsstadt der Wittelsbacher verfügt die Stadt über einen besonders schönen Ortskern. Sehenswert vor allem die Schlosskirche. Sie ist Ausgangspunkt einer kulinarischen Stadtführung mit Nachtwächter. In 90 Minuten erleben Besucher eine unterhaltsame und informative Einführung in die Geschichte einer der schönsten Städte der Pfalz.

Stadtführungen gibt es immer sonntags und feiertags um 14:30 Uhr. Meisenheim ist auch mit dem Rad gut zu erreichen. E-Bike empfiehlt sich.

DIE **HOT**SPOTS DER REGION

5 ARCHÄOLOGIEPARK BELGINUM MORBACH

Sie möchten wissen, wie die alten Römer gelebt haben? Dann bietet der Archäologiepark Belginum in Morbach genau das richtige Ausflugsziel.

Herzstück des Parks ist das 2002 eröffnete Museum. Es steht mitten in dem antiken Straßendorf und zeigt sehr anschaulich das Leben an einer Fernstraße in keltischer und römischer Zeit.

Was aßen die Römer? Wie funktionierte die Wasserversorgung? Womit wurde damals gearbeitet? Fragen wie diese werden anhand von Originalfunden erläutert und illustriert. Durch die Präsentation einzelner Grabfunde gelingt es, den Menschen der damaligen Zeit ein Gesicht zu geben. Gleichzeitig wird versucht, Einblicke in die alltägliche Arbeit und Methodik eines Archäologen zu geben: Wie funktioniert Luftbildarchäologie? Oder: Warum suchen Archäologen Müll? Auf 100 Quadratmetern ergänzen regelmäßig wechselnde Sonderausstellungen das Gesamtbild.

i
Naheland-Touristik GmbH
Bahnhofstrasse 37
D-55606 Kirn/Nahe
www.naheland.net

Ver- und Entsorgung an der Nahe

55543 Bad Kreuznach,
Stellplatz Salinental, Saline Karlshalle 11

55566 Bad Sobernheim,
Stellplatz am Nohfels, Hömigweg 1

55411 Bingen-Gaulsheim, Mainzer Straße

55743 Fischbach,
Wohnmobilpark Fischbach-Nahe, Marktstraße 4

55743 Idar-Oberstein,
Stellplatz an der Börse, Hauptstraße

66625 Nohfelden-Bosen,
Stellplatz Camping Bostalsee, Am Campingplatz 1

55618 Simmertal,
Camping Haumühle, Haumühle 1

LINSENEINTOPF HUNSRÜCKER ART

Steinreich und bettelarm – ursprünglich galt der Landstrich entlang der Nahe und der sich am Nordufer des kleinen Flusses anschließende Hunsrück als eine karge Gegend. Auf den wenig ertragreichen Böden baute man vor allem Kartoffeln (Grumbeere) an und andere eher anspruchslose Pflanzen. So hatte auch die Linse ihren Platz in der einfachen, aber sehr schmackhaften Hunsrücker Küche. Der Linseneintopf Hunsrücker Art ist ein deftiges Mahl, das der Campingkoch mit nur einem Kochtopf – gerne auch draußen vorm Wohnmobil – zubereiten kann. Und das Beste: Wer genügend kocht, hat am nächsten Tag noch einmal ein leckeres Essen.

ZUTATEN

für 4 Portionen (2 für den Folgetag)

- 2 Liter Wasser
- 2 Tassen Tellerlinsen
- 3 mittelgroße festkochende Kartoffeln
- 1 Stange Lauch
- 400 g Rauchfleisch
- 4 geräucherte Mettwürste
- 2 Würfel Gemüsebrühe
- 2 Lorbeerblätter
- Essig, Salz und Pfeffer

Zubereitungszeit: ca. 110 Minuten

SO WIRD'S GEMACHT

1 Linsen in einem großen Topf mit Wasser aufkochen.

2 Kartoffeln schälen, in Würfel schneiden und hinzugeben.

3 Mit den Brühwürfeln, Salz und Pfeffer würzen und 60 Minuten bei niedriger Hitze kochen.

4 Das Rauchfleisch in vier gleichgroße Stücke schneiden und zusammen mit den Lorbeerblättern für 10 Minuten mitkochen.

5 In der Zwischenzeit den Lauch in feine Ringe schneiden und mit den Mettwürsten in den Kochtopf geben.

6 Alles zusammen für weitere 20 Minuten köcheln lassen. Wenn die Linsen weich sind, ist der Eintopf fertig.

7 Vor dem Servieren nochmals mit Essig, Salz und Pfeffer abschmecken.

WEIN-TIPP

Morio Muskat, halbtrocken

55595 Gutenberg

Weingut und Brennerei Dapper

Am Schloßberg 5
Eckhard Dapper
Tel.: 06706/301
weingut-dapper@t-online.de
www.weingut-dapper.de

= 5
>10m >3,5t R
CHEM

Anfahrt: A61 Ausf. 47 (Windesheim/Waldlauberseheim/Wallhausen), li. → Wallhausen. Nach ca. 8 km am Kreisel Roxheim 1. Abfahrt re. nach Gutenberg. Nach der Ortseinfahrt ca. 300 m vor der Kirche re. in „Am Schloßberg 5" abbiegen, geradeaus in den Hof fahren (direkt unterhalb der Gutenburg)
Nach vorheriger Absprache
Wir sprechen auch: Englisch

GPS: 49°52'50"N 07°47'56"E

Weine: Bacchus, Chardonnay, Gewürztraminer, Grauburgunder, Riesling, Scheurebe, Weißburgunder, Blauer Spätburgunder, Dornfelder, Regent
Spezialitäten: Sekt, Secco, Edelobstbrände aus eigener Brennerei, Liköre, Traubensaft, Marmeladen, Gelees, Himberessig aus eigener Herstellung, Traubenkernöl
Aktivitäten: Weinproben (auf Wunsch mit Vesper) oder Weinbergführungen (auf Anfrage)
Öffnungszeiten: ganzjährig geöffnet. Auf Anfrage Brötchenservice möglich

55585 Hochstätten

Bio-Weingut Otto Laubenstein

Entengasse 2
Torsten Hashagen
Tel.: 06362/993120
info@laubenstein.com
www.laubenstein.com

= 5
>10m >3,5t
CHEM

Anfahrt: A61, Ausfahrt Gau Bickelheim, B420 → Kusel, Meisenheim

Wir sprechen auch: Englisch, Spanisch

GPS: 49°45'53"N 07°49'54"E

Bio WINZER

Weine: Bacchus, Chardonnay, Grau- und Weißburgunder, Riesling, Silvaner, Dornfelder, Spätburgunder
Spezialitäten: Bio-Weine, vegane Weine, Sekt, Secco
Aktivitäten: Weinseminare, Themenproben wie „Wein und Schokolade", Weinbergpicknick mit ausgestattetem Picknickkorb, Weinprobe, Weinwanderungen und Führungen mit der Kultur- und Weinbotschafterin M. Laubenstein-Hashagen (nach Absprache im Weingut)
Öffnungszeiten: ganzjährig geöffnet

55569 Monzingen

Weingut Alt

Hauptstr. 67
Holger Alt
Tel.: 06751/94560
info@weingut-alt.de
www.weingut-alt.de

= 3
>10m >3,5 t
CHEM

Anfahrt: Über A61 Ausfahrt Waldlaubersheim oder Ausfahrt Bad Kreuznach auf B41 bis Monzingen, in Monzingen der Beschilderung im Ort Weingut Alt folgen, bis in den hist. Ortskern

Bitte melden Sie sich im Weingut

Wir sprechen auch: Englisch

GPS: 49°47'57"N 7°35'29"

Weine: Riesling, Grauburgunder, Weißburgunder, Bacchus, Müller -Thurgau, Dornfelder, Spätburgunder, Domina
Aktivitäten: Weinproben

Öffnungszeiten: Anmeldung im Weingut. Frühstück nach Absprache im Weingut möglich

55569 Monzingen

Weingut Schauß

Römerstr. 12
Simone Schauß
Tel.: 06751/2882
weingut-schauss@web.de
www.weingut-schauss.de

= 2
>10m >3,5 t
CHEM

Anfahrt: A61 Ausfahrt Bad Kreuznach, hier auf die B41, bis Ausfahrt/Kreuzung Monzingen, hier rechts abbiegen, für 1 km auf dieser Straße bleiben, Weingut auf der linken Seite

Wir sprechen auch: Englisch

GPS: 49°48'4"N 7°35'22"E

Weine: Gewürztraminer, Grauburgunder, Riesling, Weißburgunder, Cabernet, Domina, Spätburgunder, Regent
Spezialitäten: Sekt, Brände, Verjus

Öffnungszeiten: Weingut: Mo-Fr 08:00-19:00 Uhr, Sa 09:00-18:00 Uhr, So 10:00-17:00 Uhr nach Vereinbarung

55585 Niederhausen

Weingut Mathern

Winzerstr. 5-7
Gloria Mathern
Tel.: 06758/6714
info@weingut-mathern.de
www.weingut-mathern.de

= 2
>3,5 t
WC
Müllentsorgung, Frühstück möglich

Anfahrt: A61 Ausfahrt Bad Kreuznach, weiter auf der B41 bis Ausfahrt Hüffelsheim, nach Hüffelsheim links → Niederhausen

Wir sprechen auch: Englisch, Französisch

GPS: 49°48'08"N 07°47'01"E

Weine: Riesling, Burgundersorten
Spezialitäten: Sekt, Secco, Hefebrand, Liköre, Traubensaft, Weingelee
Aktivitäten: Weinproben, Degustationsmenüs, Weinbergrundgänge. Nahe-Radweg (direkter Zugang)

Öffnungszeiten: täglich nach Vereinbarung, Oktober beziehungsweise während der Weinlese kein Aufenthalt möglich

55585 Norheim

Weingut Brunnenhof

Brunnenhof 1
Ronald Gebhard
Tel.: 0671/31151
weingut-brunnenhof@t-online.de
www.weingut-brunnenhof.de

= 3
>10m >3,5 t R
CHEM

Anfahrt: A61 Ausfahrt Waldlaubersheim über Hargesheim und Rüdesheim nach Norheim, im Ort der Beschilderung folgen

Wir sprechen auch: Englisch

GPS: 49°48'45"N 07°48'44"E

Weine: Gewürztraminer, Grauburgunder, Riesling, Weißburgunder, Cabernet Dorsa, Dornfelder, Spätburgunder
Spezialitäten: Winzersekt, Erdbeer-Secco, Riesling-Trester, Weinbergpfirsich-Likör

Aktivitäten: Traktorrundfahrt durch die Weinberge, Weinverkostung, Vinothek, Nahe-Radweg, Barfußpfad

55571 Odernheim

Weingut von Racknitz

Disibodenberger Hof 3
Luise v. Racknitz-Adams
Tel.: 06755/285
info@weingut-von-racknitz.com
www.weingut-von-racknitz.com

= 2
>10m >3,5 t

Anfahrt: A61 Ausfahrt Dreieck Nahetal abfahren auf B41 bis Ausfahrt Waldböckelheim, durch Waldböckelheim → Odernheim, in Staudernheim → Odernheim weiterfahren, letzte Straße vor Ortsende links einfahren, der Beschilderung „Klosterruine Disibodenberg" folgen

Wir sprechen auch: Englisch

GPS: 49°46'40"N 7°42'15"E

Weine: Riesling, Silvaner, Pinot Meunier
Aktivitäten: Für Weinverkostung mit bis zu 6 Weinen für 15 € pro Person, Vorausbuchen erbeten. Zum Weingut gehört die Klosterruine Disibodenberg, das ehemalige Kloster in dem Hildegard von Bingen 40 Jahre verbrachte – Führungen sehr empfehlenswert
Öffnungszeiten: auf Anfrage, in den Wintermonaten ist kein Aufenthalt möglich

55452 Windesheim

Bio WINZER

Weingut Großmann

Im Setzling 8
Reinhold Großmann
Tel.: 06707/583
post@bioweinegrossmann.de
www.bioweinegrossmann.de

= 3
>10m >3,5 t R
CHEM

Anfahrt: A61 Ausfahrt Waldlaubersheim, → Windesheim, im Ort 2. Straße links oder B41 von Bad Kreuznach → Stromberg

Wir sprechen auch: Englisch

GPS: 49°54'21"N 07°49'02"E

Weine: Chardonnay, Gewürztraminer, Grauburgunder, Optima, Riesling, Weißburgunder, Acolon, Blanc de Noir, Blauer Spätburgunder, Cabernet Dorsa, Dornfelder, Spätburgunder, St. Laurent
Spezialitäten: Sekt, Tresterbrand, Traubensaft, Weinessig, Balsamico
Aktivitäten: Weinproben

SPEKTAKULÄRE LANDSCHAFTEN IN DER PFALZ

Schwungvolle Landschaft: Genuss zwischen Felsen und Weinbergen.

Was ist eines der besten Dinge in der Pfalz? Ganz klar: die viele Sonne. Fast fühlt man sich hier wie in der Toskana. Feigenbäume gedeihen in der Pfalz genauso prächtig wie Mandelbäume. Egal ob auf den sanft geschwungenen Hügeln oder in der Ebene: Dank der vielen Sonnenstrahlen entfalten die Pfälzer Trauben ein volles Aroma. Das Klima ist für Deutschland überdurchschnittlich mild mit bis zu 2.000 Sonnenstunden pro Jahr. Dazu kommt ein relativ milder Winter. Die Pfalz ist mit 23.000 Hektar Rebfläche das zweitgrößte deutsche Weinbaugebiet. Hier bauen Winzer zu 60 Prozent weiße Rebsorten aus, allen voran den Riesling. Damit gilt die Pfalz als weltweit größte Anbaufläche des respektvoll genannten „Königs der Weißweine".

Als beliebter, leichter Schoppenwein hat sich Silvaner durchgesetzt. Aber auch der lieblich schmeckende Gewürztraminer erfreut sich großer Beliebtheit.

Zugleich ist die Pfalz aber auch das größte deutsche Rotweinanbaugebiet. Dunkelroter Dornfelder wächst hier am häufigsten, gefolgt von Spätburgunder und Portugieser. Letzteren bauen die Winzer oft auch zu frischem Weißherbst oder Rosé aus. Kein Wunder, dass die Pfalz bei diesen beliebten Sommerweinen Marktführer ist.

Wer in der Pfalz Urlaub macht, muss unbedingt die über 85 Kilometer lange Deutsche Weinstraße besuchen. Sie zieht sich von Bockenheim bis an die Grenze zum Elsass in Schweigen-Rechtenbach durch die Pfalz. Prima für weinliebende Wohnmobilfahrer: Nirgendwo in Deutschland ist die Dichte der reisemobilfreundlichen Winzer so hoch wie in der Pfalz. In vielen Orten bieten gleich mehrere Weinbauern kleine, einfache Stellplätze zum Übernachten an.

Etwa in Neustadt an der Weinstraße und seinen Teilorten, wo elf überwiegend gebührenpflichtige Reisemobilplätze eingerichtet sind (siehe Bordatlas Deutschland 2022 von Reisemobil International). Doch es gibt auch Weingüter, die Winzeratlas-Reisende zu einem Gratis-Aufenthalt willkommen heißen. ‹

DIE **HOT**SPOTS DER

1 DAHNER FELSENLAND

Viele Gesteinsformationen des Wander- und Klettergebiets Südpfalz liegen im Dahner Felsenland, Teil des Naturparks Pfälzerwald. Einige dieser Buntsandsteinfelsen nutzen Sportkletterer, um sich an der Senkrechten auszutoben. Diese Art der sportlichen Betätigung eignet sich eher für Könner. Wer trotzdem mal klettern möchte: In dem weitläufigen Gebiet finden sich Klettersteige auch für Anfänger.

Wer's eher in der Waagerechten mag: Die Region ist durch viele Wanderwege erschlossen. Sie führen hin zu den natürlichen Sehenswürdigkeiten, vor allem natürlich den Felsen. Manche von ihnen gehören zu den Sagen der Region, etwa der Berwartstein. Hier lebte einst der wilde Ritter Hans von Trotha. Er führte die sogenannte Wasserfehde gegen Abt Heinrich vom Kloster Weißenburg und wurde als Kinderschreck Hans Trapp im Sagengut der Region verewigt.

Obendrein locken viele Burgruinen Wanderer an. Zu ihnen gehören als bekannteste die Dahner Burgengruppe aus Altdahn, Grafendahn und Tanstein, besagter Berwartstein sowie der Drachenfels.

Gut für Reisemobilisten, die gern wandern und/oder klettern: Am Rand des Dahner Felsenlands gibt es mehrere Campingplätze.

2 DEUTSCHES WEINTOR

Das 18 Meter hohe Deutsche Weintor steht im südpfälzischen Schweigen-Rechtenbach. Als eines der Wahrzeichen der Pfalz markiert es seit 1936 den südlichen Beginn der Deutschen Weinstraße. Das Gegenstück steht seit 1995 am 85 Kilometer entfernten nördlichen Ende der Weinstraße: das Haus der Deutschen Weinstraße in Bockenheim.

Am Deutschen Weintor gibt es einige Restaurants, die mit Pfälzer Küche und Weinen um die Gunst der Gäste buhlen. Zu besonderen Anlässen wird das Deutsche Weintor in prächtigen Farben illuminiert.

Der nächste Stellplatz befindet sich am Weingut Cuntz Sonnenhof im Ortsteil Rechtenbach (www.weingut-cuntz.de).

3 HAMBACHER SCHLOSS

Das Hambacher Schloss steht beim Ortsteil Hambach der Stadt Neustadt an der Weinstraße. Früher hieß es Kästenburg, im Volksmund auch Maxburg genannt. Es wurde im Mittelalter als Burg erbaut und in der Neuzeit schlossartig ausgestaltet.

Hier wurde das Hambacher Fest ausgerichtet, bei dem vom 27. Mai bis 1. Juni 1832 die bürgerliche Oppo-

REGION PFALZ

sition entgegen dem allgemeinen Willen der Obrigkeit nationale Einheit, Freiheit und Souveränität des Volkes forderte. Deshalb gilt das Hambacher Schloss hierzulande außer der Frankfurter Paulskirche als wichtigstes Symbol der deutschen Demokratiebewegung. Zu diesem Thema gibt es für die Besucher regelmäßig Führungen durch das Gebäude.

Gut für mobile Gäste: Allein in Hambach laden fünf Winzer, die Schlosskellerei und die Stadt selbst mit ihren Stellplätzen ganz gezielt Reisemobilisten ein.

4 PFÄLZER MANDELPFAD

Über 77 Kilometer verläuft der Pfälzer Mandelpfad durch die Pfälzer Weinlandschaft von Bad Dürkheim bis nach Schweigen-Rechtenbach. Besonders schön ist dieser Pfad im Frühling, wenn in der Pfalz früher als anderswo in der Republik die Mandelbäume ihre rosaroten Blüten entfalten. Dennoch lohnt es sich auch zu anderen Jahreszeiten, über den Pfälzer Mandelpfad zu wandern. Im Sommer besticht das satte Grün der Reben und im Herbst das bunte Farbenspiel der Weinlandschaft. Im Winter hingegen locken die Pfalz-Besucher eher die zahlreichen romantischen Winzerdörfer entlang der Weinstraße.

5 SPEYER

Speyer ist eine städtebauliche Perle mit südlichem Flair am Tor zur Pfalz. In der linksrheinischen Stadt, gut 50.000 Menschen leben hier, befindet sich der größte der drei Kaiserdome (die anderen beiden stehen in Mainz und Worms). Gleichzeitig ist der Speyerer Dom die größte romanische Kirche der Welt und gehört seit 1981 zum Weltkulturerbe der UNESCO.

Dreifaltigkeits- und Gedächtniskirche, Kloster St. Magdalena und Pfarrkirche St. Josef belegen die religiöse Vielfalt in Speyer. Dazu zählt ebenso das jüdische Erbe der Stadt. Das zeigt sich in den Ruinen der Synagoge, dem jüdischen Friedhof und einem Ritualbad.

Doch die weltoffene Stadt bietet mehr, etwa das Altpörtel. Das einst westlichste Stadttor Speyers und Teil der mittelalterlichen Befestigung, zu der 68 Mauer- und Tortürme gehörten, markiert gegenüber dem Dom den Abschluss der Fußgängerzone Maximilianstraße.

Das Neue Kaufhaus am Markt steht seit 1748 an der Stelle der Alten Münze. Nach der Zerstörung Speyers 1689 entstand der imposante Barockbau, bis ins 19. Jahrhundert Umschlagplatz für den Handel und später Sitz verschiedener Behörden. Sehenswert ist zudem das Technik-Museum mit einem eigenen Stellplatz für Reisemobile unweit vom Stadtzentrum.

DIE HOTSPOTS DER REGION

6 DEIDESHEIM

Ein Mekka für alle Genuss- und Weinliebhaber ist das kleine Städtchen Deidesheim. Über 600 Jahre alt ist die „Rieslingweinstadt" an der Deutschen Weinstraße am Rande der Mittelhaardt. Durch das warme Klima wachsen hier nicht nur Trauben in rauen Mengen, sondern auch Kiwis und Zitronensträucher. Die Weinbautradition in Deidesheim ist über zweitausend Jahre alt. Es ist also nicht verwunderlich, dass Deidesheim als die heimliche Hauptstadt der Pfalz gilt. Außerdem ist das Städtchen mit seinen 3.800 Einwohnern die Heimat des legendären Saumagens - ein Fleischgericht aus Schweinefleisch, Brät und Kartoffeln, das wie nach Art einer Brühwurst in einem Schweinemagen gegart wird.

Neben deftigen-pfälzischen Gerichten finden aber auch Liebhaber der feinen Küche zahlreiche Sternelokale in Deidesheim. Und auch die vielen Vinotheken der Premiumweingüter entlang der Hauptstraße laden zum Verweilen ein.

Pfalz Touristik
Martin-Luther-Straße 69
D- 67433 Neustadt an der Weinstraße
www.pfalz.de

Ver- und Entsorgung in der Pfalz

76855 Annweiler am Trifels, Wohnmobilplatz Am Kurpark, Bindersbacher Straße

76887 Bad Bergzabern, Stellplatz P Schlossgärten, Weinbergstraße 7/Luitpoldstraße

67098 Bad Dürkheim, Reisemobilplatz In der Silz, In der Silz

67098 Bad Dürkheim, Knaus Reisemobilhafen Bad Dürkheim, In den Almen 1

67480 Edenkoben, Wohnmobilstellplatz am Kirchberg, Kirchbergplatz

76863 Herxheim, Wohnmobilstellplatz am Festplatz, Festplatz

76829 Landau/Pfalz, Stellplatz am Freizeitbad La Ola, Horstring 2

67434 Neustadt a. d. W.-Hambach, Stellplatz Dammstraße/Schwimmbad

67433 Neustadt a. d. Weinstraße, Reisemobilstellplatz Martin-Luther-Kirche, Martin-Luther-Straße

67487 Sankt Martin, Zufahrt zum Stellplatz Edenkobener Straße, Edenkobener Straße

PFÄLZER DAMPFNUDELN MIT WEINSOSSE

Essen und Trinken stehen überall in der Pfalz hoch im Kurs. Die traditionelle Pfälzer Küche ist meist recht deftig, doch jenseits von Saumagen und Leberwurst, von „Grumbeere" und Dampfnudeln gibt es auch eine Fülle von regionaltypischen Produkten. Manche, wie Erzeugnisse aus Mandeln, Feigen, Keschde oder vom Glanrind, sind dabei einzigartig. Der traditionelle Pfälzer Saumagen lässt sich am besten vor Ort in einem Wirtshaus verköstigen. Wer die Möglichkeit hat und gerne Grumbeere isst – so heißen die Kartoffeln hierzulande – sollte unbedingt nach Pellissimo-Kartoffeln Ausschau halten. Sie sind eine besondere Pfälzer Spezialität und zugleich die frühesten Kartoffeln aus deutschem Anbau. Ganz jung und frisch geerntet gelten sie unter Kennern als Delikatesse. Das milde Weinlandklima, die fruchtbaren Lössböden in der Rheinebene und die Erfahrung der Bauern sorgen dafür, dass die Grumbeere aus der Pfalz noch richtig nach Kartoffeln schmecken. Nun aber zu den Dampfnudeln, eine der wohl bekanntesten Pfälzer Spezialitäten schlechthin. Auf fast jedem Weinfest findet man Dampfnudeln mit „Woisoß" (Weinsoße) – und bald auch im Wohnmobil?

ZUTATEN

für 2 Personen:

- 500 g Mehl
- 20 g Hefe
- 40 g Zucker
- 1/4 l lauwarme Milch
- 2 Eier
- 50 g Butter
- Salz
- Öl zum Backen

Für die Weinsoße

- ½ l Weißwein
- ¼ l Wasser
- 75 g Zucker
- 1 EL Speisestärke
- 2 Eier

Zubereitungszeit: ca. 120 Minuten (inkl. Warte- und Garzeit)

SO WIRD'S GEMACHT

1 Mehl in eine Backschüssel geben, in die Mitte eine Vertiefung eindrücken. Die zerbröckelte Hefe mit 2 TL Zucker hineingeben, mit etwas lauwarmer Milch übergießen und mit etwas Mehl verrühren, sodass ein Vorteig entsteht. Zudecken, warmstellen und etwa 20 Minuten gehen lassen.

2 Nach und nach die restlichen Zutaten, Milch, die verquirlten Eier, die flüssige, lauwarme Butter und etwas Salz zufügen. Den Teig gut verkneten und noch mal 20 Minuten gehen lassen.

3 Daraus etwa 8 gleichgroße Nudeln von etwa 6 cm Durchmesser formen oder ausstechen. Auf ein mit Mehl bestäubtes Backbrett setzen, zugedeckt weitere 30 Minuten gehen lassen, bis sich der Teig etwa verdoppelt hat.

4 In einer großen Pfanne mit Deckel etwa 3-4 EL Öl, eine Tasse Wasser und etwas Salz dazugeben und einmal aufkochen lassen. Die Dampfnudeln vorsichtig hineinsetzen und den Deckel fest schließen. Bei geringer Hitze zwischen 15 und 20 Minuten garen, bis die Flüssigkeit verdampft ist und sich eine schöne Kruste an der Unterseite gebildet hat. Den Deckel auf keinen Fall zuvor öffnen und darauf achten, dass auch am Ende der Garzeit kein Wassertropfen auf die Dampfnudeln fällt. Die Dampfnudeln sollten noch warm serviert werden.

5 Für die Weinsoße je nach Geschmack ½ l Weißwein mit ¼ l Wasser und 75 g Zucker erhitzen. 1 EL Speisestärke mit etwas Flüssigkeit aus dem Topf verrühren, mit einem Schneebesen unterrühren und aufkochen lassen. Zwei Eier trennen, die Eidotter unter ständigem Rühren unterziehen und am Schluss das zu Eischnee geschlagene Eiweiß unterheben.

WEIN-TIPP

Traditionell ein fruchtiger Müller-Thurgau, rassiger und frischer wird es mit einem Pfälzer Riesling.

76857 Albersweiler

Weingut Gebr. Nägle

Hauptstr. 11
Peter Nägle und Elke Kudling
Tel.: 06345/3443
info@weingut-naegle.de
www.weingut-naegle.de

= 1
>10m >3,5 t

Hofladen, Weinprobe

Anfahrt: A65 → Landau, Ausf. Landau-Nord, B10 → Annweiler, Ausf. Birkweiler (Dt. Weinstraße), → Albersweiler abbiegen. Im Ort der Hauptstraße folgen bis zur Hausnummer 11 (grünes, großes Doppelhaus auf der rechten Seite)

Wir sprechen auch:
Englisch

GPS: 49°13'09"N 08°01'24"E

Bio WINZER

Weine: Chardonnay, Gewürztraminer, Grauburgunder, Kerner, Müller-Thurgau, Riesling, Scheurebe, Weißburgunder, Dornfelder, Dunkelfelder, Portugieser, Regent, Spätburgunder, St. Laurent
Spezialitäten: Secco, Destillate, Apfel- und Traubensaft

Aktivitäten: Weinproben mit Kellerführung nach Anmeldung (auf Wunsch mit Pfälzer Speisen), Weinbergwanderung (für Gruppen). Gasthaus mit deutschen/pfälzischen Leckereien
Öffnungszeiten: während der Weinlese im September und Oktober ist ein Aufenthalt nur nach Anfrage möglich

76887 Bad Bergzabern

Weingut Hitziger

Liebfrauenbergweg 3
Stefan Hitziger
Tel.: 06343/1710
info@weingut-hitziger.de
www.weingut-hitziger.de

= 8
>10m >3,5 t
CHEM

Anfahrt: Von Karlsruhe B10 (Südtangente) od. über die A65 Ausf. Kandel-Nord, B427 nach Osten bis Bad Bergzabern. Von Frankfurt A65 bis Ausf. Landau-Süd, B38 bis Bad Bergzabern. Im Ort den Schildern „Klinikum LD-SÜW" folgen, dann den Liebfrauenbergweg hochfahren (schmale Straße)

Wir sprechen auch:
Englisch, Französisch

GPS: 49°06'26"N 07°59'49"E

Weine: Riesling, Grau- und Weißburgunder, Chardonnay, Morio Muskat, Müller-Thurgau, Silvaner, Gewürztraminer, Dornfelder, Spätburgunder, Acolon, Sauvignon, Auxerrois
Spezialitäten: Winzersekt, „Hitsecco", Brände, Liköre

Aktivitäten: Weinprobe, Weinberg- und Kellerführungen
Öffnungszeiten: Weinverkauf Mo-Sa 9:00-18:00 Uhr, So 10:00-12:00 Uhr

67278 Bockenheim an der Weinstraße

Weingut Benß

Am Spiegelpfad 10
Stefan Benß
Tel.: 06359/4333
weingut.benss@t-online.de
www.weingut-benss.de

= 10
>10m >3,5 t R
WC CHEM Weinprobe

Anfahrt: A6 Ausf. 19 Grünstadt → Bockenheim. Das Weingut befindet sich direkt am Ortsanfang in den Weinbergen. od. A61 Ausf. Worms → Monsheim, danach B271 nach Bockenheim. Dort befindet sich das Weingut kurz vor dem Ortsende

Reservierung nicht nötig, da genügend Stellplätze vorhanden

Wir sprechen auch: Englisch

GPS: 49°35'58"N 08°10'41"E

Weine: Chardonnay, Grauburgunder, Riesling, Sauvignon Blanc, Cabernet Sauvignon, Dornfelder, Merlot, Spätburgunder
Spezialitäten: Wein, Sekt & Secco, Weincocktail, Brände & Liköre

Aktivitäten: Weinproben, Weinberg-Rundgang, wenn möglich Sommerfest am 2. Wochenende im Juli, Winzerfest im Ort am 3. Wochenende im Oktober
Öffnungszeiten: auf Anfrage, bei Schnee und starker Nässe nicht befahrbar, da es sich um einen Rasenplatz handelt

76835 Burrweiler

Weingut Gästehaus Hermann Eberle

Böchinger Str. 3
Hermann Eberle
Tel.: 06345/919245
info@weingut-eberle.de
www.weingut-eberle.de

= 3
>10m >3,5 t
CHEM

Anfahrt: A65 Ausf. Edenkoben, B35 → Edesheim, dort → Albersweiler auf der Deutschen Weinstraße, weiter über Hainfeld nach Burrweiler. Oder A65 Ausf. Landau Nord, B10 → Pirmasens bis Ausf. Birkweiler, dort auf die Weinstraße über Siebeldingen nach Burrweiler

Wir sprechen auch: Englisch

GPS: 49°14'48"N 08°40'51"E

Weine: Bacchus, Gewürztraminer, Grauburgunder, Kerner, Müller-Thurgau, Morio Muskat, Riesling, Weißburgunder, Dornfelder, Merlot, Spätburgunder
Spezialitäten: Sekt, Secco, Brände, Liköre, Traubenkernöl, Winzer Essig, Traubengelee
Öffnungszeiten: ganzjährig geöffnet, Sa 8:00-18:00 Uhr, Sonntagvormittag, ansonsten nach telefonischer Vereinbarung

76835 Burrweiler

Weingut Meßmer

Weinstr. 6
Martin Meßmer
Tel.: 06345/9599790
lecker@dasweinhaus.com
www.weingut-messmer.de

= 5
>10m >3,5 t
CHEM

Anfahrt: A65 Ausf. Edenkoben, weiter auf der B35 ➔ Edesheim, dort ➔ Albersweiler auf die Deutsche Weinstraße, weiter über Hainfeld nach Burrweiler. Die Vinothek Meßmer liegt direkt an der Weinstraße. Oder A65 Ausf. Landau Nord, weiter auf der B10 ➔ Pirmasens bis Ausf. Birkweiler, dort auf die Weinstraß

Wir sprechen auch:
Englisch, Italienisch, Türkisch

GPS: 49°14'48"N 08°04'41"E

Weine: Chardonnay, Gewürztraminer, Grauburgunder, Kerner, Muskateller, Riesling, Sauvignon Blanc, Scheurebe, Weißburgunder, Cabernet Sauvignon, Dornfelder, Merlot, Portugieser, Sankt Laurent, Spätburgunder
Spezialitäten: Trester, Tapas, Slowfood Leberwurst, Restaurant mit Pfälzer Spezialitäten

Aktivitäten: Kellerbesichtigungen, Terroirweinproben, kulinarische Weinproben, sensorische Lichtweinproben, Weinevents, Casino Vino, Veranstaltungskalender siehe Webseite
Öffnungszeiten: Vinothek: Mo-Do 08:30-12:00 Uhr und 13:00-17:00 Uhr, Fr 08:30-12:00 Uhr, Sa 12:00-17:00 Uhr

67480 Edenkoben

Weingut Schäfer

Rhodter Str. 24
Bernd Schäfer
Tel.: 06323/5923
Mobil: 0151/18305960
schaefer-wein@gmx.de
www.weingut-schaefer.online.de

= 3
>10m >3,5 t R

Anfahrt: A65 Ausf. Edenkoben, ➔ Edenkoben, dort der Beschilderung (grüne Schilder mit gelber Schrift) zum Weingut Schäfer folgen

Wir sprechen auch: Englisch

GPS: 49°16'42"N 08°07'33"E

Weine: Grauburgunder, Riesling, Silvaner, Weißburgunder, Dornfelder, Portugieser, Spätburgunder
Spezialitäten: Winzersekt, trockene Weiß- und Rotweine

Aktivitäten: Weinproben, Erlebnistag Deutsche Weinstraße nur 100 m vom Weingut entfernt
Öffnungszeiten: ganzjährig geöffnet

67483 Edesheim

Weingut Erich Braun & Sohn

Ludwigstr. 151
Michael Braun
Tel.: 06323/4083
mbraun-edesheim@t-online.de
www.weingutbraun.com

= 3
>10m >3,5t R

Anfahrt: Am Ortsausgang von Edesheim → Hainfeld nach dem Ortsschild rechts und gleich wieder links

Wir sprechen auch: Englisch

GPS: 49°15'26"N 08°06'57"E

Weine: Bacchus, Chardonnay, Gewürztraminer, Grauburgunder, Huxelrebe, Müller-Thurgau, Kerner, Riesling, Sauvignon Blanc, Scheurebe, Silvaner, Cabernet Sauvignon, Dornfelder, Dunkelfelder, Heroldrebe, Merlot, Portugieser, Regent, Spätburgunder, St. Laurent

Spezialitäten: Sekt, Brände
Aktivitäten: Weinproben, Keller- und Weinbergführung
Öffnungszeiten: Mo-Sa 8:30-17:00 Uhr, So 9:30-14:00 Uhr

67483 Edesheim

Bio WINZER

Weingut Rehm

Ludwigstr. 36
Martina Rehm
Tel.: 06323/7749
info@weingut-rehm.de
www.weingut-rehm.de

= 1
>10m >3,5t R
WC CHEM GRAU
Dusche, Weinprobe.

Anfahrt: A65 Ausf. Edenkoben über Edesheim → Hainfeld, vor der kath. Kirche rechts, danach gleich links abbiegen. Die Straße → Westen verlassen, nach den letzten Häusern rechts über die Brücke und gleich wieder rechts und dann in → Osten bis zum Weingut fahren (nicht nach Navi fahren, leitet in eine schmale Gasse)

Wir sprechen auch: Englisch

GPS: 49°15'36"N 08°07'37"E

Weine: Chardonnay, Grauburgunder, Kerner, Müller-Thurgau, Riesling, Scheurebe, Blauer Spätburgunder, Dornfelder, Portugieser, Regent

Spezialitäten: Bioweine, Sekt, Schnaps, Traubensaft, Weingelee
Aktivitäten: Weinproben nach telefonischer Absprache

67483 Edesheim

Weingut Werner Anselmann

Staatsstr. 58-60
Ruth Anselmann
Tel.: 06323/94120
info@weingut-anselmann.de
www.weingut-anselmann.de

= 3
>10m >3,5 t R
WC
Biergarten, Weinprobe

Anfahrt: A65 Ausf. Edenkoben → Edenkoben, am Kreisel → Edenkoben, dann immer geradeaus, das Weingut liegt am Ortseingang rechts an der Hauptstraße (Parkmöglichkeiten auf dem Weingutsparkplatz, bitte zeigen lassen)

Wir sprechen auch:
Englisch, Französisch, Spanisch

GPS: 49°16'02"N 08°07'55"E

Weine: Gewürztraminer, Grauburgunder, Riesling, Sauvignon Blanc, Auxerrois, Weißburgunder, Chardonnay, Cabernet Blanc, Johanniter, Solaris, Ortega, Siegerrebe, Huxelrebe, Müller-Thurgau, Silvaner, Cabernet Sauvignon, Dornfelder, Merlot, St. Laurent, Spätburgunder, Cabernet Dorsa, Syrah, Tempranillo, Acolon, Blauer Portugieser, Regent,

Spezialitäten: Sekt, Barriqueweine, edelsüße Weine
Aktivitäten: Straußwirtschaft, Weinprobierstand und -stube, Weinproben
Öffnungszeiten: Verkauf tägl. 8:00-20:30 Uhr, So und Feiertag 9:00-20:30 Uhr, am 25./26.12. und 01.01. geschlossen. Straußwirtschaft in den Sommermonaten

76831 Eschbach

Weingut Wind

Weinstr. 5
Bruno Wind
Tel.: 06345/2343
weingutwind@web.de
www.weingutwind.de

= 5
>10m >3,5 t

Anfahrt: A65 Landau-Süd → Landau, vor dem Bahnübergang links → Pirmasens, an der nächsten Ampel links halten → Leinsweiler, 8 km bis Eschbach. In den ersten Wirtschaftsweg vor dem Ort einbiegen (an der gelben Flasche) und bis zur Halle des Weinguts fahren

Wir sprechen auch: Englisch

GPS: 49°10'32"N 08°01'16"E

Weine: Riesling, Grauburgunder, Weißburgunder, Chardonnay, Kerner, Spätburgunder, Merlot, Cabernet Sauvignon, Dornfelder u.v.m.

Aktivitäten: Weinproben
Öffnungszeiten: ganzjährig geöffnet

76835 Gleisweiler

Weingut F.G. Kost

Hainbachtalstr. 3
Gunther Kost
Tel.: 06345/3000
info@kostwein.de
www.kostwein.de

= 3
>10m >3,5 t R

Anfahrt: A65 (Mannheim-Karlsruhe) zwischen Neustadt und Landau Ausf. Edenkoben oder Landau-Nord

GPS: 49°14'19"N 08°04'02"E

Weine: aus kontrolliert umweltschonendem Anbau – Chardonnay, Kerner, Morio Muskat, Müller-Thurgau, Riesling, Weißburgunder, Dornfelder, Portugieser
Spezialitäten: Sekt, Secco
Aktivitäten: Weinproben, Menü mit Wein, Weinbergführungen, Wein-Wander-Wochenenden („Mandelblüte", „Weinfrühling", „Kastanienblüte", „Martini" und „Silvester-Programm"), Singen mit der Wirtin u.v.m.
Öffnungszeiten:
Weinstube: wenn möglich Mi, Fr, Sa, So 17:00-22:00 Uhr und nach Vereinbarung

67161 Gönnheim

Weingut Eymann

Ludwigstr. 35
Vincent Eymann
Tel.: 06322/2802
info@weinguteymann.de
www.weingut-eymann.de

= 2
>10m >3,5 t
CHEM

Anfahrt: A650 Ausf. Gönnheim/ Friedelsheim

Wir sprechen auch: Englisch

GPS: 49°26'52"N 08°14'20"E

Bio WINZER

Weine: Riesling, Pinot Noir, Burgundersorten
Aktivitäten: Kellerführungen, Weinbergführungen nach Absprache
Öffnungszeiten: ganzjährig geöffnet, Weinverkauf Mo-Fr 8:00-12:00 und 13:00-19:00 Uhr, Sa 10:00-19:00 Uhr, Öffnungszeiten Weinstube Do und Fr ab 18:00 Uhr, Sa ab 17:00 Uhr (Tischreservierung empfohlen), Betriebsferien Weinstube Anfang Januar bis Ende Februar und von Mitte Juli bis Mitte August

76835 Hainfeld

THEODORUS
Wein- und Sektgut

Theodorhof
Thomas Lergenmüller
Tel.: 06323/5034
info@theodorus-wein.de
www.theodorus-wein.de

= 3
>10m >3,5t
CHEM

Anfahrt: A65 Landau bis zur Ausf. Landau-Nord → Neustadt bis zur Orteinfahrt Edesheim, links abbiegen → Hainfeld. Im Ort der Beschilderung zum Weingut Theodorhof folgen

Wir sprechen auch:
Englisch, Französisch, Italienisch

GPS: 49°15'19"N 08°05'55"E

Bio WINZER

Weine: Chardonnay, Gelber Muskateller, Gewürztraminer, Grauburgunder, Kerner, Müller-Thurgau, Muskateller, Riesling, Rivaner, Sauvignon Blanc, Scheurebe, Silvaner, Weißburgunder, Cabernet Sauvignon, Dornfelder, Merlot, Portugieser, Spätburgunder, St. Laurent

Spezialitäten: Sekt, Secco
Aktivitäten: Keller- und Weinbergführungen, Weinproben
Öffnungszeiten: Mo-Fr 8:00-12:00 und 13:00-17:00 Uhr, Sa 10:00-12:30

76831 Heuchelheim-Klingen

Weingut Junghof

Hauptstr. 21
Marco Jung
Tel.: 06349/1881
junghof@weingut-junghof.de
www.weingut-junghof.de

= 3
>10m >3,5t
CHEM

Anfahrt: A65 Ausf. Landau-Süd, weiter → Bad Bergzabern, in Appenhofen → Heuchelheim, am Kreisel geradeaus, nach 80 m links

Wir sprechen auch: Polnisch

GPS: 49°08'44"N 08°03'21"E

Weine: Bacchus, Chardonnay, Gewürztraminer, Grauburgunder, Kerner, Müller-Thurgau, Muskateller, Ortega, Riesling, Silvaner, Acolon, Dornfelder, Dunkelfelder, Regent, Schwarzriesling, Spätburgunder, St. Laurent

Spezialitäten: Sekt, Barriqueweine, Tresterbranntwein, Liköre, Winzeressig, Weingelee, Senf
Aktivitäten: Weinproben
Öffnungszeiten: falls möglich, Straußwirtschaft Mai-Oktober, Betriebsferien Ende Juli

76889 Kapellen-Drusweiler

Weingut Manderschied

Dorfstr. 4
Martin Manderschied
Tel.: 06343/2579
weingut-manderschied@gmx.de
www.weingut-manderschied.de

= 5
>10m >3,5 t R

Anfahrt: A65 Ausf. Landau, weiter auf der B38 über Impflingen und Ingenheim nach Kapellen-Drusweiler

Wir sprechen auch:
Englisch, Französisch

GPS: 49°06'17"N 08°02'14"E

Weine: biologischer Weinbau: Chardonnay, Grauburgunder, Riesling, Sauvignon blanc, Weißburgunder, Cabernet Sauvignon, Dornfelder, Spätburgunder

Aktivitäten: Weinproben
Öffnungszeiten: auf Anfrage

76829 Landau-Nußdorf

WEIN.GUT.PAN

Lindenbergstr. 36
Thomas Pfaffmann
Tel.: 06341/969187
info@vinopan.de
www.vinopan.de

= 3
>10m >3,5 t R

Anfahrt: A65 Ausf. Landau-Nord, B10 bis Ausf. Landau, an der Ampel rechts, auf der Neustadter Str. über den Kreisverkehr zur folgenden Ampel, rechts in die Herrenbergstr., geradeaus bis zum Ortseingang Landau-Nussdorf, das Weingut befindet sich auf der rechten Seite

Bitte nur mit Voranmeldung

Wir sprechen auch: Englisch

GPS: 49°13'20"N 08°06'37"E

Weine: Grauburgunder, Riesling, Sauvignon Blanc, Weißburgunder
Spezialitäten: Sekt (klassische Flaschengärung), Ante Porta (Weinaperitif mit Portweincharakter)
Aktivitäten: Weinproben, Weinerlebnispfad Nußdorf

Öffnungszeiten: am 1. Wochenende im August kein Aufenthalt möglich, Weingut geöffnet von Mo-Fr 9:00-12:00 und 14:00-18:00 Uhr, Sa 9:00-18:00 Uhr oder nach telefonischer Vereinbarung

76829 Landau-Nußdorf

Weingut & Gästehaus Villa Hochdörffer

Lindenbergstr. 79
Lieselotte Hahn-Hochdörffer
Tel.: 06341/649630
info@weingut-villa.de
www.weingut-villa.de

= 5
>10m >3,5 t R
WC CHEM

Anfahrt: A65 Ausf. Landau-Nord, an der Ampel rechts, im Kreisverkehr geradeaus, an der nächsten Ampel rechts → Nußdorf, den Ort durchfahren, 100 m nach dem Ortsausgang li.

Zusätzliche Gebühren für Strom, Wasser und Entsorgung (15 €)

Wir sprechen auch:
Englisch, Französisch, Polnisch

GPS: 49°13'26"N 08°05'59"E

Weine: Chardonnay, Gewürztraminer, Grau- und Weißburgunder, Scheurebe, Cabernet Sauvignon, Lemberger, Schwarzriesling, Spätburgunder
Spezialitäten: Sekte und Crémants nach traditioneller Flaschengärung, selbstgebrannte Brände, Liköre
Aktivitäten: nach vorheriger Absprache: Führungen durch den Weinerlebnispfad mit Weinprobe und Vesperteller, Führungen durch den Betrieb. Brötchenservice oder Frühstück-Buffet möglich
Öffnungszeiten: auf Anfrage, vom 20.12.-15.01. kein Aufenthalt möglich

67487 Maikammer

Wein- & Sektgut Immengarten Hof

Marktstr. 62
Frank Höhn
Tel.: 06321/59400
info@immengarten-hof.de
www.immengarten-hof.de

= 1
>10m >3,5 t R

Weinprobe

Anfahrt: A65 Ausf. Edenkoben-Maikammer → Edenkoben, nach 300 m den Kreisel an der 1. Ausf. verlassen, ebenso am folgenden Kreisel, nach ca. 300 m links - Ortseinfahrt Maikammer - in die Marktstraße abbiegen, das Weingut befindet sich nach ca. 300 m auf der linken Seite

GPS: 49°18'15"N 08°08'10"E

Weine: Riesling, Müller-Thurgau, Weißburgunder, Grauburgunder, Gelber Muskateller, Sauvignon Blanc, Spätburgunder, Lemberger, Merlot und weitere internationale Rebsorten
Spezialitäten: Ausbau verschiedener Rotweine in Holz - und Barriquefässern
Aktivitäten: Weinproben und Führungen
Öffnungszeiten: Mo-Fr 14:00-18:00 Uhr und nach Vereinbarung, Sa 10:00-17:00 Uhr, So 10:30-12:30 Uhr. An Feiertagen geschlossen

67434 Neustadt an der Weinstraße

Hambacher Schloß Kellerei eG

Weinstr. 110
Martin Laible
Tel.: 06321/2343
info@hskeg.de
www.hskeg.de

= 2
>10m >3,5 t R

Anfahrt: A65 Ausf. Neustadt-Süd → Hambach

Wir sprechen auch: Englisch

GPS: 49°20'14"N 08°07'53"E

Weine: Auxerrois, Chardonnay, Grauburgunder, Riesling, Weißburgunder, Dornfelder, Schwarzriesling, Spätburgunder, St. Laurent
Spezialitäten: Sekt, Perlwein, Winzeressig, Weingelee

Aktivitäten: Weinproben während der Öffnungszeiten möglich
Öffnungszeiten: Mo-Fr 8:00-12:00 und 13:00-17:00 Uhr, Sa 9:00-12:00 Uhr

67434 Neustadt-Diedesfeld

Weingut Rumsauer

Von-Dalheim-Str. 11
Familie Rumsauer
Tel.: 06321/86173
weingut@rumsauer.de
www.rumsauer.de

= 3
>10m >3,5 t R
CHEM

Anfahrt: A65 Ausf. Neustadt-Süd, der Beschilderung nach Diedesfeld folgen, im Ort 3. Straße links abbiegen

Wir sprechen auch:
Englisch, Französisch

GPS: 49°19'12"N 08°08'26"E

Weine: Bacchus, Chardonnay, Gewürztraminer, Grauburgunder, Huxelrebe, Kerner, Morio Muskat, Müller-Thurgau, Ortega, Riesling, Scheurebe, Dornfelder, Dunkelfelder, Heroldrebe, Merlot, Portugieser, Spätburgunder

Spezialitäten: Sekt, Secco, Liköre, Weinbrand, Traubensaft, Weingelee, Traubenkernöl, Winzeressig
Aktivitäten: Weinproben
Öffnungszeiten: Mo-Fr 8:00-18:00 Uhr, Sa 8:00-16:00 Uhr

67434 Neustadt-Hambach

Weingut und Weinschenke Hans Abel

Weinstraße 103
Hans Abel
Tel.: 06321/86895
Mobil: 02894459
info@weingut-hans-abel.de
www.weingut-hans-abel.de

= 3
>10m >3,5t R

Anfahrt: A65 Ausf. Neustadt a.d. Weinstraße-Süd, weiter auf der B39 → Hambach

Wir sprechen auch: Englisch

GPS: 49°20'16"N 08°07'53"E

Weine: Riesling, Müller-Thurgau, Grauburgunder, Silvaner, Gewürztraminer, Spätburgunder, Blanc de noirs, St. Laurent

Spezialitäten: Sekt, Secco und Spirituosen
Aktivitäten: Weinproben

67435 Neustadt-Mußbach

Weinland Meckenheim

An der Eselshaut 76
Tel.: 06321/95978200
info@weinland-meckenheim.de
www.weinland-meckenheim.de

= 13
>10m >3,5t

Weinprobe

Anfahrt: A65 Ausf. Neustadt-Mitte → Hassloch, weiter → Mußbach, an der großen Kreuzung → Deidesheim. Das Weinland Meckenheim liegt direkt an der Deutschen Weinstraße am Ortsausgang Mußbach → Deidesheim

Keine Reservierung möglich

Wir sprechen auch: Englisch

GPS: 49°22'13"N 08°10'30"E

Weine: Chardonnay, Grauburgunder, Riesling, Sauvignon Blanc, Weißburgunder, Cabernet Dorsa, Dornfelder, Merlot, Portugieser, Schwarzriesling, Spätburgunder, Cabernet Sauvignon, Auxerrois
Spezialitäten: Sekt, Secco, Sprituosen und Dosenwurst, Weingelee

Aktivitäten: Je nach Kundenwunsch können Weinproben angeboten werden. Bewirtung mit Pfälzer Spezialitäten auf der Schoppenwiese wenn möglich von April-Oktober.
Öffnungszeiten: Mo-Fr 9:00-18:00 Uhr, Sa 9:00-17:00 Uhr, So 10:00-17:00 Uhr

76872 Steinweiler

Wein- und Sektgut Rosenhof

Rosenhof 6
Familie Bohlender
Tel.: 06349/8125
weingut@rosenhof-steinweiler.de
www.rosenhof-steinweiler.de

= 3
>10m >3,5t

Anfahrt: A65 Ausf. Kandel-Nord, → Steinweiler

Wir sprechen auch: Englisch

GPS: 49°07'16"N 08°08'14"E

Weine: Bacchus, Chardonnay, Gewürztraminer, Grauburgunder, Kerner, Morio Muskat, Müller-Thurgau, Riesling, Silvaner, Traminer, Weißburgunder, Dornfelder, Spätburgunder, St. Laurent, Cabernet Cubin
Spezialitäten: Sekt, Barriqueweine, Trester- und Traubenbrand, Liköre, Traubensaft, Weingelee, Federweißer von Anfang September bis Ende Oktober
Aktivitäten: Wein- und Sektproben, Weinproben im Weinberg, Keller- und Weinbergführungen, Weinfest am vorletzten Wochenende im Juli
Öffnungszeiten: ganzjährig geöffnet, Weinverkauf Mo-Fr 9:00-12:30 Uhr und 14:00-18:00 Uhr, Sa 9:00-15:00 Uhr, So und Feiertag geschlossen

67526 Weisenheim am Sand

Weingut Langenwalter

Wormser Str. 32
Thorsten Langenwalter
Tel.: 06353/7390
info@weingut-langenwalter.de
www.weingut-langenwalter.de

= 3
>10m >3,5t R

Anfahrt: A61 bis Autobahnkreuz Ludwigshafen, weiter → Weisenheim am Sand, im Ortszentrum die Wormser Straße bis in die Weinberge durchfahren, die Stellplätze befinden sich bei einem grauen Gebäude mit einem kreisförmigen Hof

Wir sprechen auch: Englisch, Französisch, Spanisch

GPS: 49°31'21"N 08°15'11"E

Weine: Chardonnay, Gewürztraminer, Grauburgunder, Weißburgunder, Riesling, Cabernet Sauvignon, Dornfelder, Portugieser, Spätburgunder, St. Laurent
Spezialitäten: ausgezeichnete Weine, Sekt und Destillate
Aktivitäten: Weinproben
Öffnungszeiten: Weinverkauf: Mo, Di und Fr 10:00-12:00 und 13:30-18:00 Uhr, Sa 9:00-15:00 Uhr

76835 Weyher

Weingut Gästehaus Graf

Borngasse 7
Otmar Graf
Tel.: 06323/980064
info@graf-von-weyher.de
www.graf-von-weyher.de

= 3
>10m >3,5 t R
CHEM

Anfahrt: A65 Ausf. Edenkoben → Edesheim, dort rechts → Rhodt, weiter → Weyher, dort die Hauptstraße bis zum Ortsende durchfahren. Am großen Parkplatz rechts auf den Wirtschaftsweg fahren, zweimal rechts halten, nach ca. 500 m erreicht man das Weingut

Bitte vorher anmelden

Wir sprechen auch: Englisch

GPS: 49°16'01"N 08°04'57"E

Weine: Riesling, Gewürztraminer, Muskateller, Sauvignon Blanc, diverse Burgundersorten
Spezialitäten: Sekt, Secco, Weinaperitif

Aktivitäten: Gutsausschank ab 9. September bis 23. Oktober 2022, Mo-Fr 16:00-21:00 Uhr, Sa-So 12:00-21:00 Uhr. Weinverkauf Mi-Fr 9:00-12:00 und 14:00-18:00 Uhr, Sa 10:00-16:00 Uhr

VIELLEICHT SIND WIR
IM NORDEN NICHT FÜR DEN
BESTEN WEIN BEKANNT
... aber für die beste Sicherheitstechnik.
Unsere THITRONIK® Alarmsysteme sichern Dein Campingfahrzeug.
Damit Du Dir unterwegs eine schöne Zeit machst – und keine Sorgen.
Jetzt Dein Alarmsystem konfigurieren auf thitronik.de
Alarmanlagen | Fahrzeugortung
Gaswarngeräte | Zubehör
THITRONIK

VOM **RIESLING** GEPRÄGT

80 Prozent der Rebfläche sind mit Riesling bestückt.

Im Rheingau sind die berühmten Rheingauer Rieslingweine zu Hause. Über 80 Prozent der 3.200 Hektar großen Rebflächen sind mit der Königin der Rebe, dem Riesling, bestockt. Doch auch hervorragende Spätburgunder reifen in dem vom Rhein reflektierten Sonnenlicht heran.

Neben kulinarischen Genüssen ist das Rheingauer Weinland auch mit vielen kulturellen Sehenswürdigkeiten gesegnet. Aus dem Film „Der Name der Rose" nach dem Roman von Umberto Eco, in dem Sean Connery als William von Baskerville brillierte, ist das Kloster Eberbach und die Burg Eltville weltweit bekannt. Andere Sehenswürdigkeiten: beispielsweise das gotische Weindorf Kiedrich mit der Ruine der Burg Scharfenstein und der Pfarrkirche St. Valentinus.

Der Rhein ist hier teilweise über einen Kilometer breit und sorgt mit seinen Wassermassen für ein gemäßigtes, oftmals feuchtes Klima. Hier haben sich schon seit tausend Jahren Adelige und Geistliche niedergelassen und eine der bedeutendsten Anreihungen von Baudenkmälern in Deutschland gegründet, wie das oben genannte Zisterzienserkloster Eberbach, die Abtei St. Hildegard (Kloster Eibingen), die Kurfürstliche Burg Eltville sowie die Schlösser Johannisberg und Vollrads – genussreiche Tage in außergewöhnlichen Locations locken die Besucher.

Ende des 18. Jahrhunderts wurde hier zufällig die Spätlese entdeckt, als man einmal gezwungen war, den Wein aus bereits überreifen Reben zu keltern. Solch edelreife Beeren (auch Edelfäule oder Botrytis genannt) entstehen nur in wenigen Regionen bei sehr warmem und feuchtem Klima. Daraus entwickelten sich neben der Spätlese noch die Beeren- und Trockenbeerenauslese und sind zu einem besonderen Merkmal deutscher Weine herangewachsen.

Der Rheingau verfügt sowohl über kalkhaltige Böden als auch über Sand- und Lössböden. Das sorgt bei den Weißweinen für einen einzigartigen Charakter mit viel Säure und kräftiger Würze. Die bekömmlichen Rotweine werden hingegen trockener und fruchtiger ausgebaut. ❮

DIE **HOT**SPOTS DER

1 RÜDESHEIM

Hungrig in Rüdesheim? Das gibt es nicht. Denn die kleine, nur knapp 10.000 Einwohner zählende Stadt am Tor zum Welterbe Oberes Mittelrheintal beherbergt in der Altstadt Speiselokale und Weinstuben ohne Ende. Schon bald stellt der Gast fest: Bodenständiges und Regionales sind die klaren Favoriten. Bei rheinischem Sauerbraten, Wildschweinbratwurst oder Spundekäs läuft einem das Wasser im Mund zusammen.

Zum guten Essen darf das passende Getränk nicht fehlen und das ist in der Weinstadt Rüdesheim natürlich ein schönes Glas Riesling oder Spätburgunder. Die topografische Lage nach Süden hin, das schützende Taunusgebirge mit ausgedehnten Wäldern im Norden, mineralische Böden und der breit dahin fließende Rhein, der Temperaturschwankungen abpuffert, schaffen gerade hier für den Riesling ideale Reifebedingungen.

Wein füllt natürlich auch in der Drosselgasse die Gläser – Rüdesheims bekanntester Straße. Mehr als drei Millionen Besucher zählt die Stadt Jahr für Jahr, und wohl kein Gast lässt die romantische Flaniermeile aus. So kann es auf dem nur 144 Meter langen, an der schmalsten Stelle gerade einmal drei Meter breiten Gässchen schon mal eng werden. Langsam schlendernd findet man genügend Muße, den reichen Fassadenschmuck der historischen Fachwerkhäuser rechts und links und die Auslagen der kleinen Souvenirläden zu betrachten.

An Einkehrmöglichkeiten herrscht zudem kein Mangel. Rüdesheim entdecken heißt auch, seine Gastronomie entdecken – im Zentrum des Ortes zwischen Drosselgasse, Oberstraße und Marktstraße ebenso wie in den romantischen Seitengassen und im Rotweinstadtteil Assmannshausen, der per Seilbahn und Sessellift oder mit dem Schiff zu erreichen ist, wenn man sich nicht zu Fuß auf den Weg durch die Weinberge machen möchte.

REGION RHEINGAU

2 KLOSTER EBERBACH

Gut 300 Kloster hatte sich der französische Regisseur Jean-Jacques Annaud für sein Filmprojekt „Der Name der Rose" nach einem Roman von Umberto Eco angeschaut – nichts hat so richtig gepasst. Bis ihm ein Bekannter das Kloster Eberbach ans Herz legte. So kam der Hauptdarsteller Sean Connery in den Rheingau, um dort im Winterhalbjahr 1985/86 im Kloster Eberbach mit viel Aufwand das Mittelalter wieder lebendig werden zu lassen. Auf den Spuren der Mönche wandelnd, war es eine einmalige Erfahrung für alle Beteiligten – und sicherlich auch ein Grund für den großen Erfolg beim internationalen Kinopublikum.

Das Kloster Eberbach gehörte bereits im Mittelalter zu den größten und bedeutendsten Klöstern des Zisterzienserordens. Wobei der Wein eine ganz besondere Rolle spielt. Die Mönche von Eberbach sind ihrer Zeit weit voraus und starten ein profitables Geschäft mit dem Wein. Sie entwickeln neue Keltertechniken, legen gigantisch große Rebflächen an und bauen die größten Weinfässer der damaligen Zeit. Im 15. Jahrhundert besitzen die Glaubensbrüder sogar eine eigene Flotte auf dem Rhein, mit der sie ihre Weine bis nach Köln, dem Hauptumschlagplatz für Rebsorten aller Art, transportieren.

3 SCHLÖSSER

Biebrich besitzt eines der schönsten Barock-Schlösser entlang des Rheins mit weitläufigem Schlossgarten. Ein Highlight für Weinliebhaber ist das Schloss Johannisberg aufgrund seiner Lage inmitten eines der ältesten Rieslinganbaugebiete der Welt. Der beliebte Riesling-Wanderweg führt hier vorbei. Sehenswert sind außerdem das romantisch gelegene Schloss Vollrads inklusive Vinothek und das Schloss Schönborn in Geisenheim.

Rheingau-Taunus Kultur & Tourismus GmbH
Rheinweg 30
D-65375 Oestrich-Winkel
www.rheingau.com

Ver- und Entsorgung im Rheingau

65343 Eltville, Stellplatz Parkplatz Weinhole, Weinhole

64711 Erbach, Wohnmobilplatz Alexanderbad, Wiesenweg

65366 Geisenheim-Marienthal, Weingut Ostermühle, Ostermühle

65385 Rüdesheim am Rhein, Ponyland Ebentaler Hof, L 3454

65375 Oestrich-Winkel, Wohnmobilplatz am Sportzentrum, Kirchstraße 126

65178 Wiesbaden, Reisemobilhafen Wiesbaden, Wörther-See-Straße 29/Ecke Saarstraße 43

WINGERTSKNORZE

Eine typische Spezialität im Rheingau – aber auch generell in der Region – sind die „Wingertsknorze", kleine deftige Brotzöpfe, die wie die knorrigen Stämme der Weinstöcke geformt sind. Das Gebäck wird zu Brotaufstrichen wie Spundekäs oder Handkäs mit Musik, zu Salaten und Suppen oder einfach so zwischendurch verzehrt und traditionell auf Weinfesten und bei Weinproben serviert.

Die traditionellen Roggenbrötchen werden mit Kümmel und Salz bestreut und/oder mit Röstzwiebeln und Speck angereichert. Wer in seinem Reisemobil einen Backofen verbaut, separat mit an Bord hat oder über einen entsprechenden Grill mit Abdeckung zum Backen verfügt, der kann sich an dem relativ simplen Rezept versuchen – oder die Wingertsknorze direkt vor Ort um die Ecke besorgen. Besonders einfach und schnell wird das Rezept, wenn man eine fertige Backmischung für Bauern- oder Roggenbrot verwendet.

ZUTATEN

für etwa 6 bis 8 Stück

- 200 g Weizenmehl
- 300 g Roggenvollkornschrot
- 2 TL Salz
- 1/2 Päckchen frische Hefe
- 250 ml warmes Wasser
- 1 TL Zuckerrübensirup
- 20 g Margarine oder Butter
- 50 g Hagelsalz
- 2 TL Kümmel
- optional: 40 g Röstzwiebeln oder frisch gehackte Zwiebeln
- optional: 40 g gewürfelter Speck

Zubereitungszeit: ca. 30 Minuten plus 1 1/4 Stunden Gehzeit

SO WIRD'S GEMACHT

1 Weizenmehl und Roggenvollkornschrot in einer großen Rührschüssel vermischen. Die Hefe zerbröseln und in einem Teil des Wassers auflösen. Eine Mulde in die Mehlmischung drücken und die Hefe-Wasser-Mischung hineingeben. Mit Salz, Zuckerrübensirup, Margarine und dem restlichen Wasser zu einem Teig verkneten. Nun gegebenenfalls auch die Zwiebeln und/oder den Speck dazugeben.

2 Die Schüssel wird mit einem Tuch abgedeckt, damit der Teig an einer warmen Stelle für etwa 45 Minuten gehen kann. Man kann den Teig auch am Vorabend zubereiten und über Nacht an einem kühlen Ort gehen lassen.

3 Den Teig noch einmal durchkneten und zu Wingertsknorzen formen, die auf ein mit Backpapier belegtes Backblech gelegt werden. Die Knorzen mit einem Messer etwas einschneiden und großzügig mit Hagelsalz und Kümmel bestreuen. Die Teigstücke noch einmal abdecken und für eine halbe Stunde gehen lassen.

4 Den Herd auf 220 Grad Celsius vorheizen. Eine feuerfeste Schale mit Wasser füllen und auf den Boden des Ofens stellen. Die Brötchen für 25 bis 30 Minuten backen.

WEIN-TIPP

Riesling, Spätburgunder

65346 Eltville

Weingut Kloster Eberbach

Tel.: 06723/9178
info@kloster-eberbach.de
www.kloster-eberbach.de

= 1
>10m >3,5 t

Anfahrt: A5 Frankfurter Kreuz auf die A3 ➔ Wiesbaden, am Wiesbadener Kreuz auf die A66 abbiegen, an Wiesbaden vorbei ➔ Rheingau (Rüdesheim) weiterfahren. Die A66 wird ab Walluf zur B42. Dieser folgen, ab Ausfahrt Kiedrich den braunen Kulturhinweisschildern durch Kiedrich folgen. Auf der L3320 ➔ Hattenheim

Wir sprechen auch: Englisch

GPS: 50°02'26"N 08°02'59"E

Weine: Grauburgunder, Riesling, Weißburgunder, Pinot Noir, Spätburgunder
Spezialitäten: Sekt, Secco, Liköre, Tresterbranntwein, Traubensaft, Weingelee, Traubenkernöl, Senf
Aktivitäten: Weinführungen, Steinbergkeller-Führung, Schlenderweinproben, musikalische Weinproben, Weinversteigerungen, Klosterbesichtigung
Öffnungszeiten: Mo-Fr (max. 1 Übernachtung), Abstellen auf dem gepflasterten Parkstreifen für Busse (Westzufahrt), Abreise bis 10:00 Uhr oder im Anschluss an die Besichtigung (max. 12:00 Uhr)

65346 Eltville-Erbach

Weinhof Martin

Bachhöller Weg 4
Günter Martin
Tel.: 06123/62856
info@weingut-martin.de
www.weinhof-martin.de

= 4
>10m >3,5 t R
WC CHEM
E-Bike Ladestation, eigener Grillplatz in den Weinbergen

Anfahrt: A66 von Frankfurt (50 km), Wiesbaden (16 km) und Mainz (17 km) ➔ Rüdesheim bis zur Ausf. Eltville-West/ Erbach, der Hauptstr. bis zum Marktplatz, von dort der Beschilderung zum Weingut folgen. Eingabe ins Navi: statt Bachhöller Weg bitte Franseckystraße. Diese führt in den Bachhöller Weg

Telefonische Reservierung erbeten

Wir sprechen auch: Englisch

GPS: 50°01'25"N 08°05'18"E

Weine: Riesling, Weißburgunder, Goldmuskateller, Chardonnay, Cabernet Sauvignon, Dornfelder, Regent, Spätburgunder
Spezialitäten: Wein, Sekt, Perlweine, Brände, Liköre, Traubensaft, Weingelee, Pralinen, Essig, Öl, Senf
Aktivitäten: Hoffest mit Jahrgangspräsentation, „Weinlese mit meinem Winzer", Glühweinparty, Termine siehe Website
Öffnungszeiten: Vinothek werktags nach Vereinbarung, Öffnungszeiten des Gutsausschanks siehe Website. Von Mitte Dezember bis Mitte März kein Aufenthalt möglich.

WEINLAND DER **SUPERLATIVE**

Der Rhein und die Reben prägen die Region Rheinhessen.

Rheinhessen liegt am nordwestlichen Ende des Oberrheingrabens und ist mit seinen 26.500 Hektar Rebfläche das größte deutsche Weinbaugebiet. Es liegt komplett linksrheinisch und damit nicht in Hessen, sondern in Rheinland-Pfalz. Rheinhessen wird im Norden und Osten vom Rhein begrenzt. Die Fläche erstreckt sich über rund 1.400 Quadratkilometer zwischen Mainz und den Städten Worms, Alzey, Bingen und Ingelheim. Sie ist eingeteilt in die drei Bereiche Nierstein, Bingen und Wonnegau, aus dem jährlich über ein Viertel der deutschen Weinmosternte kommt. Zentrum des Weinhandels und größte Stadt des Anbaugebiets ist Mainz. Neben den drei Bereichen teilt sich das Gebiet in 24 Großlagen und 432 Einzellagen.

Rheinhessen gehört zu den wärmsten und trockensten Gebieten Deutschlands. Eine Vielfalt an Klima- und Bodenverhältnissen sorgt für ein reiches Spektrum an interessanten Weinen. Durch den Taunus, den Soonwald sowie durch das Donnersbergmassiv werden die Weinberge gegen starke Regenschauer aus Richtung Westen geschützt. Der Odenwald und der Taunus halten zudem kalte Nordwinde ab und sorgen damit für ein besonders mildes Klima. Steillagen sind nur in der Gegend um Nierstein, Nackenheim und Bingen zu finden. Im Hinterland bestimmen dagegen sanfte Hügellandschaften das Rebgebiet. Die Böden reichen von Löss- und Sedimentböden über feinsandigen Mergel bis hin zu Quarzit- und Porphyr-Verwitterungsböden. Entsprechend werden die unterschiedlichsten Rebsorten angebaut, allen voran der Müller-Thurgau. Die zweitwichtigste Rebsorte ist der Silvaner. Diese Rebe hat in Rheinhessen ihre weltweit größte Anbaufläche. Insgesamt machen die Weißweine deutlich über 80 Prozent des Angebots aus.

Weitere häufig angebaute Sorten sind Riesling, Kerner, Scheurebe, Bacchus und Huxelrebe. Die gehaltvollsten Rieslinge Deutschlands stammen vom Roten Hang zwischen Nierstein und Nackenheim. Ingelheim ist ein kleines Rotweingebiet, das für seinen Portugieser, aber auch für einen edlen Spätburgunder bekannt ist. ❮

DIE **HOT**SPOTS DER

1 MAINZ

„Mainz – wie es singt und lacht." Ein Slogan, den in der 200.000-Einwohner-Stadt sicherlich kaum mehr jemand hören kann. Dennoch: Eine halbe Million Besucher säumen jedes Jahr den Rosenmontagsumzug. Aber auch Faschingsmuffel besuchen gerne Mainz, bietet die Landeshauptstadt von Rheinland-Pfalz doch jede Menge Sehenswertes aus Weinbau, Geschichte und Leben jenseits der fünften Jahreszeit.

Der mächtige Dom überragt die Mainzer Altstadt. In den verwinkelten Straßen, die kuriose Namen wie Nasengässchen, Heringsbrunnengasse oder Leichhof tragen, ist immer was los. Johannes Gutenberg, Erfinder der Druckerkunst mit beweglichen Metalllettern, ist der bekannteste Spross der Stadt. Deshalb ist ein Besuch in dem weltweit bekannten Museum der Schrift- und Druckkunst Pflicht.

Natürlich sind dort die berühmten Gutenberg-Bibeln zu sehen. Und wer Hunger bekommt, greift am besten zur Mainzer Spezialität: Weck, Worscht un' Woi. Jede Stadt hat ihre Flaniermeile. In Mainz heißt sie Augustinerstraße. Bis ins 17. Jahrhundert war sie Hauptgeschäftsstraße der Stadt. Heute säumen kleine Geschäfte, Boutiquen, Pubs, Restaurants und urige Weinhäuser die Gasse.

2 WORMS

Worms und die Nibelungen sind untrennbar miteinander verbunden. Der Drachentöter Siegfried, Kriemhild und all die Protagonisten der Nibelungensage sind für die Wormser gute Bekannte. Doch es gibt noch viele andere Gründe, die 82.000 Einwohner große, moderne Nibelungenstadt zu erkunden.

Worms besitzt – archäologisch bezeugt – ein sehr hohes Alter. Die erste Blütezeit erlebte das keltische Borbetomagus in römischer Zeit, als es als Civitas Vangionum blühender Hauptort seines Umlandes wurde. Worms war im Mittelalter Ort wichtiger politischer Entscheidungen. Der Reichstag von 1521 markiert mit dem Auftreten Martin Luthers den Beginn der Reformation, die in Worms rasch Fuß fasste. Worms erlitt 1689 eine katastrophale Stadtzerstörung durch die Franzosen.

Es gibt viel zu sehen: den romanischen Dom, den ältesten jüdischen Friedhof Europas, das ehemalige Judenviertel in der Altstadt mit Synagoge oder Raschihaus und das Jüdische Museum. Weiter geht es mit dem Lutherdenkmal als größtem Reformationsdenkmal der Welt, der Kunstsammlung im Museum Heylshof, dem Museum im Andreasstift und dem Nibelungenmuseum an der Stadtmauer. Das sind nur die beliebtesten, aber längst nicht alle Anziehungspunkte in Worms.

REGION RHEINHESSEN

3 FLONHEIMER TRULLO

Wie riesige weiße Zipfelmützen ragen die Weinbergshäuschen in ganz Rheinhessen aus den Weinbergen und leuchten zwischen den Rebzeilen auf. Allein drei dieser Trulli, die man vor allem aus Apulien kennt, stehen bei Flonheim. Sie wurden im 18. Jahrhundert als Schutzhütten für Winzer und Mitarbeiter gebaut, möglicherweise mithilfe italienischer Wanderarbeiter. Genau wie ihre süditalienischen Pendants sind sie in Kragbauweise mit Steinen ohne Mörtel errichtet, wobei historisch nicht belegt ist, ob die Rundhäuser aus Apulien wirklich als Vorbild dienten oder nicht. Die insgesamt gut 30 Trulli der Gegend sind einmalig in Deutschland und eines der beliebtesten Fotomotive in Rheinhessen.

Einer der schönsten Trulli steht in Flonheim auf dem Adelberg. Man kann ihn zu Fuß über die „Hiwweltour Aulheimer Tal" erreichen, eine wunderschöne Rundwanderung mit schönen Aussichten und Rastplätzen, einer davon direkt am Trullo. Sollte schlechtes Wetter aufziehen, findet man nach wie vor im Trullo einen sicheren Unterschlupf.

4 KAISERPFALZ UND BURGKIRCHE IN INGELHEIM

Im Mittelalter hatte Ingelheim weltpolitische Bedeutung. Der spätere Kaiser Karl der Große hatte Ende des 8. Jahrhunderts hier eine Pfalz errichten lassen – ein Machtzentrum nach dem Vorbild antiker Palastarchitektur. Seit Anfang der 1990er-Jahre legen Archäologen die Anlage frei, die seither als eine der am besten untersuchten Anlagen ihrer Art gilt. Reste der Palastarchitektur prägen bis heute das Stadtbild. Das Heidesheimer Tor zählt dabei zu den besonders sehenswerten Bauresten aus der karolingischen und staufischen Zeit.

Unweit vom Stadtzentrum entfernt erhebt sich die evangelische Burgkirche, ehemals St. Wigbert. Sie ist Teil einer der am besten erhaltenen Kirchenbefestigungen im süd- bzw. westdeutschen Raum. Der romanische Kirchturm (12. Jahrhundert) mit seinem spätgotischen Zinnenkranz und dem Erkertürmchen überragt den dreischiffigen Kirchenbau mit unterschiedlichen Dachhöhen (15. Jahrhundert). Im Innern finden sich noch viele Ausstattungselemente aus vorreformatorischer Zeit sowie ein farbenprächtiges Glasfenster als einzigartiges Zeugnis der Glasmalerei am Mittelrhein um 1400.

DIE **HOT**SPOTS DER REGION

5 FLECKENMAUER IN DALSHEIM

Wehrmauern gab es in dieser Gegend im Mittelalter viele. Sie wurden jedoch abgerissen oder als Steinbruch genutzt. Nur die um Dalsheim ist noch fast komplett erhalten: 1100 Meter lang, bis zu zehn Meter hoch und mit sieben Türmen versehen. Der Name hat mit Schmutz auf den Steinen oder einer besonders abwechslungsreichen Struktur aus unbehauenen Kalksteinen nichts zu tun. Flecken nannte man früher ein Dorf, das besondere Privilegien hatte.

i
Rheinhessenwein e.V.
Otto-Lilienthal-Straße 4
D-55232 Alzey
www.rheinhessen.de

Ver- und Entsorgung in Rheinhessen

55283 Nierstein, Außerhalb 17,
Weingut Gehring

55232 Alzey, Gutbornerhof,
Camping auf dem Gutbornerhof

55234 Biebenheim, Flonheimer Straße 36,
Wohnmobilpark am Petersberg

55276 Oppenheim, An der Festwiese 11 A,
Womoland Oppenheim

55435 Gau-Algesheim, Binger Straße 48,
Reisemobilstellplatz Gau-Algesheim

55599 Gau-Bickelheim, An der B 50,
Autohof

67547 Worms, Kastanienallee am Festplatz,
Stellplatz Worms

67547 Worms, Mainzer Straße 85, Esso-Station
Strebel

56070 Koblenz, Schartwiesenweg 6,
Knaus Campingpark Rhein-Mosel/Koblenz

55129 Mainz, Dr.-Martin-Luther-King-Weg 21,
Wohnmobil-Stellplatz Mainz

55576 Sprendlingen, Am Freibad/Bachgasse,
Wohnmobilplatz Wiesbach

SPUNDEKÄS

Es sind manchmal die einfachen Dinge, die glücklich machen. Den Tag in der Sonne vorm Wohnmobil ausklingen lassen, in der einen Hand ein Glas trockenen Riesling, in der anderen eine tüchtige Scheibe frisches Brot, dick bestrichen mit Spundekäs. So heißt die würzige Creme, die in der Region rund um Mainz, Bingen Alzey und Worms in keiner Weinstube fehlen darf und die ihren Namen ihrer Form verdankt, die an einen Spund eines Weinfasses erinnert. Man hat den Spundekäs, den es in vielen Variationen gibt, aber auch ganz schnell selber gemacht. Besonders gut schmeckt er, wenn er zuvor eine Nacht im Kühlschrank durchgezogen ist. Beim Genießen der rheinhessischen Spezialität, deren Erfindung Mainz und Alzey und weitere Orte für sich beanspruchen, kommt einem dann vielleicht der Vierzeiler des bekannten Mombacher Fastnachters und Liebhabers des „Meenzer Spundekäs", Adolf Gottron, in den Sinn:

„Ein jeder wääß, zum achte Gläsje
Gehört dem Mensch e Spundekäsje.
Des reizt de Gaume, stärkt de Mage –
Korz, mer kann widder ään vertrage!"

ZUTATEN

für 2 Personen:

- 150 g Frischkäse
- 200 g Quark
- 60 g Butter (Zimmertemperatur)
- 1 Knoblauchzehe
- 1 bis 2 Teelöffel Paprikapulver, edelsüß oder, wer's schärfer mag: Rosenpaprika
- Salz und Pfeffer, zuweilen auch Kümmel
- ½ kleine Zwiebel
- 4 Scheiben frisches Brot oder Brezeln

Zubereitungszeit: ca. 10 Minuten

SO WIRD'S GEMACHT

1. Frischkäse, Quark und die nicht zu kalte Butter in eine Schüssel geben und mit einem Schneebesen oder einem Kochlöffel verrühren. Hierbei nicht zu stark rühren, damit die Masse nicht matschig wird.
2. Die Knoblauchzehe schälen, klein hacken und unter die Masse heben.
3. Jetzt das Ganze mit Paprikapulver, Salz und Pfeffer würzen. Die richtige Menge Paprikapulver erkennt man daran, wenn der Spundkäs eine gelbe bis hellrote Farbe angenommen hat.
4. Die Zwiebel schälen und in Scheiben schneiden.
5. Den Spundekäs auf den Tellern portionieren, Brot oder Brezeln dazulegen und das Ensemble mit den Zwiebelringen und etwas Paprikapulver garnieren.

WEIN-TIPP

Riesling, trocken

67577 Alsheim

Ökologisches Weingut Theo Schütte

Kesselgasse 4
Albrecht Schütte
Tel.: 06249/5508
post@oekowein-schuette.de
www.oekowein-schuette.de

= 1
>10m >3,5 t R

Anfahrt: A61 Ausf. 57 Worms/Mörstadt, L425 re. abbiegen → Worms-Abenheim/Worms-Nord Osthofen, li. auf L439, in Osthofen re. auf die Friedrich-Ebert-Str./L386, li. auf Schwerdtstr./L439 bis Alsheim oder B9 Mainz-Worms Ausf. Alsheim, am Kreisel 2. Ausfahrt
Bitte vorher telefonisch anmelden
Wir sprechen auch: Englisch, Französisch

GPS: 49°46'00"N 08°20'25"E

Weine: Riesling, Silvaner, Blanc de Noir, Dornfelder, Merlot, Portugieser, Regent, Spätburgunder
Spezialitäten: Perlwein, Tresterbrand, verperlter Traubensaft

Aktivitäten: Weinproben
Öffnungszeiten: auf Anfrage, während der Weihnachtsfeiertage ist kein Aufenthalt möglich

55546 Biebelsheim

Weingut Fred Emrich

Hauptstr. 14
Fred Emrich
Tel.: 06701/7233
weingut-emrich@t-online.de
www.weingut-emrich.de

= 3
>10m >3,5 t R

Hofladen, Weinprobe

Anfahrt: A61 Ausf. 51 Bad Kreuznach auf B41, erste Abfahrt → Sprendlingen auf die B50, nach 1 km rechts nach Biebelsheim

Wir sprechen auch: Englisch

GPS: 49° 52' 22''N 07° 56' 25''E

Weine: Chardonnay, Gewürztraminer, Huxelrebe, Blanc de Noir, Riesling, Weißburgunder, Dornfelder, Früh- und Spätburgunder, St. Laurent
Spezialitäten: Rosenmuskateller, Würzer, Secco, Mirabellenbrand

Aktivitäten: Weinproben
Öffnungszeiten: auf Anfrage, Weihnachtsfeiertage bis einschließlich Neujahr geschlossen

55411 Bingen

Weingut Dessoy

Außerhalb-Kempten 74
Frederike Dessoy
Tel.: 06721/799060
mail@weingut-dessoy.de
www.weingut-dessoy.de

= 30
>10m >3,5 t R

Anfahrt: A 60 Abfahrt 13 Bingen-Kempten Ri Rüdesheimer Fähre und Bingen-Kempten. Erste Abfahrt links in das Kempter Neubaugebiet (Clara-Schumann-Str.), im Kreisverkehr dritte Ausfahrt, Feldweg für 700 m folgen.

Wir sprechen auch: Englisch

GPS: 49°57'33"N 07°56'22.8"E

Weine: trockene Ortsweine von Grauburgunder bis Riesling, leichte fruchtige Gutsweine von Gelber Muskateller feinherb bis Riesling mild
Spezialitäten: Secco und Winzersekt
Aktivitäten: Weinbar, Dessoy Weinpicknick, exklusive Weinprobe, Genussfahrten

Öffnungszeiten: Weingut Mo-Sa 10-18 Uhr, Weinbar Fr-So 17-22 Uhr.
20.12.- 5. März kein Aufenthalt möglich

55278 Dolgesheim

Bio WINZER

Weingut Seck

Weinolsheimer Str. 12
Axel Seck
Tel.: 096733/324
info@weingut-seck.de
www.weingut-seck.de

= 5
>10m >3,5 t R
WC CHEM GRAU
Hofladen, Dusche, Weinprobe

Anfahrt: A61 Koblenz-Ludwigshafen Ausf. 56 Gundersheim, weiter auf der L425 über Westhofen und Heßloch nach Dolgesheim

Bitte telefonisch oder per Mail anmelden

Wir sprechen auch:
Englisch, Französisch

GPS: 49°47'51"N 08°15'40"E

Weine: Bacchus, Chardonnay, Grauburgunder, Huxelrebe, Kerner, Riesling, Rivaner, Sauvignon Blanc, Silvaner, Weißburgunder, Dornfelder, Regent, Spätburgunder
Besonderes: ökologischer Weinbau Naturland

Aktivitäten: Weinproben, kulinarische Weinproben, Weinseminare, Weinbergrundfahrten
Öffnungszeiten: ganzjährig geöffnet

55270 Engelstadt

Weingut Zimmer-Mengel

Im Adelpfad 1
Fabian Mengel
Tel.: 06130/1788
info@weingut-zimmer-mengel.de
www.weingut-zimmer-mengel.de

= 3
>10m >3,5 t

Anfahrt: A63 Ausf. 4, weiter auf der L413 über Stadecken-Elsheim, Schwabenheim und Bubenheim nach Engelstadt

Wir sprechen auch: Englisch

GPS: 49°54'16"N 08°04'21"E

Weine: Blanc de Noir, Gewürztraminer, Grauburgunder, Morio-Muskat, Riesling, Silvaner, Weißburgunder, Dornfelder, Frühburgunder, Merlot, Portugieser, Schwarzriesling, Spätburgunder

Aktivitäten: Weinproben
Öffnungszeiten: Weingut ganzjährig, Straußwirtschaft im Frühjahr und Spätsommer/Herbst geöffnet (Termine siehe Webseite)

55237 Flonheim

Meyerhof - Weingut | Vinothek | Gästehaus

Meyerhof
Alina Engel
Tel.: 06734/8714
info@weingut-meyerhof.de
www.weingut-meyerhof.de

= 3
>10m >3,5 t R

Anfahrt: Von Köln/Ludwigshafen A61 Ausf. Bornheim/Flonheim, weiter auf der L408 ➔ Flonheim, am Ortseingang vorbei. Das Weingut befindet sich auf der re. Seite. Von Kaiserslautern/Mainz A63 Ausf. Biebelnheim/Flonheim

Wir sprechen auch: Englisch

GPS: 49°47'17"N 08°02'43"E

Weine: Chardonnay, Grauburgunder, Riesling, Sauvignon Blanc, Cabernet Sauvignon, Merlot, Spätburgunder
Spezialitäten: Winzersekte, Secco, Öle & Essig, Weingelee
Aktivitäten: immer freitags 17:30 Uhr: Weinprobe mit Kellerführung und Flammkuchenessen (Anmeldung erforderlich), Brötchenservice und Frühstück im Gästehaus
Öffnungszeiten: ganzjährig geöffnet, Mo-Fr 09:00-12:00 und 14:00-18:00 Uhr, Sa 10:00-17:00 Uhr sowie nach telefonischer Vereinbarung

55237 Flonheim

Weingut Werner GbR

Langgasse 40
Florian Werner
Tel.: 06734/401
Mobil: 0171/7080027
weingut-werner@web.de
www.werner-weine.de

= 3
>10m >3,5 t R

Anfahrt: A61, Ausf. 53 Bornheim, den Ort passieren, dem Straßenverlauf an Flonheim vorbei folgen, im nächsten Kreisel die 3. Ausfahrt nehmen, nach 500 m befindet sich das Weingut auf der rechten Seite

Wir sprechen auch: Englisch

GPS: 49°47'16"N 08°02'29"E

Weine: Chardonnay, Grauburgunder, Riesling, Rivaner, Weißburgunder, Cabernet Dorsa, Dornfelder, Regent, Spätburgunder, St. Laurent
Spezialitäten: Sekt, Werners' Secco, Hefebrand

Aktivitäten: Weinproben in der hist. Weinstube mit Kachelofen, Planwagenfahrten mit Weinprobe
Öffnungszeiten: ganzjährig geöffnet

67592 Flörsheim-Dalsheim

Bio WINZER

Ökologisches Weingut Schmitt

Weedenplatz 1
Gabriele Schmitt
Tel.: 06243/8515
info@gutsschaenke-schmitt.de
www.gutsschaenke-schmitt.de

= 3
>10m >3,5 t

Anfahrt: A61 Ausf. Monsheim, an der großen Kreuzung vor dem Ort re. → Pfeddersheim, nächste Straße li. in den Ort (Alzeyerstraße) fahren, dann gleich wieder re. (Untergasse), die nächste gleich wieder li. (Pfarrgasse) diese Straße ganz durchfahren, an deren Ende li. befindet sich die Gutsschänke
Wir sprechen auch:
Englisch, Ungarisch

GPS: 49°39'12''N 08°12'40''E

Weine: Demeter zertifiziertes Weingut: Bacchus, Chardonnay, Grauburgunder, Huxelrebe, Riesling, Scheurebe, Silvaner, Dornfelder, Merlot, Portugieser, Spätburgunder, St. Laurent
Spezialitäten: Sekt, Brände, Liköre, Traubensaft, Weingelee, Traubenkernöl, Wildschweinleberwurst, -bratwurst, -schinken

Aktivitäten: (geführte) Wanderungen, Weinproben, kulinarische Weinproben, Planwagenfahrten, Weinbergpicknick nach vorheriger Absprache im Weingut
Öffnungszeiten: ganzjährig geöffnet, am Wochenende Essen in der Gutsschänke, während der Woche Frühstück und Essen auf Anfrage möglich, Weinrestaurant

55435 Gau-Algesheim

Weingut Gerharz-Hochthurn

Ingelheimerstraße 74
Ursula Gerharz-Hochthurn
Tel.: 06725/ 2516
weingut@gerharz-hochthurn.de
www.gerharz-hochthurn.de

= 10
>10m >3,5 t R
GRAU

Anfahrt: Stellplatz ist ausgeschildert

Vorherige telefonische Anmeldung erwünscht

Wir sprechen auch: Englisch

GPS: 49°57'43"N 08°1'20"E

Weine: typisch rheinhessisch, breites Rebsorten-Spektrum: Weißwein: Riesling, Weißburgunder, Grauburgunder, Chardonnay, Bacchus, Kerner, Würzer, Huxelrebe. Sauvignon Blanc, Müller-Thurgau, Scheurebe, Silvaner. Rotwein/ Roséwein: Spätburgunder, Cabernet Sauvignon, Regent, Portugieser, Dornfelder.
Aktivitäten: Weinproben nach Voranmeldung
Öffnungszeiten: ganzjährig geöffnet

67583 Guntersblum

Weingut Burghof Oswald

Alsheimer Str. 11
Heidrun Baumann-Oswald
Tel.: 06249/2392
info@burghof-oswald.de
www.burghof-oswald.de

= 3
R
GRAU

Anfahrt: A61 Ausf. Alzey → Gau-Odernheim, dort re. → Alsheim und am Ortsausgang li. → Alsheim. In Alsheim re. → Guntersblum. Oder über die B9 nördl. Abfahrt → Guntersblum, der Hauptstraße folgen bis zur Gabelung, re. abbiegen in die Alsheimer Straße

Wir sprechen auch: Englisch

GPS: 49°47'48"N 08°20'45"E

Weine: Bacchus, Chardonnay, Gewürztraminer, Grauburgunder, Müller-Thurgau, Riesling, Scheurebe, Silvaner, Weißburgunder, Cabernet Sauvignon, Dornfelder, Portugieser, Spätburgunder
Spezialitäten: Sekt, Secco, Brände, Liköre, Traubensaft, Weingelee, Essig, Traubenkernöl, Nudeln, Senf, Pesto, Chutney
Aktivitäten: Jungweinprobe 3.4.2022, offener Winzerhof 26.-29.5.2022, Hoffest 1.-3.7.2022, offener Winzerhof 2.-4.9.2022, Advent-Strauß 3.+4.12.2022
Öffnungszeiten: ganzjährig geöffnet, Mo-Fr 08:00-12:00 und 13:30-19:00 Uhr, Sa 08:00-12:00 und 13:30-18:00 Uhr

67586 Hillesheim

Ökologisches Weingut Manuel Engelhard

Untergasse 28
Manuel Engelhard
Tel.: 06733/6298
Mobil: 0175/2739827
weingutengelhard@t-online.de
www.weingut-engelhard.de

= 2
>10m >3,5 t R

Anfahrt: A63 Ausf. 7, weiter auf der L408 → Gau-Odernheim und von dort über die L438 und L425 nach Hillesheim

Vorherige telefonische Anmeldung erwünscht

Wir sprechen auch: Englisch

GPS: 49°46'39"N 08°15'19"E

Weine: Grauburgunder, Kerner, Morio Muskat, Müller-Thurgau, Riesling, Scheurebe, Silvaner, Weißburgunder, Dornfelder, Portugieser, Regent, Spätburgunder
Spezialitäten: Secco, Eiswein, Tresterbrand

Aktivitäten: Weinproben
Öffnungszeiten: auf Anfrage, während der Weinlese im September und Oktober kein Aufenthalt möglich

55129 Mainz

Weingut Stefan Leber

Klein-Wintersheimer Weg 4
Stefan Leber
Tel.: 06131/507371
info@weingut-leber.de
www.weingut-leber.de

= 2
>10m >3,5 t R
CHEM

Anfahrt: A60 Ausf. Mainz-Hechtsheim Ost, an der Ampel li. → Hechtsheim, ca. 1,5 km geradeaus, an der 5. Ampel li. → Bürgerhaus Hechtsheim, nach dem Abzweig Bürgerhaus 2. Straße rechts

Bitte per Mail anmelden

Wir sprechen auch: Englisch

GPS: 49°57'27"N 08°16'42"E

Weine: Chardonnay, Gewürztraminer, Grauburgunder, Riesling, Ruländer, Silvaner, Weißburgunder, Cabernet Sauvignon, Dornfelder, Merlot, Portugieser, Spätburgunder
Spezialitäten: reg. Küche mit rheinhessischen Weinen, Spezialität ist der Graue Burgunder, von trocken bis edelsüß

Aktivitäten: Gutsausschank im Weingut (Di Ruhetag), Weinproben möglich, Weintour im Weingut, Adventsverkostung, Besuch der Stadt Mainz (Anschluss an die Straßenbahn zur Mainzer Innenstadt, ca. 5 Min. zu Fuß, Fahrtzeit in die Innenstadt 20 Min.)
Öffnungszeiten: ganzjährig geöffnet

67574 Osthofen

Weingut Grittmann

Alter Westhofer Weg 32
Annette Grittmann
Tel.: 06242/7108
grittmannhof@t-online.de
www.grittmannhof.de

= 3
>10m >3,5 t

Anfahrt: A61 Ausf. Gundersheim, weiter nach Westhofen, dort im Kreisverkehr 3. Ausf. nach Osthofen, dort an der 1. Ampel re., nach 60 m li. in den Hof fahren

Wir sprechen auch: Englisch

GPS: 49°42'9"N 08°18'28"E

Weine: Bacchus, Chardonnay, Grauburgunder, Kerner, Müller-Thurgau, Pinot Blanc, Sauvignon Blanc, Riesling, Weißburgunder, Blauer Portugieser, Cabernet Sauvignon, Dornfelder, Pinot Noir
Spezialitäten: Sekt, Eiswein, Tresterbrand, Traubensaft

Aktivitäten: Weinproben
Öffnungszeiten: vom 20.12.-06.01. kein Aufenthalt möglich, Weinverkauf: Mo-Fr 08:00-12:00 und 14:00-18:00 Uhr, Sa 08:00-12:00 Uhr. Im gesamten Juni und Juli, ab 25.5. - 10.8. immer mittwochs Straußwirtschaft, Tischreservierung möglich

55278 Selzen

Weingut Kapellenhof Oekonomierat Schätzel Erben

Kapellenstraße 18
Thomas Schätzel
Tel.: 06737/204 · Mobil: 0172/6112921
kapellenhof@t-online.de
www.weingut-kapellenhof.de

= 3
>10m >3,5 t R
Hofladen

Anfahrt: A60 Ausf. Mainz-Hechtsheim West, auf der Rheinhessen-Straße nach Süden, in Selzen 1. Straße re. oder A63 Ausf. Wörrstadt, weiter auf der B420 → Nierstein-Oppenheim nach Selzen, dort 7. Straße re. (Zufahrt zum Stellplatz über Kirschgartenstraße)

Um telefonische Reservierung wird gebeten

Wir sprechen auch: Englisch

GPS: 49°51'52"N 08°15'17"E

Weine: Chardonnay, Gewürztraminer, Grauburgunder, Müller-Thurgau, Portugieser, Riesling, Rivaner, Silvaner, Weißburgunder, Blanc de Noirs, Dornfelder, Spätburgunder, St. Laurent
Spezialitäten: Sekt, Traubenweinbrand, Traubenkernöl, Weinessig, Weingelee

Aktivitäten: Weinprobiertage, kulinarische Weinproben mit Weinbergrundfahrt
Öffnungszeiten: Weinverkauf: Mo-Fr 08:00-12:00 und 13:00-18:00 Uhr, Sa 09:00-14:00 Uhr

LAND AUS WEIN UND STEIN

Herzoglicher Weinberg mit Schloss Neuenburg

Entdecken mit allen Sinnen. Urlaub in der Region Saale-Unstrut bietet facettenreiche Erlebnisse. Für Wanderer und Radfahrer ebenso wie für Kultur- und Weinliebhaber. Das sonnenreiche Weinanbaugebiet zwischen den Flüssen Saale, Unstrut, Weiße Elster und Ilm offeriert liebliche Landschaften und historische Orte, architektonische Schätze, gelebtes Brauchtum und eine lebendige Kultur.

Saale-Unstrut gilt als nördlichstes Qualitätswein-Anbaugebiet Europas. Muschelkalk- und Buntsandsteinböden, rund 1.600 Sonnenstunden im Jahr und vergleichsweise wenig Regen bieten ideale Bedingungen für Müller-Thurgau, Weißburgunder, Burgunder, Silvaner, Riesling und eine Rarität, die nur in dieser Region gedeiht: den roten André. Nicht umsonst wird das Weinland im Herzen Deutschlands auch Toskana des Nordens genannt. Das Weingebiet erstreckt sich über drei Bundesländer, wobei die meisten Rebflächen auf sachsen-anhaltinischem Boden liegen. Thüringer Winzer und Weinbaugenossenschaften liefern den zweitgrößten Anteil der Saale-Unstrut-Weine. Und sogar noch nördlicher in Brandenburg bis zum Werder Havelland und Wachtelberg westlich von Berlin gedeihen Saale-Unstrut-Trauben. Die Qualität der Weine garantieren über 50 Privatweingüter, die Winzervereinigung Freyburg, das Landesweingut Kloster Pforta und die Rotkäppchen Sektkellerei.

Auf dem sehr gut ausgebauten Rad-, Wander- und Wasserwegenetz macht die Erkundung des Anbaugebiets und seiner Weine, der Weingüter, Straußwirtschaften und Gutsschänken besonders viel Spaß. Der größte Teil des Weinbaugebiets befindet sich im Naturpark Saale-Unstrut Triasland.

Entlang der Weinstraße Saale-Unstrut verlaufen die „Straße der Romanik" sowie die „Himmelswege". Burgen und Schlösser, wie die Neuenburg oder Rudelsburg, bedeutende Bauwerke, wie der Naumburger Dom, sowie mystische Stätten, wie der Fundort der „Himmelsscheibe von Nebra", erzählen von der kulturellen Geschichte des Landes. Als heimliche Weinhauptstadt gilt Freyburg an der Unstrut. ‹

DIE **HOT**SPOTS DER

1 HEILIGE HALLEN

Der Naumburger Dom St. Peter und St. Paul ist das Topziel der Region. Das Ensemble zählt zu den bedeutendsten Kulturdenkmälern aus der Zeit des europäischen Hochmittelalters und wurde 2018 von der UNESCO in die Liste der Welterbestätten aufgenommen. Mit seinem Kreuzgang, dem Domgarten und den umliegenden Kuriengebäuden hat er sich längst zum Besuchermagneten an der „Straße der Romanik“ entwickelt. Eine besondere Attraktion ist Uta, eine der zwölf berühmten Stifterfiguren, die der Naumburger Meister im Westchor verewigt hat. Sie gilt als schönste Frau des Mittelalters und zieht immer noch, trotz ihres hohen Alters, zahlreiche Besucher in ihren Bann.

2 HIMMLISCHES FUNDSTÜCK

Die Himmelsscheibe von Nebra ist eine Bronzescheibe, unfassbare 3.600 Jahre alt, und gilt als weltweit älteste bisher bekannte konkrete Darstellung des Kosmos. Auf 32 Zentimetern Durchmesser zeigt sie die Sonne, eine Mondsichel und goldene Sterne. Außergewöhnlich sind auch die Umstände ihres Fundes. Entdeckt wurde sie nicht etwa im Rahmen einer regulären Ausgrabung, sondern von zwei Grabräubern, die sie 1999 auf dem Mittelberg in Wangen bei Nebra mitten in einem dichten Wald fanden. Die Dauerausstellung der Arche Nebra enthüllt die Dimensionen dieses rätselhaften Fundes: Die erstaunlichen handwerklichen Fähigkeiten und astronomischen Kenntnisse lassen erkennen, wie hoch entwickelt die Kulturen der Bronzezeit gewesen sein müssen. Herzstück ist das einzigartige digitale Planetarium, in dem Besuchern das komplexe astronomische Wissen begreifbar gemacht wird, das auf der Himmelsscheibe verschlüsselt ist. Die 22-minütige Show wurde eigens für die Arche Nebra konzipiert und ist im Eintrittspreis enthalten.

3 HEILSAME SALZQUELLEN

Neben Wein spielt in Saale-Unstrut auch Salz eine große Rolle. In den Kurorten Bad Kösen und Bad Sulza werden heilkräftige Solequellen seit Mitte des 19. Jahrhunderts als Bade- und Gradiersole zur Linderung von Atemwegs- und Hauterkrankungen genutzt.

Im sehenswerten Kurpark von Bad Sulza zeugen ehemalige Kureinrichtungen wie das historische Inhalatorium und die Jugendstil-Trinkhalle von der Geschichte des Salzes. Von April bis Oktober können Gäste dort kostenlos Trinksole abfüllen. Neben dem restaurierten Gradierwerk ist dort auch die super ausgestattete Toskana-Therme eine gute Empfehlung für Wellness-Genießer.

REGION SAALE-UNSTRUT

Saale-Unstrut-Tourismus e.V.
Topfmarkt 6
D-06618 Naumburg
www.saale-unstrut-tourismus.de

Ver- und Entsorgung in Saale-Unstrut

99518 Bad Sulza,
Wohnmobilstellplatz Gradierwerk, Am Gradierwerk

99518 Eberstedt,
Stellplatz an der Historischen Mühle, Dorfstraße 28

06632 Freyburg,
Caravanstellplatz Schleusenblick, Wasserstraße 22

06618 Naumburg,
Altstadtparkplatz Vogelwiese, Luisenstraße

06628 Bad Kösen-Stendorf
Wohnmobil-Stellplatz am Saalebogen, Stendorf 14

4 FAST EIN MÄRCHEN

Eine der bekanntesten Sektkellereien Deutschlands befindet sich in der Saale-Unstrut Region, in Freyburg: Rotkäppchen Sekt. Der Besucher lernt, warum die Sektmarke so heißt: Am 12. Mai 1894 tritt das „Gesetz zum Schutz der Warenzeichen" in Kraft. Kloss & Foerster, die Gründer, dürfen ihren Sekt nicht länger „Monopol" nennen. Den Namen beanspruchte ein französisches Champagnerhaus. Kloss & Foerster benannten fortan ihren Sekt nach der roten Kapsel und ließen ihn als Warenzeichen eintragen – die Geburtsstunde der Marke Rotkäppchen. Das und viele weitere interessante Fakten zur Herstellung des prickelnden Getränks erfährt man bei einer Führung durch die Kellerei. www.rotkaeppchen.de

5 GESCHICHTSTRÄCHTIG

In der Saale-Unstrut Region reiht sich eine Burg an die nächste, kein Wunder in dieser geschichtsträchtigen Gegend. Ein besonders hübsches Exemplar ist das Schloss Goseck. Mithilfe moderner Medien wird dem Museumsbesucher in Film, digitaler Darstellung und Hörstationen die fünfhundertjährige Geschichte des Benediktiner-Klosters zu Goseck nachvollziehbar vergegenwärtigt. www.schlossgoseck.de

THÜRINGER ROSTBRÄTEL

Auch im nördlichsten Qualitätsweinanbaugebiet Deutschlands weiß man das Leben zu genießen. Weil es zu DDR-Zeiten im Inland kaum Weinstöcke zu kaufen gab, kultivierten die Winzer insbesondere nach dem harten Winter 1986/87 alle möglichen Reben, die sie etwa auf Reisen ergattern konnten. Dadurch ist die Auswahl an Rebsorten hier heute ungewöhnlich groß.

Ein typisches Sommer-Essen sind neben den bekannten Thüringer Rostbratwürsten die Thüringer Rostbrätel: herzhaft marinierte und gegrillte Schweinenackenscheiben. Ganz traditionell in einer Biermarinade eingelegt, schmeckt so ein leckeres Thüringer Rostbrätel natürlich zu Bier, aber auch zu einem trockenen Wein der Region.

ZUTATEN

für 2 Personen:

- 2 jeweils 2-3 cm dicke Scheiben Schweinenacken
- 1 Zwiebel
- 50 ml Bier (Pils oder Schwarzbier)
- 75 g Senf
- Salz, Pfeffer
- 1 Knoblauchzehe
- 1 EL Butter
- 2-4 Scheiben Mischbrot

Vorbereitungszeit: ca. 20 Minuten, Zeit zum Durchziehen 12 bis 48 Stunden, Grillzeit ca. 15 Minuten

SO WIRD'S GEMACHT

1. Für die Marinade Senf und Bier in einen Becher geben, vermengen und mit Salz und Pfeffer abschmecken.
2. Die Zwiebel und den Knoblauch schälen und jeweils in dünne Scheiben schneiden.
3. Den Boden einer großen Schüssel oder Auflaufform mit einer Schicht der Marinade und mit der Hälfte der Zwiebel- und Knoblauchscheiben bedecken.
4. Hierauf die beiden Scheiben Schweinenacken legen und wiederum mit Marinade und der zweiten Hälfte der Zwiebel- und Knoblauchscheiben bedecken.
5. Die Schüssel mit dem marinierten Fleisch mit einer Frischhaltefolie abdecken und 12-48 Stunden im Kühlschrank ziehen lassen; je länger, desto besser – zuverlässige Kühlung vorausgesetzt.
6. Am Zubereitungstag das Fleisch aus der Marinade nehmen. Hierbei Zwiebeln und Knoblauch abstreifen und zurück in die Schüssel geben.
7. Fleisch auf einem nicht zu stark angeheizten Holzkohlegrill unter mehrmaligem Wenden insgesamt etwa 15 Minuten grillen.
8. Bei jedem Wenden die Oberseite der Rostbrätel mit Marinade bestreichen oder leicht mit Bier besprühen.
9. Zwischenzeitlich Butter in eine kleine Pfanne geben und Zwiebeln und Knoblauch goldbraun anrösten.
10. Zwiebeln und Knoblauch auf das gegrillte Thüringer Rostbrätel geben und mit Brot servieren.

WEIN-TIPP

Trockener Weißwein der Region, gut gekühlt

06542 Allstedt OT Beyernaumburg

Weingut Goldschmidt

Liedersdorfer Str. 15
Harri Goldschmidt
Tel.: 03464/570724
info@obst-wein-goldschmidt.de
www.goldschmidt-wein.de

= 2
>10m >3,5 t
CHEM

Anfahrt: Obstgut: Von der A38 Ausf. Allstedt über die L222 ➔ Riestedt. Weingut: A9, Ausf. Naumburg, über die B180 bis Freyburg, weiter auf der B176 ➔ Laucha nach Balgstädt. Oder A38 Ausf. Braunsbedra über die B176 nach Balgstädt

Wir sprechen auch: Englisch

GPS: 51°28'17"N 11°23'54"E

Weine: Chardonnay, Kerner, Müller-Thurgau, Riesling, Silvaner, Traminer, Weißburgunder, Dornfelder, Portugieser, Regent
Aktivitäten: Weinprobe, Weinbergführung auf Anfrage
Öffnungszeiten: Das Weingut ist auf zwei Ortschaften verteilt: Weingut (Lauchaer Str. 4 in 06632 Balgstädt): geöffnet auf Anfrage. Hofladen im Obstgut in Allstedt: Mo-Sa, im Juli ist kein Aufenthalt möglich. Zwei Stellplätze im Obstgut in Allstedt und zwei Stellplätze im Weingut in Balgstädt

06632 Freyburg

Weindomicil Raik Moh

Zeuchfeld 60
Raik Moh
Tel.: 0173/8744923
raik.moh@weindomicil.de

= 2
>10m >3,5 t R
Strom gegen kl. Entgelt

Anfahrt: A4 Ausf. Apolda, ➔ Naumburg, von da nach Freyburg, weiter auf der B176 in ➔ Weißenfels, an der zweiten Einfahrt re. abbiegen oder A9 Ausf. Weißenfels, dann weiter auf der B176 in ➔ Freyburg. 5 km vor Freyburg an der ersten Ausf. Zeuchfeld li. abbiegen, erstes Haus re. oder A38 Ausf. Braunsbed
Um telefonische Voranmeldung wird gebeten

Wir sprechen auch: Englisch

GPS: 51°14'20"N 11°49'41"E

Weine: Grauburgunder, Rivaner, Riesling, Weißburgunder, Spätburgunder
Spezialitäten: saisonale Produkte direkt vom Hof
Aktivitäten: Weinproben
Öffnungszeiten: vom 01.11.-Ostern kein Aufenthalt möglich, Weinverkauf: Mo-Sa 09:00-18:00 Uhr, So geschlossen

KLEINER, ABER **FEINER** WEINBAU

Der Proschwitzer Weinberg oberhalb von Meißen.

Wein in Sachsen? Tatsächlich: Rund um Dresden, Meißen und Radebeul versteckt sich das östlichste Weinbaugebiet Deutschlands, eines der kleinsten und jüngsten. Im Vergleich zu südlichen Weinregionen, wo einst die Römer den Weinbau einführten, sind Weinberge in Sachsen erst seit tausend Jahren verbürgt. Was aber deren Reiz nicht schmälert: Terrassierte Weingärten schmiegen sich ins Elbtal, wo Raddampfer den Fluss durchpflügen.

Das Klima ist verhältnismäßig mild, die Sonne scheint oft. Dennoch gedeihen rote Trauben nur auf einem Fünftel der sächsischen Weinberge, allen voran der Spätburgunder (acht Prozent) und der Dornfelder. Bei Weißweinen führen Müller-Thurgau (15 Prozent) und Riesling (14 Prozent) die sächsische Rangliste an, gefolgt von Weiß- und Grauburgunder (Ruländer).

Eine Besonderheit bilden die vielen königlichen Weinberge, die prächtige Schlösser umgeben. Dazu gehören besonders das Sächsische Staatsweingut Schloss Wackerbarth in Radebeul-Niederlößnitz und das städtische, ehemals königliche Weingut Hoflößnitz in Radebeul-Oberlößnitz. Dem Schloss Proschwitz in Zadel ist eine Weinkellerei angeschlossen, es gilt als ältestes privates sächsisches Weingut.

Verlockend für Urlauber: Die sächsische Weinstraße durchzieht auf 60 Kilometern rechts der Elbe von Pirna aus die Rebhänge, auf denen die typischen steinernen Weinberghäuschen stehen. Ab Dresden schließlich windet sich die Weinstraße bis nach Radebeul und Meißen.

Auf sogar 90 Kilometer Länge verbindet der sächsische Weinwanderweg die Weinorte Pirna, Dresden, Radebeul, Meißen und Diesbar-Seußlitz. Die Strecke führt teils direkt am Fluss entlang, überwiegend jedoch auf halber Höhe durch die Weinberge oder entlang der Abbruchkante des Elbtals. Von dem teilweise asphaltierten Weg aus blicken Wanderer aufs Elbtal – und sie kehren ein in einen der gemütlichen Weinkeller oder in eine der Besenwirtschaften entlang der wunderbaren Strecke. ‹

DIE **HOT**SPOTS DER REGION

1 MEISSENER PORZELLANMANUFAKTUR

Meißen, Stadt an der Elbe, ist weltberühmt dank der Erfindung von Johann Friedrich Böttger: Unter dem Druck des sächsischen Kurfürsten August des Starken gelang es dem Alchimisten 1708, zwar nicht Gold, wohl aber Porzellan herzustellen. Dieses weiße Gold verhalf der Meissener Porzellanmanufaktur zu einem ungeahnten Aufstieg, der bis heute anhält – und zwar über alle Grenzen hinweg: Aus aller Herren Länder besuchen Menschen die Porzellanmanufaktur.

Gäste der Stadt sehen sich gern diese einzigartige Fabrik an, deren Eingangshalle mit den vielen Exponaten schon die Interessierten in ihren Bann zieht.

2 DRESDEN

Das Herz der sächsischen Weinregion ist mit Sicherheit die Landeshauptstadt Dresden. Dank der warmen Temperaturen im Sommer könnte man fast meinen, in Italien zu sein. Nicht umsonst trägt Dresden deshalb den Spitznamen „Elb-Florenz". Prächtige Bauten wie Zwinger, Semperoper und Frauenkirche ziehen jährlich viele Touristen an. Doch auch die imposante Brücke „Blaues Wunder", das Residenzschloss, das Historische Grüne Gewölbe, die Gemäldegalerie Alte Meister, die Brühlsche Terrasse und Schloss Moritzburg sind sehenswerte Ausflugsziele. Doch längst sind auch die Weinlokale und guten Restaurants der Stadt ein Magnet für Besucher.

i

Tourismus Marketing Gesellschaft Sachsen
Bautzner Straße 45/47
D-01099 Dresden
www.sachsen-tourismus.de

Ver- und Entsorgung in Sachsen

06889 Coswig
Marina Coswig, Elbstraße 22

01069 Dresden, Wohnmobilstellplatz
Dresden-Zentrum, Zinzendorfstraße 7

01097 Dresden
Parkplatz Wiesentorstraße

01662 Meißen
Stellplatz Landhaus Nassau, Nassauweg 1

01468 Moritzburg-Bosdorf
Stellplatz Caravan Meinert, Am Weiher 4

01796 Pirna, Caravanstellplatz Schlosspark Pirna,
Schlosspark 13a

SÄCHSISCHER SAUERBRATEN

Typische Gerichte in Sachsen sind Quarkkäulchen, sächsische Forelle und sächsische Speckstippe, aber auch grüne Klöße, Graupensuppe mit Kassler, Pellkartoffeln mit Quark, Plinsen – und eben Sauerbraten auf sächsische Art. Slow travel – gerade mit dem Reisemobil – ist immer mehr angesagt, warum also nicht auch slow food? Denn ein Sauerbraten braucht Zeit, viel Zeit. Ein Sauerbraten ist ein geschmorter Braten, der in einer Beize aus Essig und weiteren Zutaten durch mehrtägiges Marinieren vorbehandelt wurde. Das Geheimnis des Bratens liegt in der Beize aus Rotwein, Gewürzen und Essig.

ZUTATEN

für 2 Personen:

- 1 Pfund Rinderoberschale
- 1 große Zwiebel
- 1 EL Rosinen
- 1 Lorbeerblatt
- 1 große Möhre
- 1 Stück Sellerie
- 4 El Essig
- Pfefferkörner, Salz, Piment, Öl
- 0,5 l Wasser, 1 EL Honig
- 1 Scheibe Schwarzbrot oder Soßenkuchen/Gewürzkuchen
- Rotwein

SO WIRD'S GEMACHT

1 Aus Wasser, Salz, Honig, Rosinen, Lorbeer, Piment, Pfefferkörnern, Zwiebeln, Karotte und Sellerie einen Sud herstellen und diesen aufkochen lassen. Den Essig in den kochenden Sud geben. Das Fleisch in eine tiefe Schüssel legen, den abgekühlten Sud dazu gießen, sodass das Fleisch ganz bedeckt ist. Dieses dann richtig durchziehen lassen (mindestens ein paar Stunden, wenn es schnell gehen soll, besser zwei Tage) und das Fleisch ab und zu wenden.

2 Fleisch aus dem Sud nehmen, mit Küchenkrepp abtrocknen, würzen und in Öl von allen Seiten scharf anbraten. Danach mit dem Sud und Rotwein angießen und einige Male einreduzieren lassen. Das Fleisch dabei immer wieder wenden.

3 Nach etwa 45 Minuten mit restlichem Sud auffüllen und nach Geschmack noch etwas Rotwein dazu. Das Ganze bei geschlossenem Deckel auf kleinem Feuer etwa zwei Stunden köcheln lassen, bis das Fleisch gabelgriffig ist.

4 Zum Schluss Brot oder Gewürzkuchen in etwas Rotwein aufweichen, mit Soße verquirlen und zum Fleisch hinzugeben. Noch kurze Zeit köcheln lassen. Als Beilagen passen Klöße oder Rotkohl.

WEIN-TIPP

Ein sächsischer Rotwein wie Dornfelder oder Domina.

01662 Meißen

Weinterrassen Kämpfe

Elbtalstr. 28
Herr Kämpfe
Tel.: 03521/738461
weinterrassen.kaempfe@t-online.de
www.weinterrassen.de

= 3
>10m >3,5t R
CHEM

Anfahrt: Das Weingut befindet sich auf der rechten Elbseite schräg gegenüber der Albrechtsburg. Nach Überquerung der neuen Elbbrücke links abbiegen → OT Winkwitz, nach ca. 1 km erreicht man das Weingut. Ausgeschildert ist auch das Hotel „Knorre" kurz vor den „Weinterrassen". Die Stellplätze liegen am Straßenrand.

Wir sprechen auch: Englisch

GPS: 51°10'42"N 13°27'43"E

Weine: Goldriesling, Rotling (Meißner Schieler), Riesling, Müller-Thurgau
Spezialitäten: Hausgeräuchertes (Käse, Paprikaspeck, Lende, sächsischer Urknacker, Lauchzwiebel, Oliven, marinierter Knoblauch)

Aktivitäten: Tagesprogramm sächsische Weinstraße, Stadtführung Meißen, Weinbergwanderungen, gesellige Weinproben im Haus mit Kellerführung
Öffnungszeiten: nach Absprache

VIERTELES-SCHLOTZER

Blick auf die Mundelsheimer Neckarschleife.

Unter Deutschlands großen Weinbaugebieten belegt Württemberg mit 11.461 Hektar Platz vier. Hier dominieren mit fast 70 Prozent die roten Rebsorten in den Weinbergen. Der bekannteste Rotwein aus dem Ländle ist nach wie vor der Trollinger. Man nennt den süffigen Rotwein das Nationalgetränk der Württemberger, das gerne und häufig zur Vesper getrunken wird.

Steil aufsteigende Rebgärten über dem Neckar und Kocher, der Jagst, Enz und Tauber, durchsetzt mit steilen Steintreppen, den „Stäffele", prägen die Kulturlandschaft in den Weinbauregionen in Württemberg. Die Weinberge reihen sich hier vor allem entlang der wärmespeichernden Flusstäler. Dank südlicher, sonnenreicher Lage wachsen aber auch in den flacheren Weingärten rund um Stuttgart und Heilbronn sowie auf den Hochebenen über dem Neckartal ausgezeichnete Trauben.

Zusammen mit dem weißen Riesling belegt der Trollinger ein Viertel der Anbaufläche. Ebenso weit verbreitet und beliebt sind Lemberger und Kerner, den der württembergische Dichter Justinus Kerner aus Weinsberg gezüchtet hat. Weine, die schon in der Vergangenheit nicht nur für Genuss sorgten, sondern auch inspirierten. So soll Theodor Heuss, der erste Präsident der Bundesrepublik, durch ein Glas Lemberger beflügelt seine Reden geschrieben haben. Auch Schiller und Hölderlin fanden gute Ideen beim Württemberger.

Das bezaubernde Weinland lässt sich bestens zu Fuß oder mit dem Rad erfahren. Der längste Weinwanderweg Deutschlands eröffnet spektakuläre Aussichten und führt durch sonnenreiche Steillagen am Neckar entlang, vorbei an Burgen, Schlössern und hübschen alten Weindörfern.

Die Weinbaugebiete werden zu zwei Dritteln von Weinbaugenossenschaften bewirtschaftet. Vielfach bewirtschaften die Winzer nur kleine Parzellen, deren Ertrag sie traditionell an die nächstgelegene Weingärtnergenossenschaft liefern. Mehr als 50 gibt es davon; sie vermarkten etwa 80 Prozent der Württemberger Weine. ❮

DIE **HOT**SPOTS DER

1 WEINSTADT ESSLINGEN

Im Herzen der Region Stuttgart gelegen, erwartet die historische Altstadt von Esslingen ihre zahlreichen Besucher mit einem einzigartigen Bestand an Fachwerkbauten und mehr als 800 Baudenkmälern. Zu den wichtigsten gehören die Stadtkirche St. Dionys und das Münster St. Paul, die älteste Bettelordenskirche Deutschlands. Sehenswert sind außerdem das Alte Rathaus mit der schönen Renaissancefassade und natürlich die majestätisch über der Stadt am Weinhang thronende Esslinger Burg.

Der Weinbau ist allgegenwärtig und aufs Engste mit ihrer Geschichte verknüpft. Verschiedene Klöster hatten hier schon im Mittelalter Weingüter und Pfleghöfe mit Keltern. Die Bewirtschaftung der Esslinger Steillagen war allerdings damals wie heute eine große Herausforderung, was der hinter der Frauenkirche beginnende Weinerlebnisweg deutlich macht.

2 BURG HOHENZOLLERN

Sie zählt zu den bekanntesten Ausflugszielen Württembergs und ist schon von Weitem zu sehen. Die Stammburg der preußischen Könige thront auf einem 855 Meter hohen Bergkegel bei Hechingen am Rande der Schwäbischen Alb. Preußenkönig Friedrich Wilhelm IV. ließ sie zwischen 1850 und 1867 auf den Ruinen verschiedener Burganlagen wiederaufbauen. In der in der Burganlage befindlichen evangelischen Christus-Kapelle waren die Särge Friedrichs des Großen und Friedrich Wilhelms I. aufgebahrt, bis sie 1991 nach Potsdam zurückgebracht wurden. Im Burggarten stehen Statuen von Kurfürsten, Königen und Kaisern des Hauses Hohenzollern. Der Aufstieg vom Parkplatz dauert etwa 20 Minuten. Oben werden die Besucher mit einer herrlichen Aussicht belohnt. Für das leibliche Wohl sorgen das Burg-Restaurant und der Biergarten im Innenhof. Der schönste Blick auf die Burg bietet sich vom Zeller Horn aus, das vom Wanderparkplatz Zollersteighof bei Albstadt Onstmettingen leicht erreichbar ist.

3 SKULPTURENPFAD IN STRÜMPFELBACH

Es scheint, als sei in Strümpfelbach die Kunst aus dem Museum ausgebrochen. Weinberge sind eine ungewohnte, aber reizvolle Umgebung, Kunst in freier Natur erlebbar zu machen. Wer dem aussichtsreichen Skulpturenpfad durch die Weinberge folgt, passiert 43 grazile Figuren aus Bronze und Stein, die von drei Generationen der Strümpfelbacher Künstlerfamilie Nuss stammen.

REGION WÜRTTEMBERG

Initiator der Ausstellung ist Karl-Ulrich Nuss, dessen Bronzeplastiken durch schöpferische Fantasie in der Begegnung mit Mensch und Tier beeindrucken. Auch die Bronzearbeiten seines Vaters Fritz Nuss und die drei Skulpturen von Christoph Traub, dem Enkel von Fritz Nuss, sind auf dem rund 2,8 Kilometer langen Skulpturenpfad zu erleben. Ausgangspunkt für die Wanderung ist die Bronzeskulptur „Lautenspieler" bei der Strümpfelbacher Gemeindehalle im Kirschblütenweg.

4 SCHLÖSSER LUDWIGSBURG

Die Lust am Bauen war im Zeitalter des Absolutismus unter den Herrschern weit verbreitet. Ein repräsentatives Schloss, ein prächtiger Garten, eine ganze Stadt? Kein Problem für Herzog Eberhard Ludwig von Württemberg. 1718 zog er mit seinem Hofstaat in sein neues Residenz-Schloss in Ludwigsburg ein. Pompöse Feste, Feuerwerke, Ballett- und Opernaufführungen brachten den Hof zum Glänzen. Ludwigsburg, heute eine der größten barocken Schlossanlagen Deutschlands, war damals in ganz Europa bekannt.

Schloss Favorite (Bild) diente als Blickfang, der die Hauptachse des Residenzschlosses im Norden abschließen sollte. Die Herrscher nutzten das Schloss bei Jagden, für Festlichkeiten und als sommerliche Villa. Für den Standort seines neuen Jagdschlosses wählte Herzog Eberhard Ludwig den Fasanengarten in unmittelbarer Nähe des Hauptschlosses – hier wurden Fasane und anderes Wild für die herzogliche Jagd gehalten. Und auch heute können Besucher im Garten von Schloss Favorite, dem Favoritepark, Wildtiere beobachten.

5 GRABKAPELLE AUF DEM WÜRTTEMBERG

„Die Liebe höret nimmer auf." Die Inschrift über dem Haupteingang liest sich wie ein Versprechen, das König Wilhelm I. nach dem überraschenden Tod seiner geliebten Frau 1819 einlöste. Hoch oben auf dem Rotenberg ließ er für Königin Katharina ein monumentales Mausoleum bauen. Die Grabkapelle gehört zu den herausragenden Beispielen klassizistischer Baukunst im Raum Stuttgart. Hofbaumeister Giovanni Salucci schuf einen Rundbau aus heimischem Sandstein mit drei Säulenportiken und vorgestellten Freitreppen. Die Grabkapelle bietet ihren Besuchern einen traumhaften Ausblick über die Weinberge und ist nur eine kurze Wanderung entfernt von der Vinothek im Weinbaumuseum in Uhlbach. Hier können Besucher 20 verschiedene erstklassige Weine von Stuttgarter Winzern und Sektkellereien kosten.

DIE **HOT**SPOTS DER REGION

6 LEGENDÄRE AUTOMOBILE

Vorhang auf für das 1886 von Carl Benz erfundene Automobil: Das Mercedes-Benz Museum in Stuttgart lässt seine Geschichte und populäre Kultur lebendig werden. Besucher erfahren Wissenswertes über den Alltag der Menschen und erhalten Einblick in die Fortschritte der damaligen Technik. Mehr als 160 Fahrzeuge aller Art sind dabei die Hauptdarsteller. Ihre Reihe reicht von einigen der ältesten Automobilen der Geschichte über legendäre Rennwagen bis hin zu Forschungsfahrzeugen. Zusammen mit weiteren Exponaten bilden sie das Herzstück der Dauerausstellung in zwölf Räumen mit insgesamt 16.500 Quadratmeter Fläche. www.mercedes-benz.com

7 NATURPARK OBERE DONAU

Das Donautal, auch als Oberes Donautal bezeichnet, ist das Durchbruchstal der Jungen Donau im Südwesten der Schwäbischen Alb. Das felsenreiche Tal als Kerngebiet des Donautals reicht von Mühlheim und Fridingen im Landkreis Tuttlingen über Beuron, Hausen im Tal, Thiergarten, Gutenstein bis Inzigkofen bei Sigmaringen, vom Schloss Mühlheim bis zum Amalienfelsen und dem Schloss Sigmaringen. Das Donautal ist Teil der Schwäbischen Alb. Zentrum im Donautal ist Beuron mit Erzabtei und Kloster. www.donaubergland.de

Tourismus Marketing Baden-Württemberg
Esslinger Straße 8
D-70182 Stuttgart
www.tourismus-bw.de

Ver- und Entsorgung in Württemberg

74354 Besigheim, Wohnmobilplatz Auf dem Kies, Auf dem Kies

74321 Bietigheim-Bissingen, Stellplatz am Metterbogen, Farbstraße

70734 Fellbach, Stellplatz am Erlebnisbad, Esslinger Straße 102

74074 Heilbronn, Reisemobilplatz am Wertwiesenpark, Neckarhalde

74348 Lauffen am Neckar, Stellplatz am Freibad, Neckaruferweg

71638 Ludwigsburg, Stellplatz Blühendes Barock Friedrich-Ebert-Straße

71672 Marbach am Neckar, V/E am Klärwerk Häldenmühle, L1100

74226 Nordheim, Wohnmobil-Stellplatz Nordheim, Lauffener Straße

74193 Schwaigern, Wohnmobilplatz Schwaigern, Gemminger Straße 21

SCHWÄBISCHER ZWIEBELROSTBRATEN

Was verbindet Wien und die Schwäbische Alb? Saftiges Rindfleisch mit knusprigen Röstzwiebeln und einer kräftigen Rotweinsoße – kurz: Der Zwiebelrostbraten, der dort wie hier gern gegessen wird. Nicht nur an Sonntagen, obwohl ursprünglich dafür gedacht. Die Zubereitung ist auch weniger komplex als vielleicht befürchtet.

ZUTATEN

für 2 Personen:

- 2 Scheiben Rostbraten, je 200-250g, gut abgehangen
- 2 große Zwiebeln
- ¼ l Rotwein
- 125 ml Rinderbrühe
- 3 EL saure Sahne
- ev. Soßenbinder braun oder Speisestärke
- 1 Zweig Thymian
- Pfeffer, Salz
- 2 EL Butter zum Anbraten der Zwiebeln
- 2 EL Butterschmalz zum Braten des Fleisches

SO WIRD'S GEMACHT

1 Zwiebeln schälen, halbieren und in feine Ringe schneiden. Zwei Esslöffel Butter in einer Pfanne erhitzen, die Zwiebeln hineingeben, leicht salzen und goldbraun rösten. Warm stellen.

2 Den Rostbraten unter Folie leicht klopfen oder mit der flachen Hand andrücken. Den Fettrand (wenn vorhanden) leicht einschneiden, damit sich das Fleisch nicht zusammenzieht und mit Senf bestreichen. In einer Pfanne das Öl erhitzen und das Fleisch von allen Seiten circa zwei Minuten scharf anbraten. Die Hitze reduzieren und weiter braten. Je nach Geschmack rosa oder durch.

3 Aus der Pfanne nehmen, jetzt erst mit Salz und Pfeffer würzen. Warm halten. Den Bratensatz mit Brühe und Rotwein aufkochen und reduzieren oder den Bratenfond mit Soßenbinder andicken, saure Sahne hinzufügen.

4 Den Rostbraten nochmals kurz in der Soße durchziehen lassen. Den Rostbraten auf angewärmte Teller legen, mit Soße überdecken und die Zwiebeln darauf dekorieren. Schmeckt hervorragend mit Spätzle oder wer es deftiger mag: mit Käsespätzle.

WEIN-TIPP

Lemberger

WEIN AUF SCHRITT UND TRITT

Das Land der **1000 Hügel**

Zwischen Mannheim und Karlsruhe, zwischen Heidelberg und Stuttgart, zwischen Rhein, Neckar und Enz, zwischen Schwarzwald und Odenwald, tut sich eine ganz besonders fruchtbare, sanfte Hüggellandschaft auf:

Ins Auge fallen dem Besucher sicherlich erst einmal die unzähligen Rebhänge, die zum badischen Kraichgau oder zum württembergischen Stromberg und Zabergäu gehören. Mit Leidenschaft und Herzblut schaffen Winzer und Wengerter, Köche und Landwirte, engagierte Genussmenschen und ehrenamtliche Mitstreiter ein unglaubliches, handverlesenes Genussangebot für alle, die sich auf Entdeckertour in den Kraichgau-Stromberg begeben.

An den Wochenenden ein tolles Ziel: Der Weinausschank im Zweifelberg - Brackenheim

An Enz und Neckar liegt ein ganz besonderer Schatz der Weinkultur: Steillagen – Weinhänge mit einer Steigung von mindestens 45 Grad. Historische Trockensteinmauern unterteilen die steilen Hänge bis heute. Die oftmals nur von Hand kultivierbaren Hanglagen verlangen den Winzern und Weinbauern einiges ab. Auch bei der Lese ist Handarbeit angesagt. Wer hier Wein anbaut, der macht es mit Leidenschaft, viel Herzblut und einem tief verankerten Bewusstsein für Tradition.

Die Flusstäler an Neckar und Enz laden zu Kanutouren durch die beeindruckenden Landschaften ein. Wer es etwas gemütlicher mag, kann auch eine Planwagenfahrt entlang der steilen Hänge machen. Oder man begibt sich auf eine "weinige" Schifffahrt auf dem Neckar. www.3b-tourismus.de

KONTAKT
Kraichgau-Stromberg Tourismus e.V.
info@kraichgau-stromberg.de
www.kraichgau-stromberg.de

Der perfekte Stellplatz in Hohenhaslach mit Blick auf das Kirbachtal

EVENT-TIPPS

Die schräge Weinnacht – Weinevent mit Kultstatus, jährlich im Juli **www.felsengartenkellerei.de**

Sonntags in Württemberg – Auf diesen Weinerlebnistouren kann man das faszinierende Weinland aus ganz neuen Blickwinkeln erleben. **www.weinerlebnistour.de**

Urig einkehren – Besenkultur im Land der 1000 Hügel
Etwa 70 Besenwirtschaften gibt es im badischen und württembergischen Kraichgau-Stromberg. Gelebte Gastfreundschaft erfährt man bei den Besenwirtschaften der Winzer und Wengerter. Sie bewirten ihre Gäste mit eigenem Wein und wunderbar traditionellen Speisen.

Authentisch und regional geht es in den Besenwirtschaften zu – hier zu Gast beim Besa em Städtle in Bietigheim-Bissingen.

Fotos: Kraichgau-Stromberg Tourismus e.V./Christian Ernst, Ulrike Klumpp, Carsten Götze

71717 Beilstein

Weingut Krohmer/ Weinstube zur Bütte

Winzerhausener Weg 22
Christel Krohmer
Tel.: 07062/3725
info@weingut-krohmer.de
www.weingut-krohmer.de

= 3
>10m >3,5 t R

Anfahrt: A81 Ausf. 12 Ilsfeld auf die L1110, auf der Hauptstraße/L1110 nach der Kirche 2. Straße rechts auf die Bahnhofstraße, halblinks halten, um auf der Bahnhofstraße zu bleiben, weiter auf Winzenhausener Weg bis zum Weingut Krohmer

Kurze Anmeldung erwünscht

Wir sprechen auch: Englisch

GPS: 49°02'19"N 09°18'18"E

Weine: Blanc de Noirs, Müller-Thurgau, Riesling, Dornfelder, Lemberger, Muskattrollinger, Schwarzriesling, Spätburgunder, Trollinger
Spezialitäten: Sekt, Secco, Barriquewein, Tresterbrand, Liköre. Während der Besen-Öffnungszeiten sind verschiedene schwäbische und saisonale Gerichte im Angebot
Aktivitäten: Keller- und Weinbergführungen
Öffnungszeiten: ganzjährig geöffnet, Weingut täglich, Weinstube 12 Tage jeden Monat (siehe Webseite)

74357 Bönnigheim

Weinkellerei Heinz Kölle

Schmiedsberger Weg 38
Heinz Kölle jun.
Tel.: 07143/24748
koelle@weinkellerei-koelle.de
www.weinkellerei-koelle.de

= 3
>10m >3,5 t R

Anfahrt: A81 Ausfahrt 13 Mundelsheim, über Kirchheim nach Bönnigheim. Von der Kirchheimer Straße in die Industriestraße abbiegen und bis zum Schmiedsberger Weg weiterfahren. Dort links abbiegen

Um telefonische Voranmeldung wird gebeten

Wir sprechen auch: Englisch

GPS: 49°02'32"N 09°06'10"E

Weine: Kerner, Riesling, Rivaner, Weißburgunder, Lemberger, Lemberger mit Trollinger, Trollinger, Schwarzriesling, Spätburgunder
Spezialitäten: Sekt, Barriqueweine, Destillate, Liköre
Aktivitäten: Weinproben
Öffnungszeiten: Im Schmiedsberger Weg 38: Mo-Di + Do-Fr 09:00-18:30 Uhr, Sa 09:00-14:00 Uhr, In der Karlstr. 28, Mi-Fr 09:00-12:30 und 14:00-18:30 Uhr und nach Vereinbarung

74336 Brackenheim

Weingut Winkler

Stockheimer Str. 13
Thomas Winkler
Tel.: 07135/13023
info@winklerwein.de
www.winklerwein.de

= 5
>10m >3,5t
CHEM

Anfahrt: siehe Webseite

Wir sprechen auch: Englisch

GPS: 49°04'48"N 09°03'45"E

Weine: Chardonnay, Riesling Muskateller, Kerner, Cabernet Mitos, Dornfelder, Lemberger, Merlot, Regent, Samtrot, Schwarzriesling, Spätburgunder, Trollinger, Muskattrollinger, Zweigelt
Spezialitäten: Sekt, Secco, Edelbrände, Traubensaft, Apfelsaft naturtrüb, saisonal: Äpfel, Birnen, Neuer Wein
Aktivitäten: Planwagenfahrten, Weinproben aller Art, Kellerführungen
Öffnungszeiten: Weingut: Mo-Fr 18:00-20:00 Uhr, Sa 09:00-16:00 Uhr, Besenwirtschaft „Uff'm Scheuraboda" siehe Webseite

74336 Brackenheim-Dürrenzimmern

Weinkonvent Dürrenzimmern eG

Meimsheimer Straße 11
Tel.: 07135/95150
info@weinkonvent-duerrenzimmern.de
www.weinkonvent-duerrenzimmern.de

= 3
>10m >3,5t R

Anfahrt: A81 Ausf. Mundelsheim, über Kirchheim und Meimsheim nach Dürrenzimmern. Die Genossenschaft befindet sich am Ortseingang auf der re. Seite. Oder A6 Ausf. Obereisesheim, weiter über Nordheim nach Dürrenzimmern. Dort bis zum Ortsausgang → Brackenheim auf der linken Seite

Um telefonische Voranmeldung wird gebeten

Wir sprechen auch: Englisch

GPS: 49°05'05"N 09°04'44"E

Weine: Grauburgunder, Weißburgunder, Müller-Thurgau, Gewürztraminer, Kerner, Muskateller, Rivaner, Riesling, Ruländer, Sauvignon Blanc, Traminer, Cabernet Sauvignon, Dornfelder, Lemberger, Merlot, Schwarzriesling, Trollinger, Muskat-Trollinger, Spätburgunder
Spezialitäten: Sekt, Secco, Barriqueweine, Liköre, Balsamessig, Traubenkernöl
Aktivitäten: Weinproben im Weinkeller und online, Weinfest am Wochenende nach Pfingsten, Keller- und Weinbergführungen, Planwagen-/Traktorfahrten, So Weinausschank an der Mönchsberghütte, diverse Weinevents
Öffnungszeiten: Mo-Fr 09:00-12:30 und 13:30 bis 18:00 Uhr, Sa 09:00-13:00 Uhr (Advent bis 16 Uhr). Im Herbst aufgrund der Weinlese nur begrenzt nutzbar

74336 Brackenheim-Haberschlacht

Weingut Sommer

Im Krämer 1
Tel.: 07135/7766
weingut.sommer@googlemail.com
www.weingut-sommer-haberschlacht.de

= 3
>10m >3,5t R

Anfahrt: Brackenheim ist über die A6, A81, die B293 und die B27 zu erreichen

Um telefonische Voranmeldung wird gebeten

Wir sprechen auch: Englisch

GPS: 49°05'40"N 09°01'23"E

Weine: Gewürztraminer, Riesling, Rivaner, Lemberger, Muskat-Trollinger, Samtrot, Trollinger
Spezialitäten: Winzersekt, Tresterbrand, Liköre
Aktivitäten: Weinproben
Öffnungszeiten: ganzjährig nutzbar, Besenwirtschaft saisonal geöffnet

74336 Brackenheim-Neipperg

Weingut Echle

Marsaner Str. 18
Barbara Echle
Tel.: 07135/8134
info@weingut-echle.de
www.weingut-echle.de

= 7
>10m >3,5t
WC CHEM

Anfahrt: A6 Mannheim-Nürnberg, von Mannheim Ausf. Sinsheim-Steinfurt, weiter auf der L592/L1107/K2151 bis Neipperg. Von Nürnberg Ausf. Untereisesheim, weiter auf der L1100/K9562/B39/K9561/K2154/B293/L1108/K2160/K2151 bis Neipperg. Oder A81 Ausf. Heilbronn, weiter über Brackenheim nach Neipperg

Wir sprechen auch:
Englisch, Französisch

GPS: 49°06'08"N 09°02'56"E

Weine: Chardonnay, Gewürztraminer, Muskateller, Riesling, Rivaner, Weißburgunder, Acolon, Lemberger, Samtrot, Schwarzriesling, Spätburgunder, Trollinger
Spezialitäten: Edelbrände, Liköre
Aktivitäten: Besenwirtschaft, Weinproben, Hoffest, „Spargel und Wein", Herbstfest, „Wild und Wein"
Öffnungszeiten: Weinverkauf Mo-Sa 08:00-19:00 Uhr, Besentermine siehe Webseite

74626 Bretzfeld-Dimbach

Weingut Busch

Greuthof 1
Elvira Busch
Tel.: 07946/2465
info@karlbusch-wein.de
www.karl-busch.com

= 15
>10m >3,5t R
CHEM GRAU
Hofladen, Müllentsorgung

Müllentsorgung, Frischwasser, Gebrauchtwasser, Strom und Entsorgung chem. Toilette sind gegen Gebühr vorhanden.

Anfahrt: A6 Ausfahrt Bretzfeld → Dimbach

Wir sprechen auch: Englisch, Portugiesisch

GPS: 49°10'14"N 09°22'33"E

Weine: Chardonnay, Gewürztraminer, Kerner, Riesling, Sauvignon Blanc, Cabernet Dorsa, Lemberger, Samtrot, Schwarzriesling, Spätburgunder, Trollinger
Spezialitäten: Winzersekte, Secco, Destillate, Liköre, Hausmacher Dosenwurst

Aktivitäten: Weinproben, Keller- und Weinbergführungen, Weinerlebnistouren, 1-2 x im Monat Weinstube (Öffnungszeiten siehe Webseite), Weinfest
Öffnungszeiten: das ganze Jahr, außer vom 15.12. bis 06.01.

74626 Bretzfeld-Geddelsbach

Schneckenhof Weingut Müller

Untere Brettachtalstr. 7
Alexandra Siller
Tel.: 07945/2292
info@weingut-schneckenhof.de
www.weingut-schneckenhof.de

= 5
>10m >3,5t R
CHEM

Anfahrt: A6 Heilbronn-Nürnberg Ausfahrt Bretzfeld, links ab → Wüstenrot, weiter über Bretzfeld und Adolzfurt, nach dem Ortsende Adolzfurt zweite Straße links → Brettach und Geddelsbach

Wir sprechen auch: Englisch

GPS: 49°08'36"N 09°29'55"E

Weine: Kerner, Riesling, Auxerrois, Muskateller, Rivaner, Grauburgunder, Muskattrollinger Rosé, Blanc de Noirs, Lemberger, Schwarzriesling, Trollinger, Dornfelder, Samtrot
Spezialitäten: Winzersekt, Secco, Brände

Aktivitäten: Weinproben, Keller- und Weinbergsführungen. Events: 23.-24.4. Tag der offenen Weingüter, 16.07. Wein-RockNacht, 03.10. Neuer Wein Party, 26.-27.11. Geddelsbacher Adventszauber
Öffnungszeiten: auf Anfrage, 24.12.-01.02. kein Aufenthalt möglich

74626 Bretzfeld-Schwabbach

Weingut und Weinstube Weihbrecht

Hauptstraße 20
Regina Weihbrecht
Tel.: 07946/2788
info@weingut-weihbrecht.de
www.weingut-weihbrecht.de

= 5
>10m >3,5 t

Anfahrt: A6 Heilbronn/Nürnberg Ausfahrt Bretzfeld, weiter über die L1089 nach Schwabbach

GPS: 49°10'59"N 09°24'14"E

Weine: Grauburgunder, Riesling, Dornfelder, Lemberger, Samtrot, Schwarzriesling, Spätburgunder, Trollinger, Hölder
Spezialitäten: Brandweine, Liköre
Aktivitäten: Weinproben, Weinerlebnisführungen (Termine siehe Webseite), Besenfahrten
Öffnungszeiten: Weingut: täglich nach Vereinbarung, Besen: Termine siehe Webseite

74389 Cleebronn

Weingärtner Cleebronn-Güglingen

Ranspacher Str. 1
Tel.: 07135/9803
info@cleebronner-winzer.de
www.cleebronner-winzer.de

= 5
>10m >3,5 t
CHEM

Anfahrt: Der Betrieb befindet sich unweit vom Erlebnispark Tripsdrill zwischen Cleebronn und Frauenzimmern. Mit der Eingabe ins Navi „Cleebronn, Steinäcker" gelangen Sie direkt zum Kellereigebäude mit Verkaufsraum und den Stellplätzen

Wir sprechen auch: Englisch

GPS: 49°3'53"N 09°01'49"E

Weine: Kerner, Riesling, Lemberger, Trollinger, Spätburgunder
Aktivitäten: Weinproben, Kellerführungen, Weinerlebnisspaziergang rund um den Michaelsberg
Öffnungszeiten: während der Weinlese kein Aufenthalt möglich, Weinverkauf Mo-Fr 08:00-18:00 Uhr, Sa 08:30-16:00 Uhr

74235 Erlenbach

Weingut Klaus Haberkern

Weißenhofstr. 4
Klaus Haberkern
Tel.: 07132/2901
klaus.haberkern@t-online.de
www.weingut-klaushaberkern.de

= 2

Anfahrt: A81 Weinsberger Kreuz, Ausf. Weinsberg/Ellhofen → Heilbronn B39, Ausf. Neckarsulm, → Neckarsulm, 1. Ampel re. und gleich wieder li. abbiegen in den Ort, Weinsberger Str., 2. Straße re. abbiegen in den Kreuzweg 19, 1. Hofeinfahrt links

Um telefonische Voranmeldung wird gebeten

Wir sprechen auch: Englisch

GPS: 49°10'09"N 09°16'08"E

Weine: Grau- und Weißburgunder, Müller-Thurgau, Riesling, Sauvignon Blanc, Traminer, Dornfelder, Muskat-Trollinger, Lemberger, Regent, Samtrot, Schwarzriesling, Spätburgunder, Trollinger, Merlot, Cabernet Sauvignon

Spezialitäten: Winzersekt, Wildspezialitäten (Dosenwurst, Rauchfleisch), Liköre
Aktivitäten: Weinwanderung
Öffnungszeiten: Mo-Fr 17:00-19:00 Uhr, Sa 09:00-16:00 Uhr. Besenzeit siehe Webseite

74235 Erlenbach-Binswangen

Weingut Martin Schropp und Schroppbesen

Straßenäcker 1
Martin und Silke Schropp
Tel.: 07132/7644
weingut@schroppwein.de
www.schroppwein.de

= 5
>10m >3,5 t

Anfahrt: A6 Ausf. Heilbronn/Neckarsulm, B27 → Heilbronn, 1. Ausf. Heilbronner Straße, nächste Kreuzung rechts in die Wilhelm-Hertz-Straße, 3. rechts in die Werner-Heisenberg-Str., der Straße folgen bis in das kleine Tal

Wir sprechen auch:
Englisch, Französisch

GPS: 49°10'40"N 09°14'36"E

Weine: Gewürztraminer, Grau- und Weißburgunder, Riesling, Blauer Zweigelt, Cabernet Cubin, Cabernet Mitos, Lemberger, Merlot, Muskattrollinger, Spätburgunder, Trollinger

Spezialitäten: Winzersekte, Edelbrände
Aktivitäten: Weinproben, Weinbergführungen, Tag der offenen Tür, Hoffest
Öffnungszeiten: Schroppbesen siehe Webseite

74394 Hessigheim

Felsengartenkellerei Besigheim eG

Am Felsengarten 1
Tel.: 07143/816-0
info@felsengartenkellerei.de
www.felsengartenkellerei.de

= 5
>10m >3,5 t
WC

Die Toiletten im 1. Stock der Kellerei können während der Öffnungszeiten genutzt werden

Anfahrt: A81/E41 Ausf. 13, weiter über Mundelsheim. In Hessigheim der Beschilderung „Felsengartenkellerei“ folgen

Wir sprechen auch: Englisch

GPS: 48°59'48"N 9°10'51"E

Weine: Riesling, Kerner, Müller-Thurgau, Grauburgunder, Weißburgunder, Chardonnay, Traminer, Trollinger, Lemberger, Schwarzriesling, Blauer Spätburgunder, Samtrot, Muskat-Trollinger, Acolon
Spezialitäten: Weine aus Steillagen, Winzersekt/Perlweine, Eisweine, Destillate und Liköre, Weinessige und Traubenkernöl, Weingelee
Aktivitäten: Weinprobierstand auf dem Hof an Sa, Sonn- und Feiertagen (März-Nov), Weinwander- und Radwege
Öffnungszeiten: auf Anfrage, am 01.05. stehen die Stellplätze nicht zur Verfügung

74348 Lauffen

Lauffener Weingärtner eG

Im Brühl 48
Tel.: 07133/18543
service@wg-lauffen.de
www.wg-lauffen.de

= 3
>10m >3,5t
CHEM

Anfahrt: A81 Ausf. Mundelsheim oder Ilsfeld, weiter auf der B27 nach Lauffen. Den Ort durchfahren, beim Kreisel links ➔ Aldi und weiter geradeaus fahren, dann rechts in die Hofeinfahrt abbiegen

Wir sprechen auch: Englisch

GPS: 49°4'33"N 9°8'32"E

Weine: Gewürztraminer, Grauburgunder, Kerner, Müller-Thurgau, Riesling, Sauvignon Blanc, Silvaner, Weißburgunder, Acolon, Dornfelder, Lemberger, Schwarzriesling, Spätburgunder, Trollinger, Samtrot
Spezialitäten: Winzersekt, Premiumweine a. d. Barrique, Liköre, Tresterbrand

Aktivitäten: Planwagenfahrten mit dem „Katzenbeißer Carrus" inkl. Weinprobe, Weinbergführungen, Lauffener Weintage
Öffnungszeiten: Mo-Fr 09:00-18:00 Uhr, Sa 09:00-13:00 Uhr, Ankunft werktags bis 17:00 Uhr und samstags bis 12:00 Uhr. Mitte April kein Aufenthalt möglich

71672 Marbach

Weingärtner Marbach eG

Affalterbacher Str. 65
Marion Bäuerle
Tel.: 07144/6419
info@wg-marbach.de
www.wg-marbach.de

= 2
>10m >3,5t

Anfahrt: A81 Ausf. Pleidelsheim, ➔ Marbach, in Marbach ➔ Affalterbach (Hinweisschilder beachten), 100 m vor dem Ortsende auf der linken Seite

Wir sprechen auch: Englisch

GPS: 48°56'15"N 09°16'00"E

Weine: Riesling, Kerner, Grauburgunder, Trollinger, Lemberger, Spätburgunder, Muskat-Trollinger rot und rosé, Blanc de Noirs (Trollinger), Schillerwein, Schwarzriesling Rosé
Spezialitäten: edle Weine aus der Schillerstadt, Sekt, Secco, Weingelee, Liköre und Weinpralinen, indiv. Weinpräsente

Aktivitäten: Weinerlebnis-Touren, z.B. „Paddelnder Weingenuss auf dem Neckar-Fluss", „Wein und Genuss mit dem Oldiebus", Stadtführungen mit Weinprobe
Öffnungszeiten: auf Anfrage, am ersten Wochenende im September wegen Kelterfest kein Aufenthalt möglich

74172 Neckarsulm

Weingut Berthold

Reutweg 4
Hermann Berthold
Tel.: 07132/37117
weingut-berthold@t-online.de
www.weingut-berthold.de

= 2
>10m >3,5 t
GRAU

Anfahrt: A6 Ausf. Neckarsulm/Heilbronn → Neckarsulm, den Hinweisschildern „Aquatoll" (Erlebnisbad) folgen, das Weingut befindet sich gegenüber vom Eingang des Erlebnisbads

Wir sprechen auch: Englisch

GPS: 49°11'23"N 09°14'43"E

Weine: Cabernet Blanc, Grauburgunder, Kerner, Muskateller, Riesling, Lemberger, Muskattrollinger, Samtrot, Spätburgunder, Regent
Spezialitäten: Sekt, Secco, Edelbrände, Liköre

Aktivitäten: Weinproben, Weinwanderungen, Wein- und Hoffest
Öffnungszeiten: Mo-Fr 12:00-14:00 und 17:00-19:30 Uhr, Sa 08:00-14:00 Uhr

74226 Nordheim

Müllers Weingut + Weinstube

Im Auerberg 3
Ricarda Müller
Tel.: 07133/9293640
info@weingut-im-auerberg.de
www.weingut-im-auerberg.de

= 2
>10m >3,5 t R
CHEM

Anfahrt: A81 Ausf. Mundelsheim, weiter auf der B27 oder A6 Ausf. Bad Rappenau, weiter auf der B39 nach Nordheim

Nur auf vorherige telefonische Anmeldung

Wir sprechen auch: Englisch, Rumänisch

GPS: 49°06'09"N 09°08'17"E

Weine: Gewürztraminer, Kerner, Riesling, Weißburgunder, Acolon, Dornfelder, Lemberger, Muskattrollinger, Schwarzriesling, Spätburgunder, Trollinger
Spezialitäten: Sekt, Secco, Trauben- und Weingelee, Rotweinsalz
Aktivitäten: Weinproben mit und ohne Vesper, an den Wochenenden kulinarische, mehrgängige Weinproben, Weinbergwanderungen, Kellerführungen, sonstige Events siehe Website
Öffnungszeiten: Weinstube:
Fr ab 16:00 Uhr, Sa + So ab 11:30 Uhr.
Weinverkauf: Di + Fr 13:00-18:00 Uhr, Sa + So ab 9:00 Uhr, zusätzlich gibt es Campingfässer und Sanitäranlage

74182 Obersulm-Eschenau

Weingut Markus Gruber

Tannenhof 1
Andrea Gruber
Tel.: 07130/450127
info@weingut-gruber.de
www.weingut-gruber.de

= 4
>10m >3,5 t

Anfahrt: A81 Ausf. Weinsberg-Ellhofen/Obersulm, weiter auf der L1035 nach Eschenau

GPS: 49°08'10"N 09°23'56"E

Weine: Chardonnay, Gewürztraminer, Kerner, Riesling, Acolon, Dornfelder, Lemberger, Muskateller, Spätburgunder, Trollinger
Spezialitäten: Sekt, Secco, Eiswein, Tresterbranntwein, Liköre, Traubensaft
Aktivitäten: geführte Weinproben, Weinerlebniswanderungen
Öffnungszeiten: Besenwirtschaft wenn möglich im Feb/März/Mai/Jul/Aug sechs Tage im Monat geöffnet (siehe Webseite)

74182 Obersulm-Willsbach

Weingut Laicher

Heerweg 21
Familie Laicher
Tel.: 07134/3374
info@weingut-laicher.de
www.weingut-laicher.de

= 2
>10m >3,5 t R
CHEM

Anfahrt: A81 Ausf. Weinsberg/Ellhofen oder A6 Ausf. Bretzfeld/Schwabbach, weiter auf der B39, vor dem Ortsende von Obersulm-Willsbach rechts abbiegen. Das Weingut liegt nach 150 m auf der linken Seite

Um telefonische Voranmeldung wird gebeten.

Wir sprechen auch: Englisch, Französisch

GPS: 49°07'57"N 09°21'26"E

Weine: Chardonnay, Traminer, Riesling, Sauvignon Blanc, Acolon, Dornfelder, Lemberger, Trollinger, Schwarzriesling, Spätburgunder
Spezialitäten: Winzersekt, Weincocktails, Edelbrände, Liköre, Essig, Öl
Aktivitäten: Weinproben
Öffnungszeiten: Besenwirtschaft Öffnungszeiten siehe Webseite

74629 Pfedelbach-Baierbach

Schluchter's Weinstube

Ruländerweg 3
Martin und Erika Schluchter
Tel.: 07941/33894
schluchtersweinstube@t-online.de
www.schluchters-weinstube.de

= 3
>10m >3,5t R
CHEM

Anfahrt: A6 Ausf. Öhringen, über Öhringen nach Cappel (→ Untersteinbach), 3 km bis Baierbach

GPS: 49°10'15"N 09°31'36"E

Weine: Müller-Thurgau, Riesling, Lemberger, Spätburgunder, Trollinger
Spezialitäten: Destillate, Liköre, Pralinen

Aktivitäten: Weinerlebnis-Touren, Weinproben und Führungen, Planwagen-Panoramafahrten
Öffnungszeiten: Besenwirtschaft Öffnungszeiten siehe Webseite

74343 Sachsenheim-Hohenhaslach

Panoramaweingut Reinhard Baumgärtner

An der Steige 94
Christine Baumgärtner
Tel.: 07147/6298
info@panoramaweingut.de
www.panoramaweingut.de

= 3
>10m >3,5t R

Anfahrt: A81 Ausf. Ludwigsburg-Nord, weiter über Bietigheim-Bissingen und Sachsenheim nach Hohenhaslach oder A8 Ausf. Pforzheim-Ost, weiter über Mühlacker, Illingen, Ensingen und Horrheim nach Hohenhaslach

Wir sprechen auch: Englisch

GPS: 49°00'06"N 09°01'54"E

Weine: Chardonnay, Grauburgunder, Sauvignon Blanc, Gewürztraminer, Riesling, Dornfelder, Lemberger, Merlot, Schwarzriesling, Spätburgunder, Trollinger, Muskat-Trollinger, Samtrot, Malbec, Syrah
Spezialitäten: Sekt, Barriqueweine, Weinbrand, Liköre, Traubensaft, Traubenkernöl, Balsamico, Schokolade
Aktivitäten: Themenweinproben, „Spargel und Wein - à la carte", „Wein und Wild - à la carte", siehe Webseite
Öffnungszeiten: Weinverkauf und Degustation: Mo-Sa 8:00 -12:00 Uhr und 13:00 -18:00 Uhr

74193 Schwaigern-Stetten

Privatkellerei Kümmerle

Entengasse 11
Daniel Kümmerle
Tel.: 07138/6674
kontakt@privatkellerei-kuemmerle.de
www.privatkellerei-kuemmerle.de

= 2
>10m >3,5 t

Anfahrt: In der Ortsmitte von Stetten am Heuchelberg der Beschilderung „Weinverkauf Privatkellerei Kümmerle" folgen

Wir sprechen auch: Englisch

GPS: 49°07'46"N 09°00'20"E

Weine: Kerner, Muskateller, Riesling, Acolon, Muskattrollinger, Regent, Samtrot, Spätburgunder, Trollinger
Spezialitäten: Sekt, Secco, Destillate, Liköre, Fruchtsäfte, Essig und Öl

Öffnungszeiten: während der Weinlese nur eingeschränkt nutzbar, sonst Mo-Di 14:00-18:30 Uhr, Mi-Fr 09:00-12:00 und 14:00-18:30 Uhr, Sa 08:00-14:00 Uhr

74193 Schwaigern-Stetten

Weingut Will & Würz

Sonnenberghöhe 1
Carola Will
Tel.: 07138/67177
thorcar.will@web.de
www.willundwuerz.de

= 2

Anfahrt: Von Karlsruhe oder Heilbronn kommend auf der B293/Abfahrt Stetten a.H. Richtung Stetten links abbiegen, kurz vor der Ortschaft rechts ab und der Beschilderung folgen. Von Stuttgart über Bietigheim ➔ Brackenheim ➔ Stetten a.H.

Wir sprechen auch: Englisch

GPS: 49°07'53"N 8°58'50"E

Weine: Weine aller Qualitätsstufen. Rot: Trollinger, Lemberger, Spätburgunder etc. Weiß: Riesling, Grauer Burgunder, Muskateller und viele mehr
Aktivitäten: eigene Besenwirtschaft (Öffnungszeiten siehe Webseite)

Öffnungszeiten: Weinverkauf: Mittwoch und Freitag 14:00-18:30 Uhr, Samstag 10:00-16:30 Uhr oder nach Absprache. Vom 20.12. bis 2.1. kein Aufenthalt möglich.

71384 Weinstadt

Weingut Dobler

Eberhardstr. 18/1
Andreas Dobler
Tel.: 07151/660437
info@weingut-dobler.de
www.weingut-dobler.de

= 2
>10m >3,5 t
CHEM

Anfahrt: B29 Ausf. Weinstadt-Beutelsbach, im Kreisverkehr → Beutelsbach, dem Straßenverlauf folgen. Nach der Aral-Tankstelle links und nach 30 m rechts abbiegen. Das Weingut befindet sich in der Eberhardstraße nach 150 m auf der linken Seite

Wir sprechen auch: Englisch

GPS: 48°48'17"N 09°23'07"E

Weine: Riesling, Sauvignon Blanc, Chardonnay, Merlot, Lemberger, Spätburgunder, Trollinger
Aktivitäten: Weinproben auf Anfrage

Öffnungszeiten: Weinverkauf: Mi und Fr 14:00-18:00 Uhr, Weinstube: täglich von 11:00-23:00 Uhr, So Ruhetag (Öffnungzeiten siehe Webseite)

71384 Weinstadt

Weingut Knauß

Nolten 2
Margit Knauß
Tel.: 07151/606345
info@weingut-knauss.de
www.weingut-knauss.de

= 3
>10m >3,5 t
CHEM

Anfahrt: B29 Stuttgart-Aalen, Ausf. Weinstadt-Endersbach, rechts → Strümpfelbach

Wir sprechen auch: Englisch

GPS: 48°47'33"N 09°21'43"E

Weine: Riesling, Sauvignon Blanc, Lemberger, Merlot, Spätburgunder, Trollinger, Muskat-Trollinger
Aktivitäten: Weinproben, Sommerfest

Öffnungszeiten: Weinverkauf: Do-Fr 16:00-18:00 Uhr, Sa 10:00-12:00 Uhr, Öffnungszeiten Besenwirtschaft „Sonna Besa" siehe Webseite

71384 Weinstadt-Großheppach

Weingut Klopfer

Gundelsbacher Str. 1
Familie Klopfer
Tel.: 07151/603848
info@weingut-klopfer.de
www.weingut-klopfer.de

= 2
>10m >3,5 t

Anfahrt: B14/29 von Stuttgart ➔ Aalen, Ausf. Weinstadt-Großheppach, von dort ➔ Gundelsbach fahren. Das Weingut liegt an dieser Verbindungsstraße

Wir sprechen auch: Englisch

GPS: 48°49'20"N 9°23'55"E

Weine: Grauburgunder, Riesling, Sauvignon Blanc, Weißburgunder, Lemberger, Merlot, Spätburgunder, Trollinger, Muskat-Trollinger u.a.
Spezialitäten: Sekt hergestellt nach traditioneller Methode, Obstbrände aus eigener Brennerei

Aktivitäten: Weinfest am Pfingstwochenende, Winter-Weinlese im Januar
Öffnungszeiten: ganzjährig außer an Pfingsten, Weinverkauf Di-Fr 16:00-19:00 Uhr, Sa 09:00-16:00 Uhr und nach Vereinbarung

71384 Weinstadt

Mannschreck Weine

Kelterstr. 3
Claus Mannschreck
Tel.: 07151/906077
kontakt@mannschreck-weine.de
www.mannschreck-weine.com

= 2
>10m >3,5 t R

Anfahrt: Stellplatz-Adresse: Lehenweg 22, 71384 Weinstadt.
von B29 aus kommend vor Ortseingang (am Sportplatz) rechts, am Sportplatz vorbei, über eine kleine Bachbrücke, dann rechts halten und hinter dem Biergarten der Gaststätte Lindhälder Stüble rechts in den (anfänglich geteerten) Feldweg

Wir sprechen auch: Englisch

GPS: 49°07'46"N 09°00'20"E

Weine: Trollinger, Pinot Noir, Lemberger, Cabernet Sauvignon, Zweigelt, Müller-Thurgau, Weißburgunder, Riesling, Chardonnay, Suavignon Blanc, Pinot Blanc
Spezialitäten: Secco, Likör und Traubenbrand

Aktivitäten: kleiner Hofverkauf, zwei Biergärten fußläufig erreichbar, Wandern, historischer Ortskern, Skulpturenpfad, Abenteuerspielplatz
Öffnungszeiten: nur nach telefonischer Absprache

FEINE, INTENSIVE **AROMEN**

Blick auf das schöne Städtchen Riquewihr.

Dank seiner exzellenten geografischen Lage bringt das elsässische Anbaugebiet die weltweit anerkannten Elsässer Weine hervor. Die üppige Natur, das günstige Klima und die geologische Vielfalt der Böden der elsässischen Terroirs sind die Wiege dieser unvergleichlichen Tropfen.

Diese Vielfalt wird durch das strenge Regelwerk des Siegels Appellations d'Origine Contrôlées (AOC) bewahrt. Der Wille der elsässischen Winzer zur Authentizität spiegelt sich auch in ihrem Engagement für den Umweltschutz: Bereits 1925 verschrieb sich das erste Weingut im Elsass dem biodynamischen Weinbau!

Jede dritte Flasche französischen Weißweins kommt aus dem Elsass. Damit gehört die ganz im Osten an Deutschland angrenzende Region zu einer der wichtigsten Weinanbaugebiete Frankreichs. Das liegt nicht zuletzt am für den Weinanbau perfekten Klima. Denn auch wenn man es beim Anblick des saftigen Grüns kaum glauben mag – das Elsass ist eine der regenärmsten Regionen im ganzen Land. Die Rebflächen werden durch die Vogesen ideal vor den starken Winden des Atlantiks geschützt, sodass die Trauben in Ruhe reifen können und eine Harmonie zwischen Klima, Boden und Rebe entsteht.

Bald trocken und leicht, bald intensiv und körperreich: Pinot Blanc, Sylvaner, Riesling, Muskateller, Pinot Gris, Gewürztraminer, Pinot Noir. Liebhaber komplexer und mächtiger Weine freuen sich über die Süß- und Likörweine der Spät- und Trockenbeerenauslese.

Der sanft-spritzige Crémant d'Alsace wird nach der traditionellen Methode der zweiten Gärung in der Flasche hergestellt. Seine unvergleichliche Frische und seine fein sprudelnden Bläschen machen den Crémant d'Alsace zum König der Schaumweine – vom Aperitif bis zum Dessert.

Ob trocken-rassig oder mächtig-weich: Elsässer Weine eignen sich für überraschende Menü-Wein-Arrangements von Meeresfrüchten bis zu weißem Fleisch, vom Aperitif über den Käse bis zum Dessert. ❮

HOTSPOTS DER REGION

Agence Régionale du Tourisme Grand-Est
Château Kiener, 24 rue de Verdun
F-68000 Colmar
www.visit.alsace

1 KLEIN-VENEDIG IN COLMAR

Colmar ist die drittgrößte Stadt im Elsass und bezeichnet sich gern als Hauptstadt der elsässischen Weine. Sehr beliebt ist das am Fluss Lauch liegende Viertel Krutenau, auf Französisch Petite Venise („Klein-Venedig") genannt. Es verzaubert mit bunten Fachwerkhäusern, lauschigen Kanälen und blumengeschmückten Brücken. In der Nähe liegt das Fischerufer (Quai de la Poissonnerie), das zu den meistfotografierten Motiven der Stadt zählt. Neben den zahlreichen bedeutenden Bauwerken aus dem Mittelalter und der Renaissance wie dem berühmten Zollhaus „Koïfhus", dem ältesten Gebäude der Stadt, lockt Colmar auch mit seinem reichen Kulturerbe und zahlreichen Museen wie dem Unterlinden-Museum mit dem Isenheimer Altar.

2 LEBENDES FREILUFTMUSEUM

Das Ecomusée D'Alsace in Ungersheim ist das größte belebte Freilichtmuseum Frankreichs. Ein außergewöhnlicher Ort, für den man sich unbedingt Zeit nehmen sollte. Hier finden Besucher (fast) das ganze Elsass an einem Platz. Aufgebaut ist das Museum wie ein elsässisches Dorf Anfang des 20. Jahrhunderts mit 70 Häusern vorwiegend aus dem südlichen Elsass und dem Sundgau. Es gibt eine Bäckerei, eine Schule, eine Wassermühle, eine Schnapsbrennerei, eine Töpferei, die typischen Bauernhäuser der Region und sogar einen Bahnhof. Im Museumsdorf leben Pferde, Schweine, Kühe, Enten, Esel, Ziegen und andere Tiere. Zu erleben sind neben den Gebäuden und Exponaten auch Handwerker bei der Arbeit, Ausstellungen, Animationen und große Veranstaltungen. Sehenswert ist auch das direkt nebenan gelegene ehemalige Kali-Bergwerk „Clair de Mine". Ein Zug verbindet das Dorf und die Mine.

3 HAUT-KŒNIGSBOURG

Sie thront auf 757 Metern Höhe auf einem Felsen und ist eine der höchstgelegenen Burgen im Elsass – die Haut-Koenigsbourg bei Orschwiller. Die Aussicht ist atemberaubend: An klaren Tagen reicht sie über das Rheintal bis zum Kaiserstuhl und dem Schwarzwald sowie auf Ruinen in der Umgebung. Auch von innen kann sich die Burg sehen lassen. Wohnräume, Möbel, Trophäen- und Waffensammlungen versetzen die Besucher zurück ins Mittelalter und zeigen, wie das Alltagsleben damals gewesen ist. Erbaut wurde die Burg im 12. Jahrhundert und wurde im Lauf der Jahrhunderte mehrmals durch Kriege und Brände zerstört. Im 19. Jahrhundert ließ Kaiser Wilhelm II. sie restaurieren. Heute zählt die Burg zu den beliebtesten und meistbesuchten in Frankreich.

CHOUCROUTE GARNIE

Mit dem Choucroute garnie, der mit Kasseler, Würsten und Rauchspeck garnierten Sauerkrautplatte verhält es sich ähnlich wie mit dem Flammkuchen. Beide Regionen beiderseits des Rheins, Baden und Elsass, beanspruchen für sich, die Heimatregion für dieses deftige Essen zu sein. Und so findet man diese Köstlichkeit sowohl in der badischen Gastronomie als auch in der elsässischen Winstub. Die Würste, den Rauchspeck und den Kasseler besorgt man sich am besten beim Metzger um die Ecke. Das Sauerkraut stammt der Einfachheit halber aus der Dose und wird für dieses Gericht noch etwas aufgepeppt.

ZUTATEN

für 2 Personen:

Für das Sauerkraut:

- 500 g Sauerkraut
- ½ Zwiebel
- 1 Knoblauchzehe
- 1 EL Rapsöl
- 1 Lorbeerblatt
- 1 Nelke
- 1 TL Kümmel
- 175 ml Wasser
- 75 ml Elsässer Riesling
- 170 ml Gemüsebrühe
- Salz und Pfeffer

Für die Garnitur:

- 75 g gepökelte, geräucherte Schweineschulter/Kasseler
- 75 g Räucherspeck
- 2 Krakauer Würste
- 2 Wiener Würstchen, alternativ Saucisse de Strasbourg/ Knack d'Alsace
- 0,3 kg festkochende Kartoffeln

Zubereitungszeit: ca. 25 Minuten

SO WIRD'S GEMACHT

1 Sauerkraut in kaltem Wasser waschen und danach gut ausdrücken.

2 Die Zwiebel schälen, halbieren und klein schneiden. Den Knoblauch ebenfalls schälen und fein hacken.

3 Öl in einem Kochtopf erhitzen und darin bei mittlerer Hitze die Zwiebel und den Knoblauch glasig dünsten.

4 Das Sauerkraut, das Lorbeerblatt, die Nelke und den Kümmel hinzugeben. Mit dem Wein, der Gemüsebrühe und dem Wasser auffüllen und aufkochen.

5 Die Schweineschulter, den Räucherspeck und die Würste auf das Sauerkraut geben und alles 15 Minuten erhitzen.

6 Zeitgleich die Kartoffeln 20 Minuten in Salzwasser garen, danach abtropfen lassen und noch warm pellen.

7 Die Schweineschulter aus dem Sauerkraut nehmen, in Scheiben schneiden und zusammen mit dem Sauerkraut, dem Speck, den Würstchen und den Kartoffeln auf den Tellern anrichten und gleich servieren.

WEIN-TIPP

Riesling/Gewürztraminer, halbtrocken

67650 Blienschwiller

Vins Spitz et Fils

4 Route du Vin
Dominique Spitz
Tel.: 0033/388926120
Mobil: 0033/609782826
vinsspitzalsace@gmail.com
www.vinsspitz.com

= 6
>10m >3,5 t R

Hofladen, Weinprobe, Frühstück, Duschen (nach Anmeldung)

Anfahrt: Neben dem Weingut ist eine kleine Straße mit Fahrverbotschild, aber man darf reinfahren, bitte danach im Geschäft anmelden

Wir sprechen auch: Englisch, Französisch

GPS: 48°20'32"N 07°25'20"E

Weine: Gewürztraminer, Muscat, Pinot Blanc, Riesling, Sylvaner, Pinot Gris, Pinot Noir
Spezialitäten: Sekt (Cremant), Schnäpse, Marmeladen, Honig, Sauerkraut und Baeckeoffa

Aktivitäten: Weinprobe, Kutschfahrten durch den Weinberg (Reservierung). Brot, Croissants, Frühstück nach Anmeldung
Öffnungszeiten: Ankunft bis 21:00 Uhr, spätere Ankunft nach telefonischer Voranmeldung

67680 Epfig

Francis Beck & Fils Earl

79 Rue Sainte Marguerite
Francis Beck
Tel.: 0033/88855484
vins@francisbeck.com
www.francisbeck.com

= 1
>10m >3,5 t

Anfahrt: A8, weiter auf der A5 bis Ausf. 55 Offenburg → Strasbourg/Flughafen fahren, weiter auf Pont Pflimlin/L98, dann auf die N353 Ausf. → Saint Dié/Strasbourg/Aéroport Entzheim bis A35, der Beschilderung für Saint-Dié-des-Vosges/Mulhouse/Colmar/Obernai folgen, Ausf. 13 Epfig/Mittelbergheim/Zellwiller

Wir sprechen auch: Englisch, Französisch

GPS: 48°21'15"N 07°28'42"E

Weine: Edelzwicker, Gewürztraminer, Pinot Blanc, Pinot Gris, Riesling, Sylvaner, Pinot Noir
Aktivitäten: Weinprobe

Öffnungszeiten: Weinverkauf: Mo-Sa 10:00-12:00 Uhr und 14:00-19:00 Uhr sowie die vier Sonntage vor Weihnachten. Im Herbst ist kein Aufenthalt möglich

67140 Reichsfeld

Domaine Borès

15 Lieu-dit Leh
Marie-Claire und Pierre Borès
Tel.: 0033/88855887
vinsbores@wanadoo.fr
www.facebook.com/Domaine.Bores

= 3
>10m >3,5 t R

Anfahrt: A8, dann weiter auf der A5 bis Ausf. 55 Offenburg ➔ Strasbourg/ Flughafen fahren, weiter auf Pont Pflimlin/L98, dann auf die N353 Ausf. ➔ Saint Dié/Strasbourg/Aéroport Entzheim bis A35, der Beschilderung für Saint-Dié-des-Vosges/Mulhouse/ Colmar/Obernai folgen, Ausf. 13 Epfig/ Mittelbergheim/Zellwiller

Um Anmeldung per Telefon oder Mail wird gebeten

Wir sprechen auch:
Englisch, Französisch

GPS: 48°21'57"N 07°23'15"E

Weine: Auxerrois, Gewürztraminer, Pinot Blanc, Sylvaner, Riesling, Pinot Gris, Pinot Noir

Aktivitäten: Weinprobe, Weinkellerbesichtigung, Weinbergführungen

Öffnungszeiten: auf Anfrage, während der Weinlese und an Pfingsten ist kein Aufenthalt möglich

GROSSE KUNST OHNE **ALLÜREN**

Das Sulztal in der Südsteiermark

In Österreich sind 26 weiße und 14 rote Rebsorten für die Produktion von Qualitätswein oder Qualitätswein besonderer Reife und Leseart (Prädikatswein) sowie von Landwein zugelassen. Der Rotweinanteil hat sich in den letzten beiden Jahrzehnten verdoppelt und macht derzeit ein Drittel der österreichischen Gesamtrebfläche von knapp 46.500 Hektar aus.

Ein Aushängeschild alter, österreichischer Rebsorten ist der Grüne Veltliner, der sich längst auch unter den großen Weißweinen der Welt etabliert hat. Weitere spannende österreichische Raritäten sind Zierfandler, Rotgipfler, Roter Veltliner, Neuburger oder Wiener Gemischter Satz, aber auch Österreichs typische Rotweine aus Zweigelt, Blaufränkisch und Sankt Laurent.

Viele Urlauber erleben Österreich als das gastfreundlichste Land Europas. Das gilt besonders für seine pittoresken Weinbaugebiete: die Wachau und die klassischen Gebiete Niederösterreichs links und rechts der Donau; die Steiermark mit ihren spektakulären Hügelketten; das Burgenland mit dem Naturparadies am Neusiedler See; und Wien – die einzige Hauptstadt der Welt mit eigenem Weinbau.

Kleines Land, große Vielfalt. Wein ist seit mehr als zwei Jahrtausenden ein Teil der österreichischen Kultur. Römische Kelleranlagen, mittelalterliche Dörfer und barocke Klöster und Schlösser gehören zum typischen Erscheinungsbild der Weinbaugebiete. Ausschlaggebend für ihre herausragende Qualität und den unverwechselbaren Charakter der auch bei Kennern sehr beliebten Rebsäfte ist die besondere geografische Lage Österreichs. Das Land liegt zwar auf etwa demselben Breitengrad wie Burgund, aber viel weiter im Zentrum Europas und damit im Übergangsbereich vom feucht-milden atlantischen zum trockenen kontinental-pannonischen Klima. Hier machen sich die großen Temperaturunterschiede bemerkbar.

Warme, sonnige Sommer- und Herbsttage mit nördlich-kühlen Nächten lassen Trauben heranwachsen, die frische, aromatische Weine mit gutem Körper und feinem Charakter hervorbringen. ‹

DIE **HOT**SPOTS DER

1 SCHLOSS ESTERHÁZY IN EISENSTADT

Nur eine knappe Autostunde von Wien entfernt, zentral und markant in der burgenländischen Landeshauptstadt Eisenstadt gelegen, befindet sich eines der schönsten Barockschlösser Österreichs. Einst Geburtsort und Residenz bedeutender Magnaten, ist das Schloss Esterházy heute eine beliebte Attraktion bei Burgenland-Besuchern und vermittelt einen guten Einblick in das ehemals glanzvolle Leben am Hofe der Fürsten Esterházy.

Auch heute noch steht das Schloss im Mittelpunkt des kulturellen Geschehens und dient als malerische Kulisse von Festen und gesellschaftlichen Ereignissen. Der mittelalterliche Kern der einstmaligen Burg stammt aus dem Ende des 14. Jahrhunderts. 1622 kam die Herrschaft Eisenstadt und somit auch das Bauwerk in den Pfandbesitz von Nikolaus Esterházy.

2 NEUSIEDLER SEE

Natur pur und viel Kultur: Die Weltkulturerbe-Region rund um den größten Steppensee Mitteleuropas lockt mit viel Sonne, idyllischen Weinfluren, eindrucksvollen Schlössern und Burgen. Feste Fans haben auch die Opern auf der Seebühne, nicht zuletzt dank einzigartigen Schauspielen im Naturreservat. Das Gebiet durchziehen 970 Kilometer Radwege.

Der mit Ungarn grenzüberschreitende Nationalpark Neusiedler See-Seewinkel wurde 1993 gegründet und verfügt über eine außergewöhnliche Vielfalt an Pflanzen- und Tierarten aus alpinen, pannonischen, asiatischen, mediterranen und nordischen Gebieten. Dazu gehören auch rund 500 ungarische Graurinder, die heimlichen Stars unter den heimischen Rinderrassen. Über Hunderte Jahre gehörten sie zum Bild des Seewinkels, bis sie Anfang des 20. Jahrhunderts verschwanden. Mit der Gründung des Nationalparks kehrten die robusten Tiere wieder in ihre alte Heimat zurück.

3 DÜRNSTEIN IN DER WACHAU

Die Wachau zählt zu Österreichs beliebtesten Urlaubszielen. Das enge Donautal zwischen Melk und Krems ist Weltkulturerbe und bietet neben zahlreichen Kulturgütern auch hervorragenden Wein. Auf steilen Terrassen werden vor allem Grüner Veltliner und Riesling angebaut. Unverzichtbar bei einer Tour durch die Wachau und ihre bezaubernde Flusslandschaft ist die alte Kuenringerstadt Dürnstein. Mit seinen Win-

WEINREGION ÖSTERREICH

4

5

zerorten Ober- und Unterloiben zählt sie zu den romantischsten Orten an der Donau. Die Landschaft ist geprägt von alten Weingärten, einem günstigen Klima und zahlreichen Kulturdenkmälern. Besuchermagnete sind das Stift mit der prächtigen Barockkirche und die Burg-Ruine der Kuenringer. Hier wurde Anfang des 12. Jahrhunderts der englische König Richard I. Löwenherz gefangen gehalten. Von der Ruine bietet sich eine herrliche Aussicht über das Donautal. Schöne Wanderwege auf Urgesteinsfelsen, Bummelzugfahrten durch die Weinberge, urige Gasthäuser und gemütliche Heurigenlokale versprechen einen herrlichen Aufenthalt.

4 STIFT KLOSTERNEUBURG

Das Stift gilt als eine der wichtigsten Sehenswürdigkeiten Niederösterreichs und ist nicht nur eines der größten, sondern auch das älteste Weingut in Österreich. Gegründet wurde das Kloster zu Beginn des 12. Jahrhunderts von Leopold III. Der überlieferten Legende nach ließ es der Markgraf genau an jener Stelle errichten, an der er den Schleier seiner Frau Agnes wiederfand. Dieser war bei der Hochzeitsfeier durch einen plötzlichen Windstoß davongeflogen.

In seiner über neun Jahrhunderte währenden bewegten Geschichte entwickelte sich das Stift zu einem religiösen, wissenschaftlichen, kulturellen und wirtschaftlichen Zentrum weit über die Klostermauern hinaus. Die Klosteranlage ist ganzjährig geöffnet und bietet in zahlreichen Thementouren Einblick in die beeindruckende Architektur, die umfangreiche Kunstsammlung und den Ablauf der Weinerzeugung. Besucher genießen außerdem ein hochkarätiges Veranstaltungsangebot mit Konzerten, Opernfestspielen und Ausstellungen.

5 WIENER HEURIGE

Kaum zu glauben, aber die österreichische Metropole gilt als einzige Hauptstadt der Welt mit eigenem Weinanbau. Schon der römische Kaiser Probus ließ hier Wein für seine römischen Legionen kultivieren. Im Mittelalter war die Stadt noch ganz von Weingärten umgeben, bevor viele von ihnen später gerodet wurden, um Stadthäusern Platz zu machen.

1784 erlaubte Kaiser Joseph II. den Weinbauern neben dem eigenen Wein auch Lebensmittel aus eigener Produktion zu verkaufen. Damit bereitete er den Weg für die Heurigenkultur, die bis heute den Erhalt der restlichen Weinberge sicherte. Ein Besuch bei einem der rund 180 Heurigen in Wien gehört neben den zahlreichen anderen einmaligen Sehenswürdigkeiten zum wahrscheinlich beliebtesten Teil des Pflichtprogramms.

HOTSPOTS DER REGION

Österreich Tourismus
Vordere Zollamtsstraße 13
A-1030 Wien
www.austria.info

Ver- und Entsorgung im Burgenland

A-2070 Retz
Reisemobilstellplatz Retz, Znaimerstraße 53

A-2423 Deutsch Jahrndorf
Wohnmobil-Stellplatz Deutsch Jahrndorf, Söldnergasse 19

A-7072 Mörbisch am See
CamÖ-Camping Mörbisch, Hafengelände

A-7071 Rust
Stadt Rust, Am Hafen

A-1230 Wien
Reisemobilstellplatz Wien, Perfektastraße 49-53

6 LIEBEVOLLE KLEINARBEIT

Im Reduce Freilichtmuseum Bad Tatzmannsdorf wurden Bauwerke, die infolge geänderter Lebens- und Wirtschaftsformen im südburgenländischen Raum nicht mehr benötigt wurden und daher am ursprünglichen Standort von Verfall oder Abriss bedroht waren, für die Nachwelt erhalten. Im Sinne einer ganzheitlichen Darstellungsweise wird nun durch entsprechende Ausstattung der Räume mit Hausrat und Geräten die frühere Lebens- und Wirtschaftsweise veranschaulicht.

Die im Südburgenland ab den 1950er-Jahren einsetzenden wirtschaftlichen Veränderungen – zunehmende Technisierung bei gleichzeitigem Rückgang landwirtschaftlicher Betriebe – veränderten die Strukturen und damit das Landschaftsbild grundlegend. Typische Holzbauten, häufig noch mit Stroh gedeckt und mittlerweile funktionslos geworden, verschwanden infolge von Neubauten aus dem Landschaftsbild.

Das Südburgenländische Freilichtmuseum Bad Tatzmannsdorf zeigt Wohn- und Wirtschaftsgebäude aus dem ausgehenden 18. Jahrhundert bis zum Beginn des 20. Jahrhunderts. Das Museum gehört zum Reduce Gesundheitsresort Bad Tatzmannsdorf und wird mit viel Mühe und liebevoller Kleinarbeit für die Nachwelt erhalten.

WIENER SCHNITZEL

Wer an Österreich denkt, kommt um das Wiener Schnitzel nicht herum – passt es doch auch hervorragend zu den regionalen Weißweinen und lässt sich mit überschaubaren Handgriffen auch im Camper zaubern. Des Österreichers Lieblingsgericht mit der kraftvollen Panade verlangt nach Weinen, die entweder durch ihre frische Pikanz oder ihre Kraft bestehen. Eine urösterreichische Rebsorte erweist sich hier als wunderbarer Universalist: der Grüne Veltliner – als trockener, fruchtiger Weißwein. Aber auch ein feiner Weißburgunder oder regionale Sorten wie Rotgipfler oder Gemischter Satz passen sehr gut zu Gebackenem.

ZUTATEN

für 2 Personen:

- 2 Kalbsschnitzel zu je 150-180 g (ersatzweise auch Schwein oder Pute)
- 1 Ei
- ca. 50 g griffiges Mehl
- ca. 50 g Semmelbrösel, Salz, Pfeffer
- reichlich Butterschmalz und/oder Pflanzenöl
- Zitronenscheiben zum Garnieren

Zubereitungszeit: ca. 45 Minuten

SO WIRD'S GEMACHT

1 Schnitzel gegebenenfalls dünn klopfen. Auf beiden Seiten mit Salz und Pfeffer würzen. Mehl sowie Brösel jeweils auf einen flachen Teller geben, Ei ebenfalls in einen Teller schlagen und mit einer Gabel durchrühren.

2 Schnitzel nacheinander zuerst auf beiden Seiten in Mehl wenden, durch das verschlagene Ei ziehen und darauf achten, dass keine Stelle trocken bleibt. Zuletzt in den Bröseln wenden und die Panade mit der Rückseite der Gabel behutsam andrücken (so „souffliert" die Panade schöner).

3 In einer großen Pfanne so viel Butterschmalz schmelzen lassen, dass die Schnitzel gut schwimmen können (alternativ Pflanzenöl mit 1-2 Esslöffel Butterschmalz oder Butter erhitzen).

4 Schnitzel erst einlegen, wenn das Fett so heiß ist, dass es zischend aufschäumt, wenn man einige Brösel oder ein kleines Stückchen Butter hineinfallen lässt.

5 Schnitzel je nach Stärke und Fleischsorte 2 Minuten (für dünne Kalbsschnitzel) bis 4 Minuten (für dickere Schweinsschnitzerl) goldbraun backen. Mit einem Bratenheber wenden (nicht anstechen!) und auf der anderen Seite ebenfalls goldbraun backen.

6 Knusprige Schnitzel herausheben und auf Küchenpapier abtropfen lassen. Behutsam trocken tupfen. Anrichten und vor dem Servieren mit Zitronenscheiben garnieren. Dazu serviert man Petersilienkartoffeln, Kartoffelsalat oder gemischten Salat.

WEIN-TIPP

Grüner Veltliner, Weißburgunder, Gemischter Satz

7143 Apetlon

Weingut-Ferienwohnungen Kracher

Wasserzeile 55-57
Sabine & Sepp Kracher
Tel.: +43 664/2532289
Mobil: +43 664/2032944
weingut@seppkracher.at
www.seppkracher.at

= 3
>10m >3,5t R
Trockner, Waschmaschine, Weinprobe

Anfahrt: Ostautobahn A4, Abfahrt Weiden/Gols; im Kreisverkehr → Illmitz/Apetlon fahren. In Apetlon beim Kreisverkehr die 1. Ausfahrt rechts nehmen; 2 gelbe Häuser auf der rechten Straßenseite

Anmeldung vorab
Wir sprechen auch: Englisch

GPS: 47°44'39"N 16°49'43"E

Weine: Qualitätsweine in Weiß und Rot, Prädikatsweine, Frizzante, Traubensaft
Spezialitäten: Urlaub am barrierefreien Winzerhof, 4-Blumen
Aktivitäten: Der Nationalpark Neusiedlersee-Seewinkel lädt zum Wandern und Radfahren ein. Auch der Neusiedlersee ist sozusagen ums Eck. Weinprobe gegen Unkostenbeitrag und nach Absprache. Zusätzliche Ausstattung wie Stromanschluss, Frischwasser etc. gegen Entgelt
Öffnungszeiten: ganzjährig, bitte zeitgerechte Anfrage

8524 Bad Gams

Weinbau und Fischbuschenschank Toni PETER

Gersdorf 21
Toni Peter
Tel.: +43 3463/3354
Mobil: +43 676/4041164
admin@weinbautonipeter.at
www.weinbautonipeter.at

= 5
>10m >3,5t R
WC CHEM GRAU
Hofladen, Weinprobe

Anfahrt: Von Graz über die Autobahn → Klagenfurt, Abfahrt Lieboch → Deutschlandsberg Stainz. Beim Stainzer Kreisverkehr Abfahrt → Bad Gams. Durch Bad Gams durch nach Furth. In Furth bei Weberei Strunz direkt links noch ca. 1,5 km

Wir sprechen auch: Englisch

GPS: 46°51'9"N 15°14'43"E

Weine: Schilcher Trocken/Lieblich, Weißburgunder, Muskateller, Blauer Wildbacher, Schilcher Frizzante, Muskateller Frizzante Apfelsaft, Traubensaft, Balsamico
Spezialitäten: Fischspezialitäten wie Räucherfische, Fischsulz, Forellenterine. Es gibt auch Geselchtes, Schafskäse usw.
Aktivitäten: Während der Buschenschankzeit gibt es auch frisches Gebäck zum Frühstück
Öffnungszeiten: Stellplätze ganzjährig. Buschenschank: Anfang März bis Ende November. Siehe Webseite

2423 Deutsch Jahrndorf

Weingut Roth

Obere Hauptstraße 43 (Hinten)
Julia Roth
Tel.: +43 650/8536633
office@rothwein.at
www.rothwein.at

= 3
>10m >3,5 t R

Hofladen, Weinprobe

Anfahrt: Auf der Oberen Hauptstraße von Pama kommend auf Höhe des Gerätehauses links abbiegen und bei der nächsten Gelegenheit nochmals links abbiegen

Wir sprechen auch: Englisch

GPS: 48°00'47"N 17°06'10"E

Weine: Welschriesling, Weißburgunder, Chardonnay, Zweigelt
Spezialitäten: hauseigene Brauerei, biologische Weine, 100 % Handlese, Barriqueausbau, klassische und besondere Stilistik

Aktivitäten: Wein- und Bierverkostungen
Öffnungszeiten: auf Anfrage. Bitte rufen Sie uns einfach an. Verkostungen auch kurzfristig möglich

7474 Deutsch Schützen

Gerhard u. Manuela Wallner

Oberer Weinweg 41
Manuela Wallner
Tel.: +43 664/1814294
weingut@wallnerwein.at
www.wallnerwein.at

= 1
>10m >3,5 t R
WC

Weinprobe

Anfahrt: Von Oberwart nach Großpetersdorf dann → Eisenberg und weiter nach Deutsch Schützen, danach Deutsch Schützen Weinberg

Anmeldung telefonisch oder per E-Mail

Wir sprechen auch: Englisch

GPS: 47°10'09"N 16°25'18"E

Weine: Blaufränkisch Eisenberg DAC Weine, Zweigelt, St. Laurent, Weißweine und Uhudler
Spezialitäten: 80 % Rotweine und 20 % Weißweine
Aktivitäten: Buschenschank, ab Hof Weinverkauf

Öffnungszeiten: Weinverkauf ganzjährig, Buschenschanktermine siehe Webseite

7474 Deutsch Schützen

Weingut Gerald Unger

Kapellenstr. 15
Gerald Unger
Tel.: +43 3365/2248
office@geraldunger.at
www.geraldunger.at

= 3
>10 m >3,5 t
CHEM

Anfahrt: Von Wien kommend die Südautobahn A2 ➔ Graz, bei Pinkafeld abfahren, ➔ Oberwart, Großpetersdorf, Hannersdorf, Eisenberg, Deutsch Schützen

Wir sprechen auch:
Englisch, Französisch

GPS: 47°10'00"N 16°27'05"E

Weine: Blaufränkisch, Cabernet Sauvignon, Merlot, Zweigelt, Grüner Veltliner, Uhudler, Welschriesling, Weißburgunder

Aktivitäten: Weinbergführungen, kulinarische Weinproben
Öffnungszeiten: ganzjährig geöffnet

7474 Eisenberg an der Pinka

Weingut Reiger

Untere Kellergasse 1
Martin Reiger
Tel.: +43 3365/2346
weingut@reiger.cc
www.reiger.cc

= 2
>10m >3,5 t
CHEM

Anfahrt: A2 (Wien - Graz) Ausf. Oberwart → Oberwart, im 1. Kreisverkehr in Oberwart → Großpetersdorf abbiegen, 1. Einfahrt nach Großpetersdorf nehmen (L272), dort (nach dem Lagerhaus) re. abbiegen → Eisenberg (L244) immer geradeaus, durch Hannersdorf, weiter bis an die T-Kreuzung, (geradeaus Sicht: Burger Stausee), hier re. abbiegen, nach der Ortstafel Eisenberg noch ca. 900 m in einer Rechtskurve auf der li. Seite

GPS: 47°11'31"N 16°24'34"E

Weine: Grüner Veltliner, Welschriesling, Weißburgunder, Oliver Jrsay, Blaufränkisch, Blauer Burgunder, Blauer Zweigelt, Cabernet Sauvignon, Merlot

Aktivitäten: Weinprobe, Kellerführung
Öffnungszeiten: April bis November

7000 Eisenstadt

Weingut Hans Moser

St. Georgener Hauptstr. 13
Sabine Moser
Tel.: +43 2682/66607
weingut@hans-moser.at
www.hans-moser.at

= 2
>10m >3,5 t R

Anfahrt: Das Weingut befindet sich in der St. Georgener Hauptstraße, von dort werden Sie zum Platz in Dorfnähe mitten in den Weingärten von St. Georgen gebracht.

Wir sprechen auch: Englisch

GPS: 47°51'14"N 16°33'3"E

Weine: Chardonnay, Gemischter Satz, Sauvignon Blanc, Syrah, Welschriesling, Cabernet Sauvignon und Franc, Blaufränkisch, Merlot, Zweigelt
Spezialitäten: Sekt, Frizzante, Hefebrand, Gelägerbrand, Weinbrand
Aktivitäten: Weingartenführung, kurze Wanderung zur St. Georgener Rebe (Mutterrebe des Grünen Veltliner), Weinprobe
Öffnungszeiten: Weingut: Mo-Sa 8:00-19:00 Uhr, darüber hinaus nach Voranmeldung. Kein Aufenthalt bei hoher Schneelage bzw. nach starken Regenfällen

3491 Elsarn im Strassertal

Winzerhof Stauffer

Weinbergstraße 38
Walter Stauffer
Tel.: +43 2735/79470
Mobil: +43 664/3900355
info@winzerhof-stauffer.at
www.winzerhof-stauffer.at

= 3
>10m >3,5 t R
Hofladen, Aufenthaltsraum, Weinprobe

Anfahrt: Westautobahn A1 Abfahrt Knoten St. Pölten → Wien Nord S33 bis Abfahrt Grafenwörth Schloss Grafenegg vorbei, Etsdorf, Hadersdorf, nach Strass durch das Strassertal nach Elsarn im Strassertal, Region Kamptal, ruhige Lage, Entfernung Wien 70 km, Krems Wachau 20 km

GPS: 48°29'40"N 15°45'05"E

Weine: Grüner Veltliner, Riesling, Chardonnay, Sauvignon Blanc, Zweigelt, Blauburger und Frizzante Rosé
Besonderes: Stellplätze am Winzerhof mit Liegewiese oder direkt in den Weinbergen bei unserem Weinbrunnen
Aktivitäten: Erleben Sie eine Kellerführung durch unseren jahrhundertealten Weinkeller mit Erzählung vom Werdegang des Weines. Kommentierte Weinverkostung mit Jause. Riedenfahrten mit restauriertem alten Traktor und Anhänger, Picknick im Weingarten
Öffnungszeiten: April bis Oktober

8462 Gamlitz

Weingut Ludwigshof

Eckberg 25
Klaus Zierer
Tel.: +43 3453/2475
Mobil: +43 681/10726589
weingut@ludwigshof.net
www.ludwigshof.net

= 2
>10m >3,5 t R
Weinprobe

Anfahrt: über A 9 Phyrnautobahn über Graz → Spielfeld, Abfahrt Vogau-Straß, über Ehrenhausen nach Gamlitz, mitten im Ort links abbiegen, Eckberger Weinstraße, ca. 3 km den Berg hinauf, li. Seite beschilderte Einfahrt Ludwigshof, dann noch 300 m

GPS: 46°42'06"N 15°33'11"E

Weine: Welschriesling, Chardonnay, Scheurebe, Gewürztraminer, Sauvignon Blanc, Gelber Muskateller, Zweigelt, Schilcher, Frizzante, Traubensaft
Öffnungszeiten: April bis Oktober

2013 Göllersdorf

Weingut ArteVinea Jahn e.U.

Viendorf 51
Manfred Jahn
Tel.: +43 650/6540657
manfred.jahn@artevinea.at
www.artevinea.at

= 4
R

Dusche, Weinprobe

Anfahrt: Von Wien kommend via S3 Stockerau – Sierndorf – Abfahrt Göllersdorf von Prag kommend via Hollabrunn – Abfahrt Göllersdorf – Westautobahn via Sankt Pölten – Tulln – Göllersdorf

Wir sprechen auch: Englisch

GPS: 48°29'1"N 16°8'21"E

Weine: Grüner Veltliner, Welschriesling, Muskateller, Gemischter Satz, Rivaner, Weinviertel DAC Reserve Zweigelt, Red Baron Barrique, Blauburger Cuvee, Frizzante (Apfel, Weiß, Rosé), Hugo Frizzante

Spezialitäten: Schaumweine und Weinviertel DAC
Öffnungszeiten: Montag bis Freitag von 8:00 bis 18:00 Uhr, Samstag und Sonntag nach Vereinbarung

7122 Gols

Allacher Vinum Pannonia

Salzbergweg 4
Michael Allacher
Tel.: +43 2173/3380
wein@allacher.com
www.allacher.com

= 5
>10m >3,5 t R

Weinprobe

Anfahrt: Von Wien kommend auf der A4 bis Abfahrt Gols/Weiden

Wir sprechen auch: Englisch

GPS: 47°54'11"N 16°55'22"E

Weine: Welschriesling, Grüner Veltliner, Chardonnay, Sauvignon Blanc, Zweigelt, Merlot, Blaufränkisch
Aktivitäten: geführte Weinverkostungen in Deutsch und Englisch, Fassproben, Weinkellerei- und Kellerführungen, Terrasse mit schönem Ausblick hin zum Neusiedler See, Schneeberg/Rax Gebirge
Öffnungszeiten: wochentags von 9:00-12:00 und 13:00-17:00 Uhr

3701 Grossweikersdorf

Landrichter & Pfeiffer

Ober Thern 22
Augustinus Pfeiffer
Tel.: + 43 6801/249817
landrichter.wein@aon.at
www.landrichter-pfeiffer.at

= 2
>10m >3,5 t R

Weinprobe

Anfahrt: ca. 50 km nordöstlich von Wien über A22 und B4 bei Grossweikersdorf – Näheres per Mail oder Anruf

Wir sprechen auch: Englisch

GPS: 48°30'49"N 16°0'46"E

Weine: Grüner Veltliner, Weißer Burgunder, Welschriesling, Rivaner, Gewürztraminer, Gelber Muskateller, Rosé, Cuvee-Rot
Spezialitäten: Weißweine

Aktivitäten: laufend internationale Prämierungen – z. B. 2 x Gold bei internationaler Weintrophy in Berlin 2018 für Grüner Veltliner und Gelber Muskateller
Öffnungszeiten: nach Vereinbarung

2061 Hadres

Karin Petz Weingut

Obritz 321a
Karin Petz
Tel.: +43 2943/3888
Mobil: +43 664/73964707
info@weingut-petz.at
www.weingut-petz.at

= 1
>10m >3,5 t R

Anfahrt: zwischen Retz und Laa an der Thaya

GPS: 48°41'59"N 16°9'34"E

Weine: Grüner Veltliner, Welschriesling, Riesling, Muskateller, Sauvignon Blanc, Chardonnay, Blauer Portugieser, Zweigelt, Merlot, Cabernet Sauvignon

Aktivitäten: Weinberg- und Kellerführungen
Öffnungszeiten: täglich gegen Voranmeldung

2054 Haugsdorf

Weingut Anton Schöfmann

Kellerstraße 17
Anton Schöfmann
Tel.: +43 2944/27163
Mobil: +43 676/4252727
anton@schoefmann.at
www.schoefmann.at

= 2
>10m >3,5 t R

Weinprobe

Anfahrt: am besten mit Google Maps

Bitte melden Sie sich telefonisch vorher an

GPS: 48°42'0"N 16°4'42"E

Weine: fruchtig-frische Weißweine mit Fokus auf Grüner Veltliner. Eine Bandbreite an Rotweinen – von klassisch-fruchtbetont bis kräftig und vollmundig
Spezialitäten: Haugsdorf wird auch unter Kennern die „Rotweininsel des Weinviertels" genannt. Zweigelt, St. Laurent, Pinot Noir, Merlot und Cabernet
Aktivitäten: Weinverkostungen, plaudern mit dem Winzer, Weinverkauf, Events: Weintour Weinviertel (Frühling) und Wein. Geschenke. Verkosten
Öffnungszeiten: jederzeit nach telefonischer Anmeldung

3472 Hohenwarth

Weingut Sutter

Weinviertler Straße 6
Doris und Leopold Sutter
Tel.: +43 2957/200
Mobil: +43 664/7882409
office@weingut-sutter.at
www.weingut-sutter.at

= 20
>10m >3,5 t R

Weinprobe

Anfahrt: Von Salzburg: A1 Westautobahn, Abfahrt St.Pölten Ost → Krems (S33) Grafenwörth, Feuersbrunn, Gösing am Wagram, Stettenhof, Hohenwarth (Mühlbach). Von Wien: Donauuferautobahn A22, Abfahrt → Krems S5, Abfahrt Kirchberg, Oberstockstall, Hohenwarth (Mühlbach)

Wir sprechen auch: Englisch

GPS: 48°30'25"N 15°49'35"E

Weine: Grüner Veltliner, Roter Veltliner, Frühroter Veltliner, Riesling, Sauvignon Blanc, Zweigelt, Pinot Noir
Spezialitäten: Veltliner Vielfalt von kalkreichen Schotterböden
Aktivitäten: Weinverkostungen, Picknick im Weingarten, Kabarett
Öffnungszeiten:
Montag bis Freitag 8:00-18:00 Uhr,
Samstag 8:00-15:00 Uhr

2225 Loidesthal

Bio Weingut Berthold

Mühlgasse 20
Leo Berthold
Tel.: +43 664/2619160
office@bioweingut-berthold.at
www.bioweingut-berthold.at

= 4
>10m >3,5t R
WC GRAU

Aufenthaltsraum, Weinprobe

Anfahrt: Nur 15 Minuten von der A5 entfernt Abfahrt Schrick oder Hochleithen. Wir liegen außerhalb des Ortsverbunds

Bitte um telefonische Rücksprache vor Anreise

Wir sprechen auch: Englisch

GPS: 48°29'49"N 16°44'59"E

Weine: Grüner Veltliner, Welschriesling, Muskat Ottonell, Riesling, Zweigelt
Besonderes: Wir organisieren auch gerne eine Heurigenjause inkl. Verkostung für Gruppen. Anmeldung erforderlich.

Aktivitäten: Radwege führen direkt am Winzerhof vorbei. Nicht weit von der Stadt Mistelbach und Gänserndorf. Schöne Kellergassen in den umliegenden Orten. Spaziergänge zu den Weingärten von unserem Hof. Freilichtmuseum Niedersulz nur 5 Autominuten entfernt

3712 Maissau

Weingut und Buschenschank Humer

Hornerstraße 35
Franz Humer
Tel.: +43 2958/82611
Mobil: +43 664/3774026
office@humerwein.at
www.humerwein.at

= 4
>10m >3,5t R

Weinprobe

Anfahrt: Anfahrt über die Bundesstraße B4, jeweils aus dem Norden bzw. Süden (Wien) kommend. Der Parkplatz liegt direkt auf der Hauptstraße (Hornerstraße) auf dem Maissauer Berg

GPS: 48°34'38"N 15°49'37"E

Weine: große Auswahl an hochwertigen Qualitätsweinen mit dem Hauptaugenmerk auf heimische Rebsorten, insbesondere Grüner Veltliner
Aktivitäten: nähere Informationen unter: www.maissau.at und www.weinviertel.at

Öffnungszeiten: Die Buschenschank-Öffnungszeiten entnehmen Sie bitte unserer Webseite. Weinverkauf ganzjährig gegen Voranmeldung

3720 Minichhofen

Weingut Mayr

Minichhofen 12
Tobias Mayr
Tel.: +43 676/6442935
Mobil: +43 676/6442935
tobias@weingut-mayr.at
www.weingut-mayr.at

= 5
>10m >3,5t R
WC CHEM
Hofladen, Weinprobe

Anfahrt: Von Wien über A22 ➔ Hollabrunn, Stockerau abfahren auf B4 ➔ Horn, Abfahrt Ziersdorf, ➔ Gettsdorf abbiegen, in Gettsdorf auf Kreuzung links nach Minichhofen abbiegen, in Minichhofen (Ortsmitte) sind Sie am Weingut angekommen

Wir sprechen auch: Englisch

GPS: 48°30'0"N 15°54'7"E

Weine: Grüner Veltliner, Riesling, Weißburgunder, Welschriesling, Rivaner, Gelber Muskateller, Roter Veltliner, Gewürztraminer, Blauburger, Zweigelt, Cabernet Sauvignon und Merlot
Spezialitäten: naturnahe Erzeugung von Qualitätsweinen, selbstgebrannte Edelbrände und aus den eignen Kernen produziertes Kürbiskernöl
Aktivitäten: Weinproben, Weinbergführungen mit Kellerbesichtigung, besondere Events siehe Webseite
Öffnungszeiten: nach telefonischer Voranmeldung

3562 Mollands

Weingut Oskar Hager

Weinstraße 42
Oskar Hager
Tel.: +43 2733/8278
Mobil: +43 664/1414636
info@weingut-hager.at
www.weingut-hager.at

= 2
>10m >3,5t R
Dusche, Sauna, Weinprobe

Anfahrt: Krems, Langenlois, Zöbing, Schönberg, Mollands

Wir sprechen auch:
Englisch, Rumänisch

GPS: 48°30'49"N 15°40'26"E

Weine: Grüner Veltliner, Riesling, Zweigelt
Spezialisierung: Seit 1640 bewirtschaftet die Familie Hager in Mollands eigenen Grund und Boden. Die ersten Weinstöcke wurden in Stockkulturen gepflanzt und naturreiner Qualitätswein für den Eigenbedarf und für Freunde gewonnen. Derzeit werden im Weingut Oskar Hager 12 ha Weingärten in den besten Lagen des Kamptals bewirtschaftet
Öffnungszeiten: jederzeit gegen Voranmeldung

7311 Neckenmarkt

Weinhäusel Weingut & Jubiläumsschenke

Lange Zeile 31
Zsanett Weinhäusel
Tel.: +43 2610/42539
Mobil: +43 664/5727870
info@weinhaeusel.at
www.weinhaeusel.at

= 1
R

Aufenthaltsraum, Weinprobe

Anfahrt: Ausfahrt Weppersdorf/Markt St. Martin – B62 folgen bis Lange Zeile in Neckenmarkt

Wir sprechen auch: Englisch, Ungarisch

GPS: 47°35'53"N 16°32'48"E

Weine: Rotwein: Blaufränkisch, Blauer Zweigelt, Syrah, Cabernet Sauvignon und Merlot, Weißwein: Welschriesling, Grüner Veltliner und Ruländer (Pinot Gris)
Besonderes: Familienbetrieb, der mit Leib und Seele die Weine erschafft
Aktivitäten: bodenständige Küche mit Rezepten, die von Generation zu Generation weitergegeben werden, Kellerführungen und Weinverkostungen
Öffnungszeiten: montags bis samstags 8:00-18:00 Uhr, Jubiläumsschenke/Heuriger: siehe Webseite

2061 Obritz

Weingut Reisinger

Obritz 139
Josef Reisinger
Tel.: +49 664/73553500
wein@reisingerwein.at
www.reisingerwein.at

= 3
>10m >3,5 t R

Hofladen, Weinprobe

Anfahrt: Von der Bundesstraße Wien-Praha (E59, B303) in Jetzelsdorf im Kreisverkehr → Haugsdorf bzw. Laa/Thaya (B45) abbiegen. Nach ca. 10 km erreichen Sie uns in Obritz an der Hauptstraße. Der Stellplatz liegt dann 2,5 km außerhalb von Obritz in der Kellergasse (siehe GPS)

Wir sprechen auch: Englisch

GPS: 48°40'47"N 16°09'36"E

Weine: Weißweine: Grüner Veltliner (Simon Polt, Reserve, Weinviertel DAC Klassik u. Ant.), Gemischter Satz, Welschriesling, Riesling, G. Muskateller, Sauvignon Blanc, Sämling 88, Chardonnay, Weißburgunder. Rotweine: Echt Schwarzer BF, Zweigelt, Rathay, Cuvee Poesie, Merlot, Cabernet Sauvignon
Aktivitäten: Zusätzlich bieten wir bei Voranmeldung Führungen durch die Kellergasse und zu den Drehorten von „Simon Polt" an
Öffnungszeiten: telefonische Anmeldung

7471 Rechnitz

Weingut Dietlinde & Reinhard Koch

Mitterbergweg
Reinhard Koch
Tel.: +43 664/4215308
+43 664/9340686
office@koch-weine.at
www.koch-weine.at

= 5
>10m >3,5 t R
WC CHEM

Weinprobe

Anfahrt: A2 – Abfahrt Markt Allhau – Oberwart – Großpetersdorf – Schachendorf – Rechnitz

Anreise auch kurzfristig möglich

Wir sprechen auch: Englisch

GPS: 47°18'51"N 16°27'12"E

Weine: Welschriesling, Sauvignon Blanc, Gelber Muskateller, Rivaner, Blaufränkisch, Zweigelt, Pinot Noir, Traubensaft, Schnäpse und Liköre, Uhudler, Uhudlerfrizzante, Frizzante Amoroso-K
Spezialitäten: Wein-, Schnaps- und Likör-Verkostung, dazu regionale, hausgemachte Schmankerln
Aktivitäten: Kellerführungen, Führung durch den Weinlehrpfad, Buschenschank, Hoffest, Martiniloben
Öffnungszeiten: während des Buschenschanks tgl. von 11:00-24:00 Uhr geöffnet, mit telefonischer Voranmeldung jederzeit

7071 Rust

Weingut Landauer

Haydngasse 5
Stefan Landauer
Tel.: +43 664/73536391
Mobil: +43 664/73536391
weingut@landauer.info
www.landauer.info

= 5
>10m >3,5 t

Weinprobe

Anfahrt: A3-Abfahrt Eisenstadt-Süd → Rust ca. 15 km Eisenstadt -> Trausdorf -> St. Margarethen -> Rust. In Rust bei der Kreuzung → „Zum See" – die Hauptstraße runter, rechts abbiegen zur Haydngasse – grobe Orientierung bei der katholischen Kirche (weißer Turm)

Wir sprechen auch: Englisch

GPS: 47°48'4"N 16°40'34"E

Weine: Weißwein, Rotwein und Süßwein
Besonderes: traditionsreicher Familienbetrieb seit 1650
Aktivitäten: Unser Weingut liegt mitten in der Altstadt von Rust am Neusiedlersee. Rund um uns herum gibt es eine große Auswahl an Heurigen, Restaurants, Geschäften, Hotels und Freizeitprogrammen
Öffnungszeiten: Unser Weingut ist täglich von 8:00-18:00 Uhr geöffnet. Außerhalb dieser Zeit bitten wir um Absprache

3494 Schlickendorf

Weingut Erwin Winkler

Schlickendorf 4
Erwin Winkler
Tel.: +43 2735/ 8185
winkler@weinmitbiss.at
www.weinmitbiss.at

= 3
>10m >3,5 t R

Anfahrt: B 5 Abfahrt Theiss/ Gedersdorf Schlickendorf, Winkler Wegweiser

Wir sprechen auch: Englisch

GPS: 48°24'14.6"N 15°42'33.5"E

Weine: Grüner Veltliner, Neuburger, Riesling, Gelber Muskateller, Chardonnay, Zweigelt
Aktivitäten: Weinverkostungen, Riesenwanderung. Verkostlokal, Ab-Hof-Verkauf (Fleisch- und Wurstwaren)

Öffnungszeiten: Termine Heurigenabende siehe Webseite

2073 Schrattenthal

Weingut Puhr

Obermarkersdorf 41
Viktoria Puhr
Tel.: +43 2942/8240
Mobil: +43 660/5431584
viktoria@weingutpuhr.at
www.weingutpuhr.at

= 1
>10m >3,5 t R
WC
Weinprobe

Anfahrt: Das Weingut liegt außerhalb der Ortschaft Obermarkersdorf, → Weitersfeld in der Kellergasse Rosenau, ist aber mit grünen Wegweisern gut beschriftet und auf Google Maps eingetragen

Wir sprechen auch: Englisch

GPS: 48°44'28"N 15°53'48"E

Weine: Grüner Veltliner, Rosé vom Zweigelt, Riesling, Gelber Muskateller, Weißburgunder, Neuburger, Sauvignon Blanc, Gewürztraminer, Zweigelt, Cabernet Sauvignon, Süßweine
Spezialitäten: Selbstgebranntes wie Weinbrand, Tresterbrand, Traubensaft, Puhrsecco – weiß oder rosé
Öffnungszeiten: jeden ersten Samstag im Monat „WEINPLAUDEREI" – dabei gemütlich Weine kosten, die Winzerfamilie kennenlernen, von 10:00-17:00 Uhr sowie beinahe jederzeit – wir bitten um Anmeldung – Anruf genügt!

2264 Sierndorf/March

Weingut ZISSLER

Hauptstraße 49
Karl Zissler
Tel.: +43 2536/8589
Mobil: +43 699/10721686
office@zissler.at
www.zissler.at

= 2
>10m >3,5 t R
WC
Weinprobe

Anfahrt: Von Wien über die A5 Ausfahrt Schrick-Gaiselberg – Großinzersdorf – Jedenspeigen – Sierndorf/March; oder über die B8 – Gänserndorf – Angern/March – B49 (→ Hohenau); Anfahrtszeit ab Wien ca. eine Stunde

GPS: 48°30'41"N 16°53'13"E

Weine: Grüner Veltliner, Welschriesling, Frühroter Veltliner, Riesling, Pinot Blanc, Sauvignon Blanc, Muskat, Zweigelt, Blauburger, Cabernet Sauvignon, La Creation (rote Cuvee)
Spezialitäten: „Rudolf von Habsburg" – Grüner Veltliner Reserve „Bernsteinwein", eine Kreation der Marchweingärtner (weiße Cuvee)
Aktivitäten: Weingarten- & Betriebsbesichtigung, Weinverkostung, Radwege und Sehenswürdigkeiten in der Nähe
Öffnungszeiten: jederzeit gegen telefonische Terminvereinbarung

2123 Traunfeld

Winzerhof Schütz

Hauptstr. 24
Herbert Schütz
Tel.: +43 2245/89725
Mobil: +43 664/46272
winzerhof.schuetz@aon.at
www.winzerhof-schuetz.at

= 2
>10m >3,5 t R
CHEM GRAU
Weinprobe

Anfahrt: A5 Abfahrt Hochleithen → Traunfeld

Wir sprechen auch: Englisch

GPS: 49°24'53"N 11°28'31"E

Weine: Grüner Veltliner, Welschriesling, Müller Thurgau, Riesling, Roter Riesling, Chardonnay, Weißburgunder, Traminer, Zweigelt, Merlot, Blauburger
Spezialitäten: Traubensaft, Apfelsaft, Frizzante, Bio-Kürbiskernöl, Wildspezialitäten je nach Saison
Aktivitäten: Keller- bzw. Weingartenführung, Weinverkostung mit Jause nach Voranmeldung, Fußpflege und Frisiersalon am Hof. In der Umgebung: Alpakawanderungen, Weinviertler Bauerngarten, Hermann Bauch Museum, schöne Wander- und Radwege im Weinviertel

3465 Unterstockstall

Preisinger-Reinberger

Brunnengasse 1
Rupert Reinberger
Tel.: +43 2279/3429
Mobil: +43 664/5311108
info@weingut-pr.at
www.weingut-pr.at

= 2
>10m >3,5 t R
WC
Weinprobe

Anfahrt: S5 Abfahrt Kirchberg am Wagram – beim Kreisverkehr in Kirchberg → Unterstockstall – in Unterstockstall nach der Brücke links abbiegen

Wir sprechen auch: Englisch

GPS: 48°25'28"N 15°55'48"E

Weine: Grüner Veltliner, Roter Veltliner, Frühroter Veltliner, Riesling, Pinot Blanc, Gelber Muskateller, Zweigelt Rosé, Rosé Frizzante, Zweigelt, Blauburger, Cuvée barrique
Spezialitäten: typische Bouteillenweine vom Wagram, Roter Veltliner

Aktivitäten: Weinprobe, Riedenwanderung, Besichtigung des alten Lösskellers, Heurigenbesuche, Konzerte, Stadtbesichtigung in Krems & Tulln, Wien, Schifffahrten auf der Donau
Öffnungszeiten: Montag-Freitag 8:00-18:00 Uhr, Samstag 8:00-12:00 Uhr

7121 Weiden am See

Weingut Tobias & Elfriede Friedrich

Untere Hauptstraße 44
Christian Friedrich
Tel.: +43 2167/7241
weinbau-friedrich@gmx.at
www.weinbau-friedrich.at

= 1
>10m >3,5 t R
Weinprobe

Anfahrt: Auf A4 Autobahnabfahrt 51 Gemeinde Gols/Weiden → Gols/Weiden nehmen, weiter auf A462 fahren und im Kreisverkehr erste Ausfahrt → Neusiedler Straße / B51 nehmen. Ziel befindet sich direkt auf Hauptstraße in Weiden am See

Wir sprechen auch: Englisch

GPS: 47°55'25"N 16°52'16"E

Weine: Weißwein: Welschriesling, Weißer Burgunder, Chardonnay, Grauer Burgunder, Sauvignon Blanc. Rotwein: Zweigelt, St. Laurent, Cabernet Sauvigon, Rotweincuvee, Süßweine, Rosé, Schaumweine

Spezialitäten: Frizzante
Aktivitäten: Weinverkostung, Riedenwanderung, Besuch Nationalpark Neusiedlersee-Seewinkel, Restaurantbesuche

1210 Wien

Weingut & Heurigen Christ

Amtsstraße 10-14
Rainer Christ
Tel.: +43 1292/5152
info@weingut-christ.at
www.weingut-christ.at

= 15

R

WC

Hofladen, Weinprobe

Anfahrt: A22 Ausfahrt Praha/Brno, Beschilderung nach Jedlersdorf folgen

Wir sprechen auch: Englisch

GPS: 48°16'39"N 16°24'25"E

Bio WINZER

Weine: große Auswahl aus dem 2018/19 höchst bewerteten Weingut Wiens
Spezialitäten: Weine, Sekt, Traubensaft, hausgemachte Spezialitäten in unserem Wiener Heurigen

Aktivitäten: Weingarten- und Kellerführungen
Öffnungszeiten: Heurigenöffnungszeiten in den Monaten Jänner, März, Mai, Juli, September, November täglich ab 15:00 Uhr

8551 Wies

Weingut Christian Reiterer

Lamberg 11
Carena Schmuck
Tel.: +43 3465/3950
info@weingut-reiterer.com
www.weingut-reiterer.com

= 5

>10 m >3,5 t

Anfahrt: A2 ➔ Klagenfurt – Abfahrt Lieboch – B76 ➔ Deutschlandsberg/Eibiswald bis Wies – 1. Kreisverkehr 4. Ausfahrt – vor Ortsausgang links Lamberg ca. 800 m hinauf – Weingut Reiterer linke Seite

Wir sprechen auch: Englisch

GPS: 46°43'44"N 15°16'09"E

Weine: Rosé – Blauer Wildbacher, Weiß – Sauvignon Blanc, Morillon (Chardonnay), Cuvée
Aktivitäten: Weinbergführungen

Öffnungszeiten: Dezember bis Februar und sonntags sowie während der Betriebsferien Ende August ist ein Aufenthalt nicht möglich

EIN **KLEINES** LAND GANZ **GROSS**

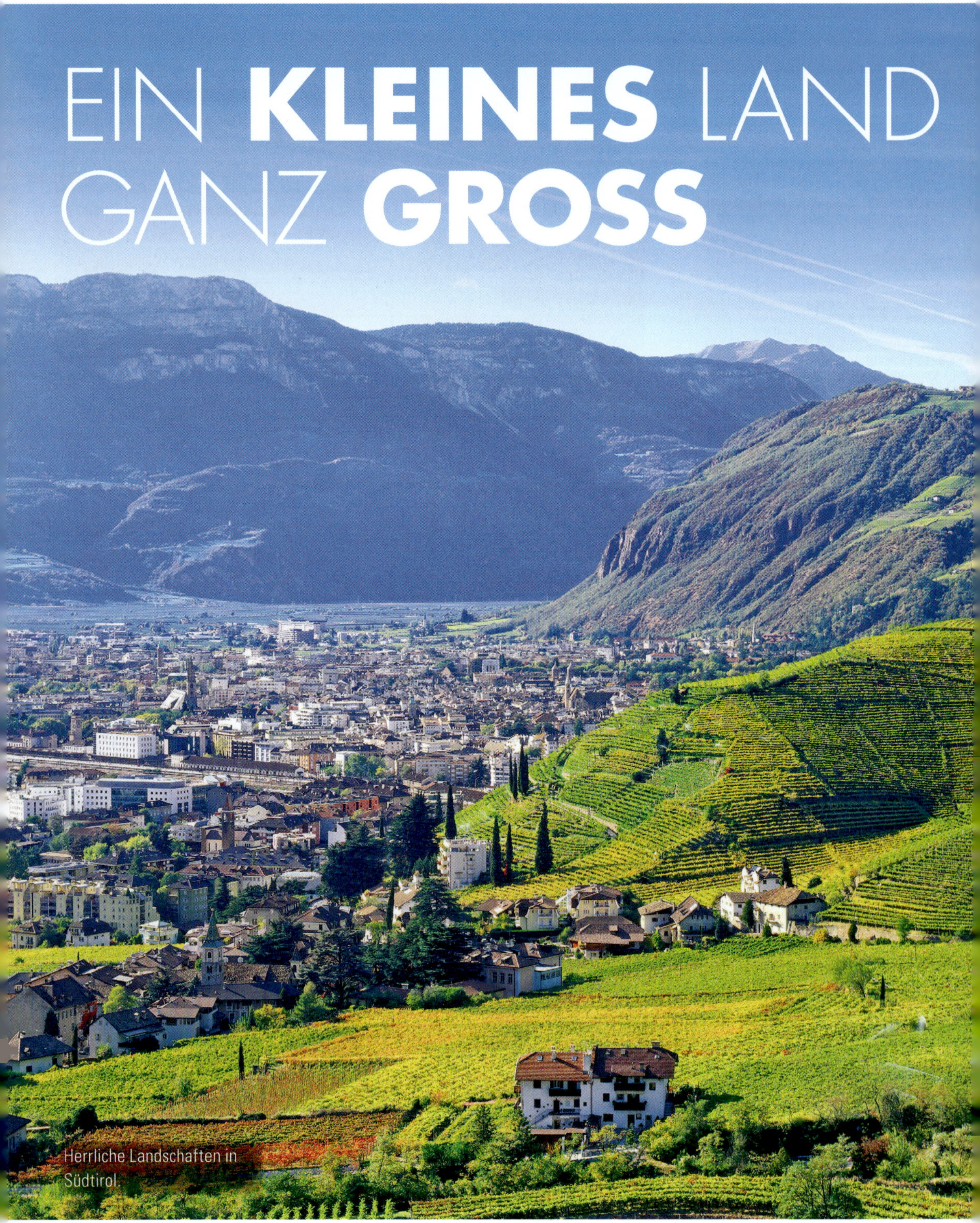

Herrliche Landschaften in Südtirol.

Von mediterraner Sonne verwöhnt, von alpiner Landschaft geprägt, von erfahrenen Winzern bereitet und von Weinkennern in der ganzen Welt geschätzt: Wein aus Südtirol. Südtirol kultiviert seit 3.000 Jahren Wein und zählt damit zu den ältesten Weinbauregionen Europas. Dabei betätigten sich auch Mönche als Winzer. Klöster investierten in den Weinbau, um ihren Bedarf an Tisch- und Messwein zu decken. Noch heute zählen die Kellereien der Klöster, wie beispielsweise von Kloster Neustift, zu den besten des Landes. Südtirol ist eines der kleinsten Anbaugebiete Italiens. Dank seiner geografischen Lage aber auch eines der facettenreichsten. Hier reifen keine Modeweine, sondern authentische Weine mit eigenständigem Charakter.

Trotz überschaubarer Größe kann das Weinbaugebiet Südtirol mit einem beachtlichen Sorten-Spektrum aufwarten. Zu den typischen Südtiroler Weinen gehört der Vernatsch, die am häufigsten angebaute Rotweinsorte in Überetsch am Kalterer See. Serviert wird der als „Kalterer See" bekannte Rote leicht gekühlt. Beliebt in der Region ist auch der Lagrein, aus dessen kleinen Beeren nicht nur kräftige Dunkelrote, sondern auch Roséweine gekeltert werden. Daneben dominieren bei den Rotweinen Blauburgunder, Cabernet Sauvignon und Merlot. Weiße Rebsorten wie der international bekannte Gewürztraminer, Chardonnay, Grau- und Weißburgunder wachsen auf gut 60 Prozent der Weinbaufläche Südtirols. Dank starker Sonneneinstrahlung und wärmespeicherndem Kalkgestein Weinreben auf terrassierten Steilhängen bis auf 1.000 Meter Höhe.

Dabei werden in keinem anderen Weinbaugebiet der Welt auf einer so kleinen Anbaufläche so viele unterschiedliche Rebsorten angebaut wie in Südtirol. Auf gerade mal 5.400 Hektar gedeihen rund 20 Rebsorten. Auch bei der Qualität der Weine ist Südtirol ganz groß: Als einzige italienische Anbauregion kann sie 98 Prozent ihrer Weinproduktion als DOC klassifizieren, also mit „kontrollierter Ursprungsbezeichnung". ‹

DIE HOTSPOTS

1 DEM ÖTZI AUF DER SPUR

Auf drei Etagen sind im Südtiroler Archäologiemuseum in Bozen die Originalfunde und die Geschichte des berühmten Mannes aus dem Eis zu bestaunen. Seine Mumie wurde am 19. September 1991 beim 3.208 Meter hohen Tisenjoch in den Ötztaler Alpen entdeckt – daher sein Name. Gefunden haben ihn die deutschen Bergwanderer Erika und Helmut Simon aus Nürnberg.

Ötzi ist rund 5.000 Jahre alt und die einzige erhaltene, durch natürliche Gefriertrocknung konservierte Leiche aus der Kupfersteinzeit in Mitteleuropa. Die Ausstellung dokumentiert den Medienhype nach Ötzis Entdeckung, präsentiert Forschungsergebnisse wie auch allerlei Kurioses, spannende Interviews und interaktive Erlebnispunkte. Höhepunkt der Ausstellung ist Ötzi selbst in einem speziellen Kühlraum hinter einem Sicherheitsfenster.

2 SCHLOSSGARTEN MERAN

Nicht nur Kaiserin Sissi hat es geliebt: Schloss Trauttmannsdorf. 1870 diente es ihr und ihren Töchtern als Feriensitz. Die Anlage erstreckt sich über eine Fläche von zwölf Hektar in Form eines natürlichen Amphitheaters und eröffnet einen atemberaubenden Blick auf die exotischen botanischen Gärten, die grandiose Bergwelt zwischen Ortler, Ötztaler Alpen und Dolomiten. Hier gedeihen botanische Raritäten aus aller Welt, Themengärten und lokale Vegetationsbilder des Landes Südtirol. Außergewöhnlich ist, dass sich die Gärten rund um das Schloss über einen Höhenunterschied von rund 100 Metern verteilen. Die 2001 eröffneten Gärten gehören zu den meistbesuchten Freizeiteinrichtungen Südtirols. Im Schloss selbst ist heute das Südtiroler Landesmuseum für Tourismus, das Touriseum, untergebracht.

3 WEINMUSEUM KALTERN

Wein spielt in Südtirol eine große Rolle – kulturell, gesellschaftlich und wirtschaftlich. Mit ein Grund dafür, dass unermüdliche Sammler 1955 das erste Weinbau-Museum Italiens gegründet haben. Zahlreiche Exponate des kleinen, aber feinen Museums führen Geschichte und Bedeutung des Weines anschaulich vor Augen: imposante Weinpressen, Trink- und Traggefäße, Weinfässer und Keltergeräte.

Besucher erfahren außerdem aufschlussreiche Geschichten zu den Berufszweigen, die vom Weinbau lebten wie Weinsäumer, Fuhrleute, Fassbinder und Saltner: Zum Schutz vor Traubendiebstahl hatten Kalterer zum Beispiel einen Flurhüter, den sogenannten „Saltner", angestellt. Im Jahr 1914 gab es in Kaltern neun solcher

DER REGION SÜDTIROL

„Traubenwächter". Geöffnet ist von April bis November täglich außer montags. Von Ostern bis Allerheiligen werden jeden Donnerstag um 10 Uhr Führungen angeboten.

4 DOM IN BRIXEN

In und um Brixen gibt es zahlreiche Kirchen und Klöster. Eines der bedeutendsten Gotteshäuser Südtirols ist aber der um 980 erbaute Dom – Wahrzeichen der Stadt. Zweimal hat die Kathedrale gebrannt, bevor sie dann im 12. Jahrhundert im romanischen Stil wieder aufgebaut und mit einem dreischiffigen Langhaus und zwei Fassadentürmen erweitert wurde. Ein barocker Neubau entstand im 18. Jahrhundert mit eindrucksvollen Fresken und Gemälden des berühmten Tiroler Barockmalers Paul Troger. Der von Theodor Benedetti vollendete Hochaltar zählt zu den schönsten und bedeutendsten barocken Altären Tirols. Und auch die spätgotische Madonna des bayerischen Bildhauers Hans Leinberger kann sich durchaus sehen lassen.

5 WUNDER DER NATUR

Die Erdpyramiden am Ritten sind in etwa bis zu 20 Meter hoch und besitzen einen Stein, der einem Hut gleicht. Dieser schützt das lehmhaltige Material unter sich vor schnellem Abtragen. Das Besondere bei Erdpyramiden ist, dass sie schon seit Tausenden von Jahren an ihrer Stelle stehen. Geformt von Mutter Natur bestehen sie so lange, wie sie einen Deckstein, einen Hut, besitzen. Wird dieser abgetragen, sind die Pyramiden den Wettereinflüssen schonungslos ausgesetzt und verschwinden.

Südtirol Information
Südtiroler Straße 60
I-39100 Bozen
www.suedtirol.info

Ver- und Entsorgung in Südtirol

I-39019 Dorf Tirol,
Stellplatz Jausenstation, Segenbühleweg 26

I-39052 Kaltern-St. Josef am See,
Stellplatz Kalterer See, nahe Strandbad

I-39043 Klausen, Camping Gamp Klausen,
Via Gries/Greisbruck 10

I-39040 Kurtatsch, Camping Obstgarten,
Breitbach Nr. 9 (nur auf Anfrage)

I-39010 Tisens bei Lana,
Naturcaravanpark Tisens, Schwimmbadstraße 39

SÜDTIROLER WEINSUPPE

Die Südtiroler Weinsuppe ist ein tolles und einfaches Rezept, das mittlerweile weit über die Grenzen Südtirols hinaus beliebt ist. Diese Weinsuppe lässt sich in wenigen Minuten zubereiten und gehört zu einer der beliebtesten Vorspeisen. Besonders gut schmeckt die Suppe natürlich mit einem trockenen Weißwein aus Südtirol.

ZUTATEN

für 2 Personen:

Für die Croûtons:

- 2 Scheiben Toastbrot
- 40 g Butter zum Anbraten
- 1/2 TL Zimt

Für die Suppe:

- 1/4 l kräftige Fleischsuppe
- 1/8 l Weißwein (z. B. Eppaner Weißburgunder oder Gewürztraminer)
- 100 ml Sahne
- 3 Eigelb
- 1 Prise Muskatnuss
- 1 Msp. Zimtpulver
- Salz und Pfeffer zum Würzen

Zubereitungszeit: ca. 30 min.

SO WIRD'S GEMACHT

1 Fleischsuppe und Weißwein in einen Topf füllen. Die Sahne mit dem Eigelb verrühren und dazugeben. Anschließend langsam erhitzen und mit einem Schneebesen schaumig schlagen, ohne dass das Eigelb gerinnt. (Achtung: Die Suppe darf nie kochen, da sonst das Eigelb gerinnt!) Sobald die Suppe schaumig aufgeschlagen ist, mit Muskatnuss, Zimt, Salz und Pfeffer (weiß) würzen.

2 Das Toastbrot entrinden und in kleine Würfel schneiden. In einer Pfanne die Butter schmelzen, die Toastbrotwürfel dazugeben und goldbraun rösten. Zum Schluss mit etwas Muskatnuss und Zimt bestreuen und gleich aus der Pfanne nehmen.

3 Die Weinsuppe in Suppentellern anrichten, mit den Zimtcroûtons bestreuen, eventuell mit frischem Grün garnieren und heiß servieren.

WEIN-TIPP

Weißburgunder, gut gekühlt.

39057 Frangart/Eppan an der Weinstraße

Bioweingut Strickerhof

Boznerstr. 62
Karl Kasseroller
Tel.: +39 0471633402
service@strickerhof-frangart.it
www.strickerhof-frangart.it

= 2
>10m >3,5 t

Anfahrt: Von Eppan kommend nach dem Kreisverkehr Pillhof rechts nach Frangart abbiegen, nach ca. 700 m befindet sich der Hof auf der rechten Seite

Wir sprechen auch:
Englisch, Italienisch

GPS: 46°28'42"N 11°17'23"E

Weine: Chardonnay, Bronner, Goldmuskateller, Chambourcin Rosé, Vernatsch, Lagrein, Chambourcin, Cuvée rot
Spezialitäten: Destillate, Fruchtsäfte (alle Produkte sind Bioland zertifiziert)

Aktivitäten: Weinproben, Wein- und Hofführungen
Öffnungszeiten: Mo-Sa 08:00-20:00 Uhr

39040 Tramin

Hofkellerei Walch & Straußwirtschaft G'würzkeller

J.-v.-Zallinger-Str. 10 bzw. 24
Ingun Walch
Tel.: +39 0471860215
info@hofkellerei.it
www.hofkellerei.it

= 1
>10m >3,5 t R
WC CHEM

Anfahrt: A22 Ausfahrt Auer/Neumarkt/Tramin → Tramin. Die Hofkellerei und der G'würzkeller befinden sich im südlichen Teil des Dorfes (blaue Zone). www.hofkellerei.it/Anfahrt

Nach Voranmeldung

Wir sprechen auch:
Englisch, Italienisch

GPS: 46°20'11"N 11°14'24"E

Weine: Gewürztraminer, Gewürztraminer rosé, Chardonnay, Weißburgunder, Müller Thurgau, Grauburgunder, Blauburgunder (rot und rosé), Kalterersee, St. Magdalener, Merlot, Lagrein
Aktivitäten: Blindverkostungen auf Anfrage

Öffnungszeiten:
Hofkellerei: Mo-Fr 08:00-12:30 Uhr und 14:00-18:00 Uhr, Sa 08:00-14:00 Uhr, So und Feiertage geschlossen.
G'würzkeller auf Anfrage

WEIN AUS
OSTEUROPA

Herrliche Weinberge im Herzen Osteuropas. Eine Tour entlang der ungarischen Weinstraße durch die 2.500 Hektar Rebflächen lohnt sich zu jeder Jahreszeit.

Ganze 22 anerkannte Weinbauregionen gibt es in Ungarn. Dabei hat der edle Tropfen hier bereits eine lang gelebte Tradition. Schon römische Kaiser wussten die Weine aus Ungarn zu schätzen. Die Wurzeln in einem der bekanntesten Anbaugebiete, dem Villány, reichen vielleicht sogar zurück bis zu den Kelten, eindeutig jedoch bis zu den Römern. Die damit verbundene römische Besiedlung hat bis heute Spuren hinterlassen: Unterhalb des Berges Szársomlyó, des Villányer Wahrzeichens, schlummern Ruinen einer römischen Villa mit Bodenheizung, Schwimmbecken und Mosaiken. Außerdem steht dort ein Altarstein. Laut dessen Inschrift hat der Gutsherr einst etwa 50 Hektar Wein gepflanzt.

Villány ist das erste ungarische Weingebiet mit eigener, umfassend kontrollierter Herkunfts- und Qualitätsgarantie, die über die landesweite Klassifikation hinausgeht. Deren wesentlichen Regeln: DHC-Villány-Weine dürfen nur aus den besten Rebsorten stammen. Dazu gehören Portugieser, Lemberger, Cabernet, Olaszrizling und Chardonnay. Alle Winzer, die DHC-Villány-Weine erzeugen wollen, müssen ihr Vorhaben zu Kontrollzwecken spätestens am jeweiligen 30. Mai dem Weinbauamt melden. Alle DHC-Villány-Weine müssen außer der staatlichen Qualitätsprüfung eine gesonderte sensorische Prüfung der Villányer Verkostungskommission bestehen.

Und was erleben Urlauber? Eine herrliche Landschaft: Entlang der ersten Weinstraße Ungarns blitzen auf 2.500 Hektar Rebflächen an den Südhängen des Villányer Hügelzuges Mandel-, Feigen-, Aprikosen- und Pfirsichbäume auf – das Mittelmeer ist nicht weit entfernt. Jede Jahreszeit bietet ihren Reiz und verwöhnt die Gäste von Frühjahr bis Herbst mit ihren Früchten. Von den Weingärten aus reicht der Blick weit hinein in ein Land mit angenehmem Klima: warme Tage, kühle Nächte und Wind, der die Blätter nach einem Regen schnell abtrocknet. Die Jahresdurchschnittstemperatur beträgt 11,5 Grad bei mehr als 2.300 Sonnenstunden im Jahr. ‹

DIE **HOT**SPOTS DER REGION

Ungarisches Tourismusamt
Kacsa u. 15-23.
HU-1027 Budapest
www.wowhungary.com

1 BURG VON SIKLÓS

Weithin sichtbar thront diese Burg aus dem 13. Jh. auf einem Hügel über der südlichsten Stadt Ungarns. Über eine alte Zugbrücke erreicht man den mit Schießscharten bewehrten Hof sowie den Wehrgang mit Blick über die Hänge von Villány. Zu besichtigen sind unter anderem der Rittersaal, das ehemalige Gefängnis und die Folterkammer, in der Gäste angesichts der Folterinstrumente erschauern.

2 HEILBAD HARKÁNY

Das Heil- und Strandbad Harkány hat eine nahezu 200-jährige Vergangenheit. Auf die wundervolle Wirkung des Wassers machte der Fall János Pogány 1823 aufmerksam, der von seinen Beinschmerzen durch den Harkányer Sumpf befreit wurde. Aus dem Thermalbrunnen strebt Warmwasser mit Natrium-, Kalzium-, Hydrogenkarbonat-, Chlorid- und hohem Sulfidgehalt nach oben.

GULASCHSUPPE

Ist von der ungarischen Küche die Rede, fallen einem sofort Gulasch und Paprika ein. Warum also nicht eine herzhafte Gulaschsuppe zubereiten? Eine Gulaschsuppe braucht Zeit. Denn je länger das Fleisch schmoren kann, desto zarter wird es. Das A und O bei der Zubereitung? Die richtige Hitze. Die Suppe soll sanft köcheln, nicht sprudelnd kochen. Und während die Gulaschsuppe langsam vor sich hin schmort, genießt der Reisemobilist vor seinem Fahrzeug bereits das ein oder andere Gläschen Rotwein vorneweg – herrlich.

ZUTATEN

für 4 Portionen:

- 200 g Zwiebeln
- 1,5 Knoblauchzehen
- 1 Bio-Zitrone
- 1 EL Schweineschmalz
- 400 g Rindergulasch
- 2 EL Tomatenmark
- 1 Lorbeerblatt
- 4 TL Paprikapulver edelsüß
- 2 TL Paprikapulver rosenscharf
- 1 TL Kümmel
- 1 TL Zucker
- 150 ml Rotwein
- 600 ml Rinderbrühe
- 1 rote Paprika
- 1 gelbe Paprika
- 4 Kartoffeln
- 1 Chilischote
- 1 l Wasser
- 0,5 Bund Petersilie
- Salz und Pfeffer

Zubereitungszeit: ca. 90 Minuten

SO WIRD'S GEMACHT

1 Zwiebeln und Knoblauch schälen. Zwiebeln in Scheiben schneiden. Knoblauch fein hacken. Zitrone heiß abwaschen und Schale abreiben.

2 Schweineschmalz in einem Topf zerlassen. Zwiebeln und Knoblauch glasig andünsten. Fleisch dazugeben und rundherum bei mittlerer Hitze anbraten. Tomatenmark ebenfalls kurz mit anbraten.

3 Lorbeerblatt, Paprikapulver, 1 TL Zitronenschale, Kümmel, Zucker, Salz und Pfeffer dazugeben und mit Rotwein und Rinderbrühe ablöschen. Bei mittlerer Hitze abgedeckt 1-1,5 Stunden köcheln lassen.

4 Währenddessen Paprika putzen und in 2 cm große Würfel schneiden. Kartoffeln schälen und ebenfalls in 2 cm große Würfel schneiden. Chilischote halbieren, entkernen und in Streifen schneiden.

5 20 Minuten vor Ende der Garzeit Wasser, Paprika, Kartoffeln und Chili zum Fleisch geben und weiter köcheln lassen. Petersilie waschen und grob hacken. Vor dem Servieren unterrühren und mit Salz sowie Pfeffer abschmecken.

WEIN-TIPP

kräftiger Rotwein, wie Merlot, Syrah, Lagrein oder Carbernet Sauvignon

7766 Pécsdevecser (Dewetsch)

Wassmann Biodynamic wines Villány

Fö utca 42
Ralf Waßmann und Susann Hanauer
Tel.: +36 309117971
info@weingut-wassmann.de
www.weingut-wassmann.com

= 3

Anfahrt: Von M6/M60 kommend: Abfahrt Pécs Kelet / Újpetre, dann → Újpetre / Villány, vor Újpetre links → Kiskassa, nächste Möglichkeit links Ri Pécsdevecser, in der Ortsmitte liegt unser Weinbauernhof Haus Nr. 42, auf der linken Seite, mit einem großen Gingko vor dem Haus.

Wir sprechen auch:
Deutsch, Englisch

GPS: 45° 57′ 35′′N 18° 23′ 02′′E

Weine: Wir sind das erste Bio- und das einzige Demeter-Weingut der Region Villány. Weine sind allesamt naturrein, vegan, unfiltriert und schwefelarm. Hauptsorten Kékfrankos (Blaufränkisch) und Cabernet Franc. Cabernet Sauvignon und Merlot
Spezialitäten: Winzersekte weiß und rot. PetNat Blanc De Noir. Blanc de Noirs. Brand von Welschriesling-Wein
Aktivitäten: Weinbergführungen, Weinproben mit hausgemachtem Dinkel-Vollkornbrot, Seminare: Bioweinbau, biodynamischer Weinbau
Öffnungszeiten: nach Vereinbarung

7773 Villány

Weingut Günzer

Oportó Str. 6.
Norman Günzer
Tel.: +36 204683126
gunzernormanm@gmail.com
www.gunzerzoltan.hu

= 1
>10m

Anfahrt: 50 m von der Hauptstraße

Anmeldung per E-Mail oder Telefon

Wir sprechen auch:
Deutsch, Englisch

GPS: 45°52'01"N 18°26'47"E

Weine: Lezser (Sauvignon Blanc/Chardonnay), Chardonnay, Rosé, Portugieser, Kadarka, Cabernet Franc, Cabernet Sauvignon, Kékfrankos (Blaufrankisch), Syrah, Ördögárok (Teufelsgraben) (Merlot/Cabernet Franc/Cabernet Sauvignon)
Aktivitäten: Weinprobe
Öffnungszeiten:
Fr, Sa: 17:00-22:00 Uhr

KLEINE **GESCHICHTE**

Weinanbau ist eine Wissenschaft für sich. Seit jeher sind Menschen fasziniert vom Rebensaft.

Fotos: Deutsches Weininstitut (DWI)

Die Weinrebe – lat. vitis vinifera – gilt als eine der ältesten Kulturpflanzen der Welt. Die Spurensuche zu den Anfängen des Weinanbaus führt zurück in das Jahr 6000 v. Chr. In Georgien und in den Hochkulturen des Nahen Ostens, in Persien und Mesopotamien wurden nachweislich zu dieser Zeit bereits Trauben gepresst. Davon zeugen Funde von Tonkrügen, dekoriert mit Traubenreliefs. Den Geschichtsschreibern zufolge wurde per Zufall entdeckt, dass in Krügen oder Lederschläuchen gelagerter Traubensaft bei hohen Temperaturen zu gären begann und daraus ein alkoholhaltiger Saft entstand. Es darf allerdings bezweifelt werden, dass es sich zu jener Zeit um ein wohlschmeckendes Getränk gehandelt hat. Der Fokus lag vermutlich eher auf der alkoholischen Wirkung des Saftes, der mit Honig oder Gewürzen schmackhaft gemacht wurde.

Bereits früh haben Menschen mit der Kultivierung und der Weiterverarbeitung von Trauben begonnen.

Erst Rausch, dann Genussmittel

Über die Jahrtausende hat der Wein bei vielen Völkern einen festen Platz im Leben, in der Kultur, der Religion und der Ernährung eingenommen. Allein über 500 Bibelstellen des Alten und Neuen Testaments zeugen von dem besonderen Stellenwert des roten Rebsaftes. Die symbolische Bedeutung als Genuss- und Nahrungsmittel zeigt sich bereits früh bei den Griechen und Römern, die mit Dionysos und Bacchus eigenen Weingöttern huldigten – oft im Zusammenhang mit Liebe, Lebensfreude, Fruchtbarkeit und ausgelassenem Trinkgenuss. Um 1.600 v. Chr. begann mit dem Aufstieg der griechi-

DES WEINS

Links: Im antiken Griechenland war Wein als kultisches und Alltags-Getränk sowie Medizin unverzichtbar.

schen Zivilisation der systematische Anbau von Wein, der mit der griechischen Kolonisation seine Ausbreitung im gesamten Mittelmeerraum fand.

So gelangte der Wein auch nach Italien. Bereits im 3. Jahrhundert vor Christus war Wein bei den Etruskern ein Symbol für Wohlstand. Im Römischen Reich breitete sich anschließend der Weinkult rasch aus. Wein war Statussymbol, Währung, Medizin und Getränk der Götter. Der weiße Falerner war der berühmteste Rebensaft der Antike: mal süß, mal trocken – aber immer reich an Alkohol. Die Römer unterschieden bereits verschiedene Rebsorten, kultivierten neue und experimentierten mit unterschiedlichen Lagerungen.

Weinbau in Deutschland

Die Römer waren es auch, die vor mehr als 2000 Jahren im Zuge der Eroberung Germaniens den Weinbau in den heute deutschsprachigen Raum brachten. Davon zeugen römische Weindenkmäler an der Mosel. In der Forschung wird davon ausgegangen, dass Kelten in Teilen des heutigen Frankreichs, Spaniens und Deutschlands bereits vorher Weinbau

Kunstvoll verzierte Weinfässer (Kloster Mariental) geben Einblicke in die regionale Weinbaugeschichte.

Die Mönche in den mittelalterlichen Klöstern Europas prägten den Weinanbau und die Herstellung des Weins.

Es waren vor allem Benediktinermönche, die den Grundstein für unsere heutige Weinkultur legten.

Mit den Römern begann die Epoche des Weinbaus an der Mosel. Davon zeugt das Neumagener Weinschiff.

betrieben haben. Der als „Weinkaiser" bekannte römische Kaiser Probus (276 - 282 n. Chr.) trieb den Weinbau in der Region der heutigen Pfalz und Baden-Württemberg intensiv voran.

In den Jahrhunderten nach Christus breitete sich der Weinbau in ganz Europa schlagartig aus. Unter Karl dem Großen (768 - 814 n. Chr.) erleben bedeutende Weinorte wie Mainz, Worms und Speyer eine erste Blüte. Der Kaiser regelte den Anbau der Reben, die Weinbereitung und den Verkauf. Insbesondere die Mönche in den Klöstern leisteten Pionierarbeit und trieben den Weinbau weiter voran. Sie perfektionierten den Anbau der Rebe und erzeugten qualitativ hochwertige Weine. In der Renaissance waren es Monarchen und aufgeklärte Bürger, die sich dem Weinbau verschrieben, sodass im 16. Jahrhundert fast viermal so viel Rebfläche in Europa vorhanden war als heutzutage. Kriege, Krankheiten und die Abkühlung des Klimas sorgten von da an für einen Rückgang auf die heute bekannten Weinbaugebiete.

Die großen Katastrophen

Die jüngere Geschichte des Weinbaus ist auch die Geschichte zweier Katastrophen: das Auftreten des Echten Mehltaus und der Reblaus. 1847 vernichtete der Mehltau in Frankeich ganze Ernten. Die Katastrophe dauerte mehrere Jahre und fand ihren Höhepunkt 1854, als nur ein Zehntel der sonst üblichen Menge geerntet werden konnte. Noch verheerender war die aus Amerika eingeschleppte Reblaus. Ab 1863 breitete sie sich von Frankreich aus, in allen Weinbergen Europas – und vernichtete ganze Rebbestände auf Jahrzehnte. Auch unzählige Rebsorten fielen ihr zum Opfer und verschwanden für immer aus den Weinbergen. Erst Ende des 19. Jahrhunderts konnte durch Pfropfen auf resistente amerikanische Reben ein wirksamer Schutz gefunden werden.

Deutscher Wein: die Erfolgsgeschichte

Ausgehend von den Klöstern steigerte sich im 18. Jahrhundert die Qualität des Weines weiter und es entstanden die heutigen Prädikatsbezeichnungen „Kabinett", „Spätlese" und „Auslese". 1971 folgte die Klassifizierung der Weine per Gesetz in drei Güteklassen – von Tafelwein über Qualitätswein bis zum Qualitätswein mit Prädikat. Heute ist Wein in seiner Vielfalt und Unterschiedlichkeit ein Getränk, das in fast jedem Haushalt zu einem guten Essen gehört und seinen unumstößlichen Platz in der Gesellschaft hat – und das seit Jahrhunderten. Anschaulich zeigen verschiedene Weinbaumuseen in den Anbaugebieten die Historie rund um den Wein: so zum Beispiel das Weinmuseum in Speyer, das Moselweinmuseum in Bernkastel-Kues oder das Deutsche Weinbaumuseum in Oppenheim.

Seit Jahrhunderten wird das Wissen um den Weinanbau weitergegeben und perfektioniert.

Die Lagerfähigkeit des Weins hängt von seiner Güte und den verwendeten Rebsorten ab. Eindeutig zu alt: Der Römerwein von Speyer (gefunden 1867) gilt als die älteste noch intakte Weinflasche.

DAS **JAHR** IM

Fotos: Deutsches Weininstitut (DWI)

Das Leben als Winzer bedeutet vor allem, sich dem Rhythmus der Natur anzupassen. Bis der Rebensaft im Glas geschwenkt und genossen werden kann, wird dem Weinbauer einiges an Erfahrung und Geschick im Weinberg abverlangt.

JANUAR BIS FEBRUAR

Rebschnitt

Das Weinjahr beginnt für den Winzer mit Handschuhen, warmer Kleidung und Rebschere. Mit dem Rebschnitt legt er die Grundlage zur Erhaltung der Weinstöcke und steuert den Ertrag und die Qualität. Mit geschultem Auge wird in vielen Wochen Handarbeit altes Holz entfernt und die Menge sogenannter Fruchtruten bestimmt. Diese Form der Ertragsregulierung dient dazu, weniger aber dafür qualitativ hochwertigere Trauben zu erlangen, in denen sich die gewünschten Inhaltsstoffe konzentrieren.

MÄRZ BIS MAI

Für den Winzer steht nun die Bearbeitung des Bodens auf dem Programm. Mit verschiedenen Geräten wird das Erdreich mechanisch aufgelockert und gedüngt, damit genügend Nährstoffe und Mineralien freigesetzt werden. Mit den ersten warmen Sonnenstrahlen und steigenden Temperaturen erwachen Natur und Rebstock aus dem

WEINBERG

Austrieb im Frühling

Winterschlaf. Die Reben beginnen „zu bluten", es tritt Saft aus. Jungreben und Stecklinge werden ausgepflanzt und Drähte nachgespannt. Bei der Reberziehung werden die Fruchtruten von Hand gebogen und gebunden und damit eine gleichmäßige Verteilung der Triebe erreicht. Jede Rute entwickelt allmählich mehrere Knospen, sogenannte Augen. Diese öffnen sich bei Durchschnittstemperaturen von etwa acht bis zehn Grad und kleine Blätter sprießen. Je nach Rebsorte geschieht der Austrieb früher oder später. Der Schutz vor Krankheiten, wie Echter Mehltau, Falscher Mehltau oder Botrytis, muss aufgebaut werden. Je nach Region ist zu diesem Zeitpunkt noch mit Minusgraden zu rechnen. Die kälteanfälligen Jungreben müssen daher vor Frost geschützt werden.

JUNI BIS AUGUST

Im Juni beginnen die sogenannten „hundert Tage". Sie bezeichnen den Zeitraum zwischen Blüte und Lese. Der Winzer hofft nun auf warmes und trockenes Wetter, damit die Blüte und Selbstbefruchtung in nur wenigen Tagen optimal verläuft. Regen dagegen kann zur Verrieselung führen und zum Verblühen ohne Befruchtung. Während der anstehenden Wachstumsphase verbringt der Winzer viel Zeit mit Laubarbeiten. Triebe müssen festgebunden und zurückgeschnitten werden, da sie bei starkem Wind und stürmischem Wetter leicht brechen können. Überschüssige Seitentriebe müssen entfernt und die Traubenzone ausgedünnt werden, damit eine gesunde und luftdurchlässige Laubwand erhalten bleibt. Sie gewährleistet die Nährstoffversorgung der heranreifenden Trauben. Bereits jetzt lässt sich anhand des Fruchtansatzes die potenzielle Erntemenge bestimmen. Der Zuckergehalt in den noch unreifen Beeren steigt mit jedem Tag kontinuierlich an. Sonne, warme Temperaturen und regelmäßiges Wässern fördern den Reifeprozess der Trauben. Ende August beginnen die Weingärtner mit der sogenannten „grünen Lese".

Weinknospen

Oechslegrad

Durch Herausschneiden einzelner, grüner Beeren erhalten die verbleibenden Beeren mehr Kraft und die Rebstöcke werden entlastet.

SEPTEMBER BIS OKTOBER

Die Trauben beginnen langsam weich zu werden. Die Witterung hat zu diesem Zeitpunkt großen Einfluss auf die Entwicklung, Qualität und das Mostgewicht. Je nach Region, Rebsorte und Jahrgang kann sich die Weinlese um mehrere Wochen unterscheiden. Der Oktober steht ganz im Zeichen der Weinlese. Die Kunst des Winzers besteht darin, den optimalen Lesezeitpunkt für seine Weinberge zu wählen. Ein Pokerspiel um jeden zusätzlichen Sonnenstrahl, denn je länger Trauben am Stock hängen und reifen, desto höhere Qualität kann erzeugt werden. Der „Oechsle-Wert" ist nur ein Kriterium, das dem Weinbauer dabei hilft, den Reifegrad zu bestimmen. Dieser Wert gibt das Mostgewicht an, das Rückschlüsse auf den potenziellen Alkoholgehalt des Weines zulässt.

Eiswein

NOVEMBER BIS DEZEMBER

Allmählich kehrt die Winterruhe ein, ehe der Kreislauf von Neuem beginnt. Der hart beanspruchte Boden des Weinbergs wird nach der Lese erneut umgepflügt. In manchen Weinbergen hängen an den Stöcken noch Beeren, die durch Edelfäule eingetrocknet sind. Sie werden im November gelesen, um daraus Spezialitäten wie Trockenbeerenauslese oder Eiswein zu keltern.

Quelle: Deutsches Weininstitut

Weinlese

Weinlese

Weinlese

QUALITÄT DES WEINS

Das Weinetikett: Für viele ein Buch mit sieben Siegeln. In Deutschland wird der vergorene Rebensaft in vier Güteklassen angeboten: Deutscher Wein, Landwein, Qualitätswein bestimmter Anbaugebiete (QbA) und Prädikatswein. Sechs Prädikate wiederum stufen die Weine je nach Sorte, Reife, Harmonie und Eleganz ab. Eine so große Differenzierung ist weltweit einzigartig. Deutsche Prädikatsweine unterliegen dabei strengen Kontrollen. Die Weine werden unter anderem nach dem Mostgewicht sowie der Lesart der verwendeten Trauben in folgende Stufen unterteilt:

Kabinett – Nur vollreife Trauben werden gekeltert und zu Kabinett-Weinen.

Spätlese – Vollreife Trauben werden erst nach der allgemeinen Weinlese geerntet. Spätlese-Weine sind meist viel intensiver im Geschmack.

Auslese – Aus den vollreifen Trauben werden, meist per Hand, die noch unreifen Weinbeeren einer Traube entfernt (ausgelesen).

Beerenauslese – Überreife, edelfaule Beeren ergeben volle, fruchtige und süße Weine.

Trockenbeerenauslese – Weine dieser höchsten Qualitätsstufe werden aus rosinenartig eingeschrumpften, edelfaulen Beeren gekeltert. Die Trockenbeerenauslesen sind edelsüß und werden häufig als Aperitif oder Digestif getrunken.

Eiswein – Am Rebstock gefrorene Trauben werden bei mindestens minus 7 Grad gelesen und dann gekeltert. Durch den niedrigeren Wasseranteil in den Beeren haben die – in geringer Stückzahl angebotenen – Weine eine natürliche Konzentration fruchtiger Säure und Süße.

WEINLEXIKON

Adstringenz – Ein sensorischer Reiz, den vor allem noch junger Rotwein auslösen kann. Die im Wein enthaltenen Tannine und Gerbstoffe reagieren mit den Eiweißmolekülen im Mundraum. Es entstehen ein bitterer Geschmack und ein raues, pelziges Gefühl auf der Zunge.

Alkoholgehalt – Natürlicher Alkohol: Gesamtalkohol vor der Anreicherung, der aus dem Mostgewicht der Beeren entsteht. Vorhandener Alkohol: Alkohol, der in der abgefüllten Flasche vorhanden ist. Potenzieller Alkohol: der im Zucker schlummernde Alkohol.

Biowein – Weine, die ohne Einsatz an chemischen Spritz- und Düngemitteln, die das Ökosystem im Weinberg angreifen könnten, erzeugt worden sind. Die Bodenfruchtbarkeit des Weinbergs soll dadurch erhalten bleiben und die Qualität der Weintrauben optimiert werden. Das Sortiment biologisch erzeugter Weine wächst ständig an.

Alkoholische Gärung – Umsetzung des im Most gelösten Zuckers durch natürliche Weinhefen in Ethylalkohol und Kohlensäure.

Alterung (Lagerung) – Rotweine möglichst nicht länger als zehn Jahre lagern, Weißweine in Basisqualität bis etwa drei Jahre, Winzersekt drei Jahre. Ideale Umgebungstemperatur: zehn bis zwölf Grad, mit Kork verschlossene Flaschen liegend lagern. Je höher Alkoholgehalt, Süße, Säure und Gerbstoff (bei Rotweinen) sind, desto länger sind die Weine haltbar.

Barrique – Ursprüngliche Bezeichnung für das traditionelle französische Fassmaß von etwa 225 Litern. Heute als Begriff benutzt für den Ausbau von Weinen in meist neuen Eichenfässern. Die Rotweine haben einen typischen Geschmack nach Holz.

Bouquet (Bukett) – Vom Geruchssinn erfasste Duft- und Aromastoffe im Wein.

Classic – Meist trockene Weine mit gehobenem Qualitätsanspruch aus einer klassischen, gebietstypischen Rebsorte. Der Restzuckergehalt des Weins darf höchstens doppelt so hoch sein wie der Säuregehalt des Weins, jedoch höchstens 1,5 Gramm pro Liter. Der natürliche Alkoholgehalt der Classic-Weine muss ein Volumenprozent höher liegen als üblicherweise verlangt.

Cuvée – Im deutschsprachigen Raum ist die Cuvée ein Synonym für Verschnitt aus mehreren Rebsorten. Sie bezeichnet das gemeinsame Keltern oder das Vergären verschiedener Rebsorten in einem Gärbehälter zur Herstellung von Wein oder Schaumwein. Das Verschneiden von Weinen zu einer Cuvée soll die Qualität erhöhen sowie einen konstanten Geschmack über mehrere Jahre gewährleisten, besonders bei Schaumwein. Beim Verschnitt wählt der Kellermeister beispielsweise einen körperreichen, farbintensiven Rotwein (etwa Dornfelder) als Verschnittpartner für leichtere, fruchtigere Weine (etwa Trollinger) aus.

Degorgieren – Bei der Champagnerherstellung wird der vergorene Schaumwein nach dem Rütteln kopfüber in ein Eisbad gestellt, damit der Hefepfropf einfriert. Nach dem Öffnen der Flasche schießt der Pfropf durch hohen Flaschen-Innendruck nach außen.

Degustation – Weinverkostung, Weinprobe beim Winzer/Winzergenossenschaft.

Dekantieren – Umfüllen des (Rot-)Weins aus der Flasche in eine Karaffe, um den Wein dadurch mit Sauerstoff anzureichern.

Edelfäule – Traubenfäule reifer Beeren, ausgelöst durch den Pilz Botrytis cinerea. Die Fäule steigert die Konzentration der Inhaltsstoffe und somit die Qualität des Weins.

Edelsüß – Wein mit hohem natürlichem Zuckergehalt, vorwiegend entstanden durch edelfaule Beeren.

Erzeugerabfüllung – Wein aus dem Weinberg eines Winzers/einer Winzergenossenschaft, die den dort abgefüllten Wein selbst angebaut, gekeltert und ausgebaut haben.

Federweißer (Bitzler, Sauser) – Gärender Most aus Weintrauben, die erst vor einigen Wochen gelesen wurden und noch nicht komplett zu Wein vergoren sind.

Filtrieren – Trennung der mikroskopisch kleinen Teilchen vom Most oder Wein, um alle Hefezellen zu entfernen. Damit wird ein Nachgären des Weins verhindert.

Flaschengärung – Bei der Sektherstellung wird der Grundwein in der Flasche zum zweiten Mal vergoren – so bleibt die entstehende Kohlensäure erhalten.

Fruchtsäuren – Verschiedene Säuren im Wein, etwa Weinsäure und Apfelsäure.

Gärung – Umwandlung des Mosts zu Wein, entweder durch Naturhefe oder Reinzuchthefe. Bei 16 bis 27 Grad entsteht Gärung, bei der Hefepilze mit wässrigen Zuckerlösungen in Kontakt kommen.

Gerbstoffe – Inhaltsstoffe aus der Schale, den Kernen und den Stielen der Weintraube (besonders Tannin), die einen herb-bitteren Geschmack im Wein auslösen. Durch Lagerung und Ausbau im Eichenfass gelangen zusätzliche Gerbstoffe in den Wein.

Großes Gewächs – Höchstes Gütesiegel für Weine, das an strenge Kriterien für Lage, An- und Ausbau gekoppelt ist. Das französische Pendant wird Grand Cru genannt.

Halbtrocken – Bezeichnung für den Restzuckergehalt. Hier sind maximal 18 Gramm pro Liter zulässig. Dabei darf der Restzuckergehalt die Gesamtsäure um nicht mehr als 10 Gramm pro Liter übersteigen. Da bei Schaumweinen Kohlensäure den Geschmack beeinflusst, darf hier der Restzucker zwischen 33 und 55 Gramm pro Liter liegen.

Hefe – Mikroorganismen, die zu den Pilzen zählen. Für die Weinerzeugung unerlässlich, da sie bei der Gärung Zucker in Alkohol und Kohlendioxid umwandeln. Hefen kommen in der Natur vor (Umwelthefen), zudem gibt es Zuchthefen für die Weinproduktion.

Jungwein – Weine, deren Gärung noch nicht vollständig abgeschlossen ist. Für den schnellen Verbrauch bestimmt.

Keltern – Pressen der Traubenmaische zu Most (ohne feste Bestandteile).

Kork – Aus der Rinde der Korkeiche (meist aus Südeuropa) gewonnener Pfropf zum Verschließen der Weinflasche (verkorken).

Maische – Durch die erste Pressung der Weintrauben entstandenes Gemisch aus Most, Schalen und Kernen der Weinbeeren.

Maischegärung – Die Maische von Rotwein wird in Gärtanks mit Rührwerk oder in offenen Gärtanks zwischen drei und zwölf Tagen bei etwa 25 Grad Celsius vergoren.

Most – Saft aus Trauben (oder aus anderen Früchten). Durch enthaltenen Zucker sowie Hefen und Bakterien gärt der Most, es entsteht unter anderem Alkohol – Federweißer.

Mousseux – Das Perlen im Wein oder Schaumwein. Starkes Perlen im Wein kann auf mindere Qualität hindeuten. Feine und kleine Perlen im Schaumwein sind ein Indiz für ein hochwertiges Produkt.

Oechslegrad – Der Pforzheimer Physiker Oechsle (1774 bis 1852) entwickelte eine Mostwaage, die Oechslewaage. Der Oechslegrad bestimmt, um wie viel Gramm ein Liter Most schwerer ist als ein Liter Wasser. Dies bildet das Kriterium für die Einreihung der Weine in die Qualitätsstufen.

Önologie – Die Lehre vom Wein (griechisch oinos = Wein) bzw. der Weinproduktion.

Prosecco – Italienische weiße Rebsorte aus der Provinz Treviso in der Region Venetien, häufig zu Perlwein (Frizzante), selten zu Sekt (Spumante) ausgebaut.

Restzucker – Zuckermenge, die nach dem Abschluss der Gärung im Wein enthalten ist. Jeder Wein enthält Restzucker, da nicht der gesamte Zucker von der Hefe verarbeitet werden kann. Ein Wein mit vier Gramm Restzucker pro Liter gilt als völlig durchgegoren.

Riesling-Hochgewächs – Zusatzbezeichnung für Riesling-Qualitätsweine, als Hochgewächs bezeichnete Weine müssen spezielle, gesetzlich festgelegte Mehranforderungen erfüllen.

Schaumwein – Bezeichnung für schäumende Weine (Sekt, Crémant, Champagner).

Secco – Halbschäumender Perlwein mit mindestens sieben Volumenprozent Alkohol, maximal 2,5 bar Kohlensäuredruck. Die Kohlensäure wird in der Regel künstlich zugeführt.

Sekt – Mindestens neun Monate auf der Hefe in der Flasche vergoren, dadurch natürliche Kohlensäure von mindestens sechs bar Kohlensäuredruck, mindestens zehn Volumenprozent Alkohol.

Sommelier(e) – Weinfachwirt/in in der gehobenen Gastronomie.

Straußwirtschaft – Auch Besenwirtschaft, in Österreich oder Südtirol Buschenschänke. Ausschließlich im Erzeugergebiet zugelassene Weinstuben, in denen Winzer selbst geernteten Wein in eigenen Räumen an einigen Wochen im Jahr ausschenken. Dazu sind kleine Tellergerichte erlaubt. Weinfreunde schätzen die niedrigen Preise für Speisen und Getränke und die gemütliche Atmosphäre.

Süß – Laut EU-Weingesetz die Bezeichnung von Weinen mit mindestens 45 Gramm Restzucker pro Liter. Da bei Schaumwein die Kohlensäure die Geschmackswahrnehmung beeinflusst, liegt der Wert hier bei mindestens 50 Gramm pro Liter Restzucker.

Tannin – Gerbstoff

Trester – Traubenrückstände, die durch das Auspressen der Maische entstehen. Für Tresterbrand verwertet (in Frankreich der Marc und in Italien der Grappa).

Weinsäure – Wesentlichste der im Most oder Wein vorkommenden Säuren, deren Anteil mit steigender Reife der Trauben abnimmt. Lagert sich unter bestimmten Umständen als Weinstein ab.

Weinprobe – Durch Schwenken und Kreisen des Glases erfährt der Prüfer das Bouquet. Der Wein wird mit etwas Luft geschlürft und im Mund verteilt. So gibt der Wein sein vorhandenes Volumen preis.

Weinstein – Kaliumsalz der Weinsäure, bei jungen Weinen eine unbedenkliche Erscheinung, bei älteren Weinen mit hohen Prädikaten ein Qualitätsmerkmal.

Weißherbst – Nur in Deutschland zugelassene Bezeichnung für Roséwein, der nur aus einer blauen Rebsorte einer Lage besteht. Wie bei Weißwein wird der Most vor der Gärung der Trauben abgepresst.

Winzersekt – Der Grundwein von Winzersekt stammt aus einem Winzerbetrieb oder einer Erzeugergemeinschaft. In der Regel hergestellt nach Champagner-Methode.

Zucker – Durch Fotosynthese produzieren die meisten Pflanzen Zucker, der als Saccharose in den Zellen gespeichert wird. Die Rebe spaltet Saccharose in Fruchtzucker und Traubenzucker auf. Zu 90 Prozent werden die Zucker in Ethylalkohol und Kohlendioxid umgewandelt.

DIE **ERFOLGSWEINE** IN DEUTSCHLAND

Jeder Boden, jedes Klima und jede Region bringt eigene Rebsorten hervor. Hier ein Überblick über die bei uns am häufigsten angebauten Weine.

ROTE REBSORTEN

Nicht zuletzt durch den Vormarsch höherer Temperaturen gedeihen die Roten auch hierzulande bestens. Die größten Rotweinmengen produzieren die Anbaugebiete Rheinhessen und Pfalz.

Acolon Feine Frucht, gute Struktur. Die im württembergischen Weinsberg gezüchtete Sorte hat sich innerhalb weniger Jahre einen Platz im deutschen Rotweinsortiment erobert.

Cabernet Sauvignon Großer Charakter. Die Weine besitzen den typischen Geschmack von schwarzen Johannisbeeren (Cassis) und ein Aroma von grüner Paprika. Die Sorte zählt zu den bekanntesten Rebsorten der Welt.

Cabernet Dorsa Eine Neuzüchtung zwischen Dornfelder und Cabernet Sauvignon. Die Kreuzung erfolgte 1971. Die Sorte ergibt einen farbintensiven Wein mit deutlichem Kirscharoma.

Cabernet Mitos Eine Neuzüchtung zwischen Blauer Lemberger (Blaufränkisch) und Cabernet Sauvignon. Die spät reifende Sorte erbringt einen körperreichen, tanninbetonten Wein, der gut für Cuvées geeignet ist.

Dornfelder Frucht, Gerbstoff und Wärme zeichnen ihn aus. Längst ist die Neuzüchtung von vor 50 Jahren zu einem deutschen Rotweinklassiker gereift und erfreut sich seit Jahren einer immensen Nachfrage.

Domina Besticht durch Farbe, Körper und Gerbstoff. Aus Portugieser und Spätburgunder wurde die farbintensive und körperreiche Rotweinsorte gezüchtet. Besonders in Franken hat sie Bedeutung erlangt.

Dunkelfelder Kräftig in Farbe und Geschmack. Die Rebsorte liefert farbintensive und kräftige Rotweine. Der Dunkelfelder schmeckt besonders interessant zu Wild und verschiedenen Käsearten.

Frühburgunder Früh reifende Mutation der Rebsorte Pinot Noir, zählt zur Familie der Burgunder. In geringem Umfang wird sie in den deutschen Anbaugebieten Ahr, Baden und Württemberg angebaut.

Heroldrebe Kreiert aus Blauem Portugieser und Lemberger. Die eher spät reifende Rebe bringt hohen Ertrag und ist wenig anfällig gegen Fröste und Krankheiten. Man findet sie hauptsächlich in der Pfalz, Rheinhessen und Württemberg.

Lemberger Südländische Wärme. Der Lemberger erfreut sich seit Jahren wieder einer allmählichen, aber stetigen Zunahme an Rebfläche. Die württembergische Spezialität erreicht in guten Lagen Spitzenqualität.

Merlot Weich und geschmeidig. Die in vielen Weinbauländern populäre Rebsorte hat nun auch in Deutschland den Sprung in die Top Ten der Rotweinsorten geschafft. Zählt zu den am meisten angebauten Rotweinsorten weltweit.

Portugieser Leichter, duftiger Rotwein. Der Portugieser gilt als unkomplizierter, süffiger und frischer Schoppenwein. Ohne allzu viel Tannin ist er schon im Frühjahr trinkbar.

Regent Das ist eine erfolgreiche Neuzüchtung. Die Sorte Regent ist eine der wenigen Neuzüchtungen, denen eine rosige Zukunft vorhergesagt wird. Denn sie liefert feurige, fast südländische Weine.

Saint-Laurent Renaissance einer wertvollen Sorte. Einem Pfälzer Winzer ist es zu verdanken, dass die Rebsorte auch in Deutschland erhalten blieb und nun eine Wiederbelebung erfährt. Hochgradige Moste mit guten Extrakt- und Säurewerten lassen meist kräftige und gleichzeitig frisch-fruchtige Rotweine entstehen.

Spätburgunder Was der Riesling qualitativ für die Weißweine bedeutet, verkörpert der Spätburgunder oder Pinot Noir unter den Rotweinen: Weine für gehobene Ansprüche.

Schwarzriesling Fruchtiges Aroma, feingliedriger Körper. Insbesondere in Württemberg, aber nicht nur dort, erfreut sich der Schwarzriesling großer Beliebtheit. Bei Tisch ist er eine interessante Alternative zum Spätburgunder.

Syrah Ursprünglich wurde diese hochwertige Rebsorte in Frankreich kultiviert. Auf den Syrah passt hervorragend das Sprichwort „Weniger ist manchmal mehr", denn diese Traubensorte gehört nicht gerade zu den ertragreichsten. Der Syrah gehört zu den Edelreben.

Tempranillo Der Tempranillo ist der bedeutendste Wein im sonnigen Spanien. Diese Rebsorte hat ihren Namen durch die kleinen Beeren erhalten, welche früher reifen als etwa die Trauben des Garnacha.

Trollinger In Württemberg ist der Trollinger die am meisten angebaute Rotweinsorte. Dieser bekömmliche Wein hat sich längst zu einem „schwäbischen Nationalgetränk" entwickelt.

Quelle: Deutsches Weininstitut

WEISSE REBSORTEN

In Deutschland werden etwa 140 Rebsorten kultiviert. Die größte Bedeutung besitzen etwa zwei Dutzend von ihnen, vor allem Riesling und Müller-Thurgau, auch Rivaner genannt. Auf diese entfällt ein gutes Drittel der rund 102.000 Hektar Rebfläche in Deutschland.

Auxerrois Der Name deutet darauf hin, dass die Rebe aus Auxerre westlich von Chablis im Burgund stammt, von wo sie über Lothringen auch nach Deutschland gekommen ist. Der gelbgrüne, eher säurearme Wein hat ein dezentes Bouquet. Die Rebsorte eignet sich für Spät- oder Auslesen.

Bacchus Diese Züchtung huldigt dem Weingott Bacchus. Die Kreuzung aus Silvaner, Riesling und Müller-Thurgau wird vor allem in Rheinhessen, Franken und an der Mosel angebaut. Der Wein mit feinem Muskateller-Aroma hat einen kräftigen, fruchtigen Geschmack mit geringer Säure.

Chardonnay Diese Rebsorte steht für einen der populärsten Weine der Welt. Auch in Deutschland nimmt ihr Anbau ständig zu. Chardonnay ist der Name eines Ortes im Burgund.

Ehrenfelser Eine ältere Neuzüchtung/Kreuzung zwischen Riesling und Silvaner. Der Name leitet sich von der Ruine Ehrenfels bei Rüdesheim ab. Die Rebe ist vor allem in den deutschen Anbaugebieten Mittelrhein, Nahe, Rheingau, Pfalz und Rheinhessen verbreitet. Der grünlich-gelbe Wein hat ein feinduftiges, traubiges Bouquet. Er ähnelt dem Riesling und ist besonders gut für Prädikatsweine geeignet.

Elbling Erfrischende Sorte. Der spritzige Elbling gehört zu den ältesten kultivierten Weißweinen Europas. Die Winzer an der Obermosel verweisen gern auf eine 2.000-jährige Anbautradition.

Faberrebe Eine Kreuzung aus Weißem Burgunder und Müller-Thurgau. Weine aus der Rebsorte verfügen meist über einen höheren Säuregehalt als etwa Weine aus Müller-Thurgau oder Silvaner. Gut gemachte Faber-Weine sind frisch, fruchtig und elegant, mit genügend Extrakt und einem leichten Muskatton ausstaffiert. Die Sorte wird hauptsächlich in Rheinhessen angebaut.

Gewürztraminer Mit dem Duft der Rose. Der Gewürztraminer symbolisiert deutsche Weinkultur, die die Jahrhunderte überdauert hat. Wo er gerodet werden muss, wird er wieder neu angepflanzt.

Grauburgunder Ruländer in modernem Format. Grauburgunder werden meist trocken, mittelkräftig und etwas säurebetont, Ruländer dagegen häufig als gehaltvolle Weine mit ausgeprägter Süße angeboten.

Grüner Veltliner Schoppen- und Menüwein. Beliebter, eher neutraler Wein mit einer milden Säure. Die herzhafteren Varianten passen zur kräftigen Regionalküche.

Gutedel Südbadische Spezialität. Den besonderen Reiz dieser Weine ermöglicht der geschmacksneutrale Charakter der Gutedelrebe. Damit kommt das Terroir, Anbaugebiet, in jedem Wein zum Ausdruck.

Huxelrebe Eine Kreuzung aus Weißem Gutedel und Courtiller musqué. Die Sorte kann bei entsprechendem Anschnitt Rekorderträge bringen. Bei vernünftigem Anbau liefert sie ansprechende, frische Weine (rassig, elegant, charaktervoll, reif) mit einem feinen Muskatton.

Kerner Lebendiger, kerniger Tropfen, gern als Schoppenwein getrunken. Die Rebsortenzüchtung Kerner entstand 1929 durch die Kreuzung von rotem Trollinger mit weißem Riesling.

Morio Muskat Kräftiger Geschmack. Ausgeprägtes Muskat-Bouquet, ist aber laut Züchter Peter Morio nicht mit der Rebsorte Muskateller verwandt.

Müller-Thurgau (Rivaner) Unkomplizierter Genuss. Die gradlinigen Weine sind geschmacklich leicht zugänglich. Meist sind es jugendliche, leichte und frische Weine für jeden Tag.

Muskateller Leichter Weißwein. Wird durch seine feinfruchtige Säure und sein intensives, aber nicht aufdringliches Muskatbukett charakterisiert.

Ortega Feines Bukett, harmonische Fülle. Er gilt als lagerfähig und baut seine Vorzüge durch eine Flaschenreife noch aus. Allerdings gibt es keine wirklich „großen" Weine, die aus Ortegatrauben hergestellt werden.

Riesling Der große Klassiker. Der Riesling wächst in allen deutschen Anbaugebieten auf einer Rebfläche von mehr als 22.000 Hektar. Er repräsentiert wie keine andere Rebsorte die deutsche Weinkultur.

Sauvignon Blanc Kräftige Aromen nach Gras und Kräutern. Die weiße Rebsorte hat ihr wesentliches Verbreitungszentrum im Südwesten Frankreichs, wo sie im Jahre 1710 erstmals urkundlich erwähnt wurde.

Scheurebe Verführerischer Duft. Das betonte Bukett erinnert an Cassis, Pfirsich oder reife Birne. Diese Weine sind ideal für eine aromatisch-würzige Küche – von Vorspeise bis Dessert.

Siegerrebe Eine Neuzüchtung zwischen Madeleine Angevine und Gewürztraminer. Die früh reifende Sorte mit rosa bis roten Beeren ist fast ausschließlich in den deutschen Anbaugebieten Rheinhessen und Pfalz verbreitet. Der gelbgrüne bis goldgelbe, alkohol- und extraktreiche Wein hat ein intensives Sortenbouquet mit starkem Muskatton.

Silvaner Unkomplizierter Sommerwein. Ein geschmeidiger Barriquewein, ein gut entwickeltes, elegantes und lebhaftes Großes Gewächs oder ein intensiver, lang anhaltender Edelsüßer sind möglich.

Weißburgunder Frische und Eleganz kennzeichnen Weißburgunder-Weine. Trocken ausgebaut, mit frischer Säure und feiner Frucht, passen sie ideal zu einem Menü, sind aber auch als leichte Sommerweine beliebt.

Quelle: Deutsches Weininstitut

REBSORTEN IN **ÖSTERREICH**

Österreich ist ein Weißweinland. Etwa zwei Drittel der Gesamtrebfläche von knapp 46.500 Hektar ist mit weißen Rebsorten bestockt. 26 weiße und 14 rote Traubenarten sind zur Produktion von Qualitätswein zugelassen. Darunter interessante autochthone Sorten.

Blauburger Die tiefdunkle Farbe des Weines ist ein hervorstechendes Merkmal, weshalb Blauburger häufig als Verschnittpartner genutzt wird. Extra für den Einsatz in klimatischen Randzonen gezüchtet, stellt die Traube bescheidene Ansprüche an Lage und Boden. Charakteristisch sind zarte Beerenaromen, meist Holunder und ein samtiger Gaumen.

Blauer Portugieser Bis heute eine der meistverbreiteten roten Rebsorten in Österreich, aber seine Bedeutung schwindet. Hohe Erträge ergeben einfach, hell gefärbte Rotweine. In guten Jahren können kräftige, extraktreiche Rotweine entstehen.

Blauer Wildbacher Aus dieser Sorte wird vorwiegend Schilcher gekeltert, ein rosa bis zwiebelschalenfarbiger Roséwein. Sein markantes Geruchs- und Geschmacksbild nach frischem, würzigem Gras wird von einer rassigen Säure begleitet. Der fruchtig-frische Wein wird gern als Aperitif gereicht.

Blaufränkisch In Deutschland unter der Bezeichnung Lemberger bekannt, besticht diese anspruchsvolle Rebsorte im Glas mit einem Duft nach Waldbeeren- oder Kirschfrucht. Charakteristisch ist die kräftige Säure. Benötigt Zeit zum Reifen, dann entstehen samtige Weine mit markanten Tanninen.

Bouvier Die um 1900 im heutigen Slowenien entdeckte Rebsorte wird heute vor allem als Tafeltraube vermarktet. Ihr Anbau ist rückläufig. Bouvier ergibt meist milde Weine, die je nach Region mit mehr oder weniger starkem Muskatbukett versehen sind.

Frühroter Veltliner Die Traube stellt geringe Ansprüche an Boden und Lage und wird meist als Tafeltraube oder Schankwein verarbeitet. Das Bukett der säure- und alkoholarmen Weine erinnert an Blüten und Bittermandeln.

Furmint Im burgenländischen Rust traditionell für den Ausbruch – Spezialität aus edelfaulen und eingeschrumpften Beeren – verwendet. Honigartiges Aroma gepaart mit hohem Säure- und Alkoholgehalt sind für diese Sorte charakteristisch.

Gemischter Satz Keine Rebsorte im eigentlichen Sinne, sondern eine Wiener Spezialität mit großer Tradition. Verschiedene Sorten werden gleichzeitig im Weinberg gemischt, ausgepflanzt und anschließend gemeinsam gelesen, verarbeitet und ausgebaut.

Goldburger Kreuzung aus Welschriesling und der frühreifenden Orangetraube. Die nur in Österreich kultivierte Traube liefert vollmundige, fruchtige und extraktreiche Weine.

Grüner Veltliner Die mit Abstand wichtigste Weißweinsorte in Österreich, die auf fast einem Drittel der Rebfläche angebaut wird. Die Bandbreite reicht von leicht, säurebetont bis zum hochreifen Prädikatswein. Würzige, pfeffrige Weine oder Fruchtnoten von Steinobst finden sich im Glas.

Jubiläumsrebe 1960 anlässlich der 100-Jahr-Feier der Klosterneuburger Weinbauschule vorgestellt. Ihre Trauben erreichen sehr hohe Zuckergrade. Nur als Prädikatswein im Süßweinbereich interessant.

Muskat Ottonel Anspruchsvolle, empfindliche Rebsorte, die volle, milde Weine mit feinem Muskatgeschmack liefert und vorrangig im Burgenland präsent ist.

Neuburger Liefert ausgezeichnete Weinqualität. Neuburger Weine sind kräftig mit dezentem Geschmack, junge Weine zeigen sich würzig-blumig bis nussig.

Ráthay Aus Ráthay werden tiefdunkle, vollmundige Weine gekeltert, die reich an Gerbstoff sind. Die gegen Frost widerstandsfähige Traube wird wegen ihrer Farbkraft gerne als Verschnittpartner verwendet.

Roesler Die Sorte liefert sehr dunkle, körperreiche Weine mit deutlichem Waldbeerenaroma und kräftigen Tanninen. Ihre Pilzresistenz macht sie für den Bioweinbau interessant.

Roter Veltliner Die ertragreiche Traube muss reguliert werden, dann landen im Glas elegante Weine mit feinwürzigem Aroma und Entwicklungspotenzial.

Rotgipfler Charakteristisch sind die rötlich-bronzierten Triebspitzen der Rebe. Wird meist mit Zierfandler verschnitten und zeichnet sich durch eine angenehme Säure und feines Bukett aus.

St. Laurent Erlebt eine Renaissance in den Weingärten. Die zur Burgunderfamilie gehörende Sorte liefert dunkle, kräftige und fruchtige Weine von hoher Qualität. Typisch ist das Sauerkirscharoma.

Traminer Eine der ältesten europäischen Rebsorten, die sich weltweit verbreitet hat und in der Genetik zahlreicher Rebsorten zu finden ist. Auf kleinen Flächen werden Spezialitäten mit hohem Reifungspotenzial kultiviert, die reich an Aromen von Rosen, Zitrus und Waldbeeren sind.

Welschriesling Nicht verwandt mit dem Riesling. Die zweitwichtigste weiße Rebsorte liefert trockene Buschenschankweine bis hin zu edelsüßen Trockenbeerenauslesen. Die Traube ist sehr gut zur Sekterzeugung geeignet.

Zierfandler Eine Rarität, die beste Lagen benötigt. Weine aus Zierfandler zeichnen eine feine Blumigkeit aus. Als Trockenbeerenauslese finden sich Anklänge von Honig oder Sherry im Bukett.

Zweigelt Meistverbreitete Rotweinsorte. Das Spektrum reicht von jungen Weinen bis zu kraftvollen, im Barrique ausgebauten Weinen mit kräftigem Tannin und Sauerkirschenaroma.

Quelle: Österreich Wein GmbH

DEUTSCHLAND

ELSASS

ÖSTERREICH

SÜDTIROL

UNGARN

LEGENDE

Stellplatz-Ausstattung

- Behindertengerecht
- CHEM Entsorgung Kassettentoiletten
- GRAU Entsorgung Grauwasser
- Frischwasser
- >3,5 t Für Reisemobile über 3,5 Tonnen
- >10 m Für Reisemobile über 10 Meter Länge
- Grillplatz
- Hotspot/WLAN
- Hunde erlaubt
- Liegewiese
- Müllentsorgung
- Stromanschluss
- R Telefonische Reservierung möglich
- WC Toilette

Anfahrtsbeschreibung

Ausf. Ausfahrt
→ Richtung
re. rechts
li. links

Bildnachweis

Fotos Umschlag: shutterstock, Li Aba / Antoine 49, Archiv Südtiroler Weinmuseum, ARGE Weinstraße Kremstal/POV/Robert Herbst, badische-zeitung.de, Berthold Werner, Bodensee.eu, Casino Baden-Baden, commons.wikipedia.org, Deutsche Weininstitut GmbH (DWI) (www.deutscheweine.de), Deutsches Edelsteinmuseum, die Gärten von Schloss Trauttmansdorff – Meran, Dominik Ketz, Donau Niederösterreich/ www.extremfotos.com, Erhard Hess, Ferienregion Wutachschlucht, Filz Alex, Flickr/Harry Alverson, Flickr/ Tobias Nordhausen, Fotolia/mojolo, Fränkisches Weinland Tourismus GmbH, Freiburg Tourismus, Hambach Weingut Georg Naegele, Heiko Paul, Hessische Bergstraße, IDM Südtirol/Alex Filz, IDM Südtirol/Clemens Zahn, Lichtklicker, mosel-reisefuehrer.de, NTG/Mike Ranz, NTG/steve.haider.com, P.Zimmermann, Pfalz-Touristik e.V, -RS-, Rhein in Flammen, Rheinhessen-Touristik GmbH (Bernward Betram), Rheinland-Pfalz-Tourismus GmbH, Sascha Kuhnle, Seefestspiele Mörbisch/Jerzy Bin, Stift Klosterneuburg, Shutterstock. com:Igor Klimov / Jopelca / LaMiaFotografia / Michael Schroeder / nd3000 /PlusONE / ThomBal, Stadt Meißen, Südliche Weinstrasse e.V., TourismusEventsLudwigsburg, Transmedial, Wikipedia, www. gerhardkassner.de, www.iceman.it; Rezepte: Deutsches Weininstitut GmbH (DWI), Saale-Unstruth-Tourismus e.V., Shutterstock, Tourismus NRW e.V._Miss Gliss, Blickwerk-Fotografie, lifefunfamily.de/pixelio.de
Die Fotos zu den einzelnen Weingütern bzw. Winzergenossenschaften stammen von deren Betreibern oder von den Tourismusverbänden der betreffenden Regionen.

Herausgeber und Verlag
DoldeMedien Verlag GmbH
Naststr. 19B
70376 Stuttgart
Tel.: 0711/55 349-0
winzeratlas@doldemedien.de

Geschäftsführer
Dr. Oliver Graßy

Projektleiter
Philipp Pilson
Redaktion
Heiko Paul (Chefredakteur), Claus-Georg Petri (stv. CR), Michael Schwarz (CvD), Sandra Schwarzstein (stv. CvD), Astrid Lang (Lektorat), Jutta Neumann, Mathias Piontek

Produktion/Kartografie
Dolde Werbeagentur GmbH
Grafik und Layout
Jochen Otte, Sabina Melchert, Frank Harm
Reproduktion
Dagmar Schwarzkopf, Georg Fröhlich

Leiterin Vertrieb und Sales
Sandra Bayer
Verkaufsleiterin
Sylke Wohlschiess
Mediaberatung
Heidi Bollin
Druckunterlagen
Vanessa Pfeiffer

Druck
Himmer GmbH, Augsburg
SalierGroup GmbH, Bockstadt

Printed in Germany
10. aktualisierte und überarbeitete Auflage 2022
ISBN: 978-3-948979-13-3